여자를 위한   도시는 없다

여자를 위한 도시는 없다
Feminist City

레슬리 컨 지음
황가한 옮김

처음 만나는 페미니스트 지리학

We acknowledge the support of the Canada Council
for the Arts for this translation.
이 책은 캐나다 예술원으로부터 번역비의 일부를 지원받았습니다.

FEMINIST CITY
by LESLIE KERN

일러두기

• 옮긴이주는 각주로 넣고, 원주는 미주로 표시했습니다.

매디에게

차례

5장 | 공포의 도시

나가며 | 가능성의 도시

들어가며

남자들의 도시
도시는 콘크리트로 쓴 가부장제다

　나에게는 남동생과 내가 런던 트래펄가 광장에서 비둘기 수십 마리에게 둘러싸여 있는 옛날 사진이 있다. 우리 둘의 바가지 머리와 코듀로이 나팔바지로 볼 때 1980년 아니면 1981년인 듯하다. 우리는 그곳 자판기에서 구입한 모이를 신나게 뿌리고 있다. 지금은 비둘기에게 모이를 주면 사람들이 싫어해서 자판기가 사라졌지만 당시 우리에게는 비둘기 모이 주기가 영국 친가 방문 일정 가운데 가장 즐거웠던 일 중 하나였다. 소동의 중심에 서 있는 우리의 흥분이 사진에서도 생생하게 느껴진다. 그리고 우리 둘의 상기된 얼굴에서는 런던과 도시 생활을 향한 무한한 애정의 시작이 보인다.

　조시와 나는 토론토 시내에서 태어났지만 자라기는 교외에서 자랐다. 지금은 캐나다에서 가장 인구가 많고 인종이 다양한 도시 중 하나가 된 미시소가시(市)도 1980년대에는 주요 교통수단이 자가용인 쇼핑몰의 도시였다. 우리는 영-유니버시티-스퍼다이나 선*을 발음하는 속도보다도 빠르게 교외 생활을 거부하며 최대한 빨리 토론토로 이사했다. 하지만 동생과 내가 경험한 도시 생활은 현격히 달랐다. 조시는 밤에 귀가할 때 열쇠를 손마디 사이에 송곳처럼 끼우고 걸어 본 적도 없을 것이고 유모차가 인도를 너무 많이 차지한다는 이유로 어깨 밀치기를 당해 본 적도 없을 것이다. 우리의 피부색, 종교, 장애, 계급, DNA의 상당 부분이 같다는 사실을 고려할 때 여기서 문제가 되는 것은 성별이라고 결론지을 수밖에 없다.

칠칠치 못한 여자들

여자들은 늘 현대 도시의 문제로 간주되어 왔다. 산업 혁명기에 유럽의 도시들이 빠르게 성장하면서 서로 다른 계급의 사람들과 이민자들이 거리에서 마구 뒤섞이게 되었다. 빅토리아 시대의 사회 규범 가운데 엄격한 계급 구분과 딱딱한 예법은 지체 높은 백인 여자의 순수성을 지키기 위한 것이었으나 도시에서 여성과 남성, 여성과 우글거리는 군중 간의 접촉이 증가함에 따라 이 예법은 무너지기 시작했다. 〈상류층 남자들, 심지어는 여자들까지도 하층민과 어깨를 부딪거나 격식도 예의도 없이 밀쳐

* Yonge-University-Spadina Line. 토론토 지하철 1호선.

질 수밖에 없었다〉라고 문화사가 엘리자베스 윌슨Elizabeth Wilson
은 말한다.[1] 빅토리아 시대 런던이라는 〈논쟁적 지역〉은, 특히 안
전 및 성폭력과 관련된 논의에서, 여자들도 〈대중의 일부가 될〉
여지를 마련해 줬다고 역사가 주디스 월코위츠Judith Walkowitz는
설명한다.[2] 그러나 이 혼란스러운 과도기가 의미한 바는, 겉모습
만으로는 계급을 구분하기가 점점 어려워져서 거리를 지나가던
숙녀가 최악의 모욕을 당할 가능성, 즉 〈매춘부〉로 오인받을 위
험이 생겼다는 것이었다.

지위를 한눈에 구분하기가 어렵고 품위라는 계급 간 경계가 불
안정해졌다는 사실을, 많은 시사만평가는 도시 생활 자체가 문
명에 대한 위협이라는 뜻으로 해석했다. 〈여성들이 처한 상황이
도시 생활을 비난하기 위한 기준이 되었다〉라고 윌슨은 설명한
다.[3] 그 결과 점차 확대된 여성의 자유는 (매춘에서부터 자전거
에까지 이르는) 모든 것에 대한 도덕적 공황과 맞닥뜨리게 되었
다. 반대로 시골과 새로이 발달하기 시작한 교외는 중상층에게
는 적당한 피난처를, 여성에게는 안전과 품위를 제공하게 된다.

어떤 여자들은 도시의 어수선한 무질서로부터 보호받아야 했
던 반면, 어떤 여자들은 통제되거나 재교육받거나 추방당해야
했다. 도시 생활에 대한 관심 증가에 따라 점점 가시화된 노동 계
급의 실태를 중산층이 받아들일 수 없었기 때문이다. 공장이나
일반 가정에서 일하기 위해 도시로 이주함으로써 (프리드리히

엥겔스 Friedrich Engels의 표현에 따르면) 집 안의 질서를 〈전복〉하는 여자들보다 비난하기 쉬운 대상이 또 어디 있겠는가. 여자들이 유급 노동에 참여하기 시작하자 그들에게는 약간의 독립성이 생겼지만 자기 가정의 가사에 할애하는 시간은 당연히 줄어들었다. 그 결과 가난한 여자들은 실패한 주부로 묘사되었다. 그들이 자기 집을 깨끗하게 유지하지 못한다는 사실은 노동 계급의 〈풍기 문란〉이라며 비난당했다. 이 풍기 문란은 사적 영역과 공적 영역에서 여러 가지 문제 행동으로 나타났고 이 모든 것은 대단히 부자연스러운 현상으로 간주되었다.

물론 가장 큰 사회악은 매춘이었다. 매춘은 가족을 파괴하고, 사회의 근간을 흔들고, 질병을 전파할 가능성이 있었다. 세균이라는 개념을 이해하지 못했던 당시 사회에서 질병은 하수구 냄새에 담긴 독기에 의해 전파되는 것으로 생각되었다. 이에 따라 〈도덕적〉 독기라는 개념이 생겨났다. 도덕적 독기를 지닌 사람 근처에 있기만 해도 타락이 옮을 수 있다는 것이었다. 당대의 작가들은 〈매춘부〉가 거리를 활보하며 대놓고 호객 행위를 하여 선량한 남자를 죄악의 세계로 유혹하는 데 분개했다. 또 많은 개혁가는 여자들이 〈끊임없이 유혹에 노출되며 한번 《타락》하면 악화일로를 걷다가 비극적으로 요절하게 된다고 믿었다〉.[4]

찰스 디킨스 Charles Dickens를 포함한 많은 이가 제시한 해결책은 타락한 여자들이 식민지로 이주하여 그곳에서 남아도는 정착민 남자와 결혼함으로써 품위를 회복하는 것이었다. 백인 여자 정착민을 〈원주민〉의 위협으로부터 보호해야 할 당위성은 원주민을 도시 지역으로부터 배제하기에 좋은 핑계였다. 당시 인기 소설 중에는 〈야만인〉이 복수심에 가득 차서 눈에 불을 켜고 돌아다니다가 백인 여자를 납치, 고문, 강간 하거나 강제로 결혼하는 선정적인 이야기가 많았다. 마치 요새와도 같은 이 정착민 도시들은 변경 지대가 문명화된 곳으로 변화했음을 나타내는 상징이었고 백인 여성의 순수성과 안전은 그 변화의 화룡점정이었다.

반면 원주민 여자들은 이 변화에 대한 위협으로 간주되었다. 그들의 몸은 식민주의자들이 배척하려고 하는 〈야만성〉을 재생산할 가능성이 있었다. 또한 그들은 자신이 속한 공동체에서 문화적, 정치적, 경제적 권력을 가진 중요한 위치에 있었다. 그래서 정착민들은 유럽식 가부장제를 들여와서 원주민 여자들의 권력을 빼앗는 동시에 그들을 원시적이고 외설스러운 존재로 끌어내렸다. 이는 원주민의 땅을 빼앗고 다른 곳으로 이주시키기 위한 법적, 지리적 절차의 포석이 되었다.[5] 즉 원주민 여자들을 격하하고 매도하는 것은 도시화 과정의 일부였다. 정착민 도시에서 원주민 여성을 대상으로 일어나는 범죄의 비율이 오늘날까지도 유별나게 높은 것을 보면 이 같은 태도와 관행이 오랫동안 지속되는 파괴적인 유산을 남겼음이 자명하다.

그러면 다시 현재로 돌아와 보자. 모종의 도시 개선 방안을 시행하기 위해 여성의 몸을 통제하려는 시도는 오늘날에도 사라지지 않았다. 그리 멀지 않은 과거에도 사회 복지와 같은 정부 혜택에 의존해 살아가는 유색인 여성들과 원주민 여성들이 강제 불임 수술을 당한 사례가 있다. 흑인 여자〈복지 꿀빨러welfare queen〉라는 인종 차별적 고정관념은 1970~1980년대에 쇠락해 가는 도시와 관련된 괴담으로 유행했다. 이는 청소년 임신에 대한 도덕적 공황과도 연결된다. 10대 엄마들 또한 복지 꿀빨러 무리에 합류해서 범죄자가 될 가능성이 높은 아이를 낳아 기를 거라고 생각되었기 때문이다. 오늘날 성 노동 척결 운동은 반(反)인신매매 캠페인이라는 새로운 이름으로 불린다. 인신매매가 (성범죄의 관점에서) 새로운 도시 위협으로 규정되었기 때문이다. 불행히도 이 새로운 패러다임하에서 자발적 성 노동자들은 경멸당하거나 앞잡이 취급을 받는다.[6] 반(反)비만 캠페인은 개인으로서, 또 엄마로서의 여성들을 대상으로 하는데 이때 이들의 몸과 아이들의 몸은 자가용 의존이나 패스트푸드 같은 현대 도시 문제의 증상 취급을 받는다.

　한마디로 여성의 몸은 지금도 흔히 도시 문제의 원인 또는 징후로 간주된다. 아기가 있는 젊은 백인 여자들은 젠트리피케이션*의 원인이라는 비난을 받고, 유색인 싱글 맘들과 이민자 여성

---

* gentrification. 구시가지의 낙후 지역이 재개발을 통해 가치가 상승하면서 원주민들이 밀려나는 현상.

들은 젠트리피케이션 지지자들로부터 도시 범죄율 상승과 도시 〈재활성화〉 지연의 원인이라는 비난을 받는다. 여성과 도시 문제를 연결 짓는 방법에는 끝이 없는 것 같다.

여성의 순수성 및 청결에 관한, 빅토리아 시대의 다소 과장된 공포가 어느 정도 감소한 것은 사실이지만 여자들의 도시 경험은 여전히 물리적, 사회적, 경제적, 상징적 장벽에 가로막힌다. 그 장벽은 성별에 따라 — 그 밖에도 여러 가지 기준에서 — 편향된 방식으로 여자들의 일상생활에 영향을 미친다. 남자들은 이런 장벽을 만날 일이 거의 없기 때문에 이 장벽들을 보지 못한다. 그 말은, 대부분 남자로 이루어진 도시의 주요 결정권자들이 경제 정책에서부터 주택 설계에까지, 학교 부지 선정에서부터 버스 좌석에까지, 치안 활동에서부터 눈 치우기에까지 이르는 모든 것에 대한 결정을, 그 결정이 여자들에게 어떤 영향을 미치는가에 대한 관심은커녕 지식조차 없는 상태에서 내리고 있다는 뜻이다. 도시는 남성의 경험을 〈표준〉으로 삼음으로써, 여자들이 도시에서 어떤 장애물을 만나고 어떤 일상 경험을 하는지를 거의 고려하지 않음으로써 남성의 전통적인 성 역할을 뒷받침하고 돕게끔 설계되어 왔다. 이것이 내가 말한 〈남자들의 도시〉의 의미다.

누가 도시에 대해 쓰는가

나는 이 책을 집필하던 도중에 반들반들한 토론토 대학교 동창회지를 받았을 때 나답지 않게 흥분했다. 그 호의 커버스토리가 「우리에게 필요한 도시」였기 때문이다.[7] 현 동창회장이 도시 지리학자라서 무척 기대가 됐다. 회지에는 가격 적정성, 접근성, 지속성, 흥미성이라는 〈필요〉를 각각 주제로 한, 네 편의 글이 실려 있었다. 좋은 주제였다. 그러나 모든 글의 저자가 백인 중년 남자였고 저자들이 인용한 전문가 역시 대부분 남자였다. 그중에는 요즘 안 빠지는 데가 없는 리처드 플로리다Richard Florida도 있었는데 그가 (스스로도 고백했듯이) 크나큰 결함이 있는 〈창조 계급〉 패러다임을 통해 전 세계 도시 정책에 미친 영향은 밴쿠버, 토론토, 샌프란시스코 같은 도시들의 부동산 가격이 천정부지로 치솟은 원인 가운데 큰 비중을 차지할지도 모른다. 이러한 회지를 보고 내가 놀라거나 실망했다기보다는 체념했다는 것이 가장 정확한 표현일 것이다. 여성학자 세라 아메드Sara Ahmed는 이렇게 지적했다. 〈인용은 학계 내 상관관계의 또 다른 형태다. 백인 남자들은《인용 관계》를 통해 복제된다. 백인 남자는 백인 남자를 인용한다. 처음부터 쭉 그래 왔다. (……) 백인 남자는 잘 다져진 길과 같다.《그 길》을 다진 사람이 많을수록《그 길》로 가는 사람이 더 많아진다.〉[8] 도시학과 도시 계획학은 벌써 오래전부터 〈그 길을 가왔다〉.

이 사실을 최초로 지적한 페미니스트는 내가 아니다. (『빌레트_Villette_』를 집필한 샬럿 브론테Charlotte Brontë처럼) 도시 생활에 대한 글을 쓴 여자들, (사회 개혁가 제인 애덤스Jane Addams와 아이다 B. 웰스Ida B. Wells처럼) 도시 여성에게 필요한 것을 제창한 여자들, (캐서린 비처Catharine Beecher와 멜루시나 페이 퍼스 Melusina Fay Peirce처럼) 자신들만의 주택, 도시, 동네 설계를 제시한 여자들의 유구한 역사가 있다. 페미니스트 건축가들, 도시 계획가들, 지리학자들은 성 편향적 경험에 대한 실증적 연구를 통해 각자 자기 분야에서 중요한 변화를 일으켜 왔다. 페미니즘 운동가들은 도시 설계, 치안 활동, 공공 서비스가 여성들의 필요에 부응하도록 개혁해 왔다. 그러나 여자는 밤에 낯선 사람이 뒤따라오면 여전히 길을 건넌다.

선배 페미니스트 도시학자들과 저술가들의 기초 작업은 이 책의 근간이다. 대학원에서 페미니스트 지리학을 처음〈발견〉했을 때 머릿속에 딸깍 하고 불이 켜진 것만 같았다. 갑자기 페미니즘의 이론적 통찰이 3차원으로 보였다. 권력 작용이 새로운 방식으로 이해되고 교외에 거주하는 여자로서 나 자신의 경험에 대한 새로운 식견이 생기자 눈앞에 3차원 도시가 솟아올랐다. 그 후로 한 번도 뒤돌아보지 않은 결과 오늘날 나는 자랑스럽게 스스로를 페미니스트 지리학자라고 칭할 수 있게 되었다. 우리는 이 책에서 여자들의 도시 내 이동 방식에서부터 도시 건축물에 숨겨진 성 편향적 상징주의, 젠트리피케이션에서 여성이 갖는 역할에 이르는 모든 것을 연구해 온 도시 사상가들을 만날 것이다. 그러나 나는 이 책을 이론이나 정책이나 도시 설계로 시작하는 대신, 시인 에이드리엔 리치Adrienne Rich가 〈안에서 지리적으로 가장 가까운 곳〉이라고 부른, 자기 자신의 몸과 일상생활에서 시작하고 싶다.[9]

〈물질에서 시작해라〉라고 리치는 썼다. 〈여성의 몸에서 시작해라. (……) 이 몸을 초월하기 위해서가 아니라 되찾기 위해서.〉[10] 여기서 우리가 되찾고자 하는 것은 무엇인가? 사적인, 직접적인 경험, 실전에서 배운 지식, 힘들게 얻은 진실이다. 리치는 그것을 〈중심에서 여성으로서 보려고 하는 것〉 또는 여자들의 질문을 묻는 정치학이라고 불렀다.[11] 그것은 여성이라는 집단의 생물학적 정의에 대한 잘못된 주장을 바탕으로 한 실재론적 질문이 아니다. 오히려 일상으로부터 제기되는, 스스로를 〈여성〉으로 분류하는 사람들의 경험에서 나온 질문이다. 도시 생활은 너무 오랫동안 답변되지 않은 질문들을 우리에게 제시한다.

여성인 나의 일상적인 도시 경험은 대단히 성 편향적이다. 나의 성 정체성은 내가 이동하는 방식, 매일 생활하는 방식, 선택할 수 있는 것을 결정한다. 내 젠더는 나의 생물학적 몸 이상의 것을 의미하지만 내 몸은 내 경험이 일어나는 장소이자 내 정체성, 역사, 내가 살았던 공간들이 서로 만나 상호 작용을 하고 기록을 남기는 곳이다. 내 글이 시작되는 공간이다. 〈왜 전차에는 내 유모차가 탈 자리가 없을까?〉, 〈왜 나는 지름길을 놔두고 1킬로미터를 돌아가야 할까?〉, 〈내가 G20 반대 시위에서 체포되면 우리애는 누가 데리러 가지?〉 같은 질문을 던지게 만드는 공간이다. 이것들은 사적인 질문이 아니다. 그것은 〈도시가 왜, 어떻게 여자들을 《제자리에》 묶어 두는가〉라는 질문의 핵심과 연결된다.

나는 미투 운동이 최고조에 달했을 때 이 책을 쓰기 시작했다.[12] 할리우드의 오랜 성폭력 가해자들이 탐사 보도를 통해 폭로되자 수많은 여자와 몇몇 남자가 직장에서, 스포츠계에서, 정계에서, 교육계에서 있었던 성희롱과 성폭력에 관해 이야기하기 위해 대중 앞에 나섰다. 애니타 힐*의 증언 이래 성희롱의 폐해가 이 정도로 언론 매체의, 기관의, 정책적 관심을 끌었던 적은 없었다. 성폭력 피해자와 내부 고발자를 폄훼하기 위해 사용된 수사(修辭)는 토머스 대법관 인준 청문회 이후로 거의 변하지 않았으나 최악의 범죄자들과 가장 여성 혐오적인 기관들의 유죄를 증명하는, 말 그대로 산처럼 많은 증거 덕분에 많은 이가 변화의 필요성을 납득하게 되었다.[13]

물리적, 정신적 폭력을 지속적으로 당할 때 그것의 장기적 영

---

* Anita Hill(1956~). 1991년 연방 대법관 후보였던 클래런스 토머스Clarence Thomas에게 당한 성희롱을 청문회에서 증언했다. 이 청문회가 전국에 생중계될 정도로 국민의 관심을 끌었음에도 토머스는 결국 대법관으로 인준되었다.

향은 인생을 송두리째 바꿔 놓을 정도라고 성폭력 생존자들은 증언한다. 그들의 이야기는 도시 여성이 느끼는 두려움에 관한 방대한 기록을 상기시킨다. 일상적인 괴롭힘과 낮은 강도의 지속적인 위협이 합쳐지면 여성의 도시 생활은 의식적으로, 무의식적으로 수많은 변화를 겪는다. 직장 내 괴롭힘이 여자들을 간부직에서 몰아내고 그들이 과학, 정치, 예술, 문화에 기여한 바를 지우듯 도시 폭력의 공포는 여자들의 선택과 권력과 경제적 기회를 제한한다. 업계 관행이 괴롭힘을 허용하고, 가해자를 보호하고, 피해자를 징벌하도록 만들어져 있듯이 도시 환경은 가부장제, 성차별적 노동 시장, 전통적 성 역할을 지탱하도록 설계되어 있다. 이 사회가 성 역할 따위에 의한 한계를 넘어섰다고 믿고 싶어도 여성을 비롯한 소수 집단들은 여전히 도시에 내재된 여러 가지 사회 규범에 의해 자신의 삶이 제한되는 것을 발견한다.

성폭력 생존자의 이야기는 페미니즘 운동가들이 〈강간 신화 rape myth〉라고 부르는 것 — 피해자에게 비난을 전가함으로써 성희롱과 성폭력의 존속에 기여하는 일련의 잘못된 생각과 오해 — 이 여전히 얼마나 만연한가를 폭로한다. 강간 신화란 우리가 〈강간 문화 rape culture〉라고 부르는 것의 주 요소다. 〈그날 무슨 옷을 입었습니까?〉와 〈왜 신고하지 않았습니까?〉는 성폭력 생존자에게 던져지는 전형적인 강간 신화 질문이다. 강간 신화는 〈지리〉와도 관련이 있다. 그것은 모든 여자가 마음속에 지니고 다니는, 안전한 곳과 위험한 곳을 표시한 지도에 반영된다. 「그 동네에서 뭘 하고 있었습니까? 그 술집에서 뭘 하고 있었습니까? 혼자서 버스를 기다렸다고요?」「왜 밤에 혼자 걷고 있었습니까?」「왜 지름길로 갔습니까?」우리가 피해자가 되었을 때 이런 질문을 받게 될 거라 예상하기 때문에 이 질문들은 우리의 마음속 지도에 실제 위협만큼이나 큰 영향을 미친다. 이 성차별적인 강간 신화는 사람들이 우리가 도시에서 걷고 일하고 즐기고 공간을 차지할 자유를 스스로 제한하길 바란다는 사실을 상기시킨다. 그 신화는 말한다. 도시는 당신을 위한 공간이 아니라고.

자유와 공포

비둘기 모이 주기 소동으로부터 10여 년 뒤 조시와 나는 다시 한번 런던을 방문했다. 우리는 이제 부모님 없이 둘이서만 토트넘코트 길이나 옥스퍼드가(街)를 충분히 찾아갈 수 있는 나이였다. 게다가 부모님은 아마도 5분마다 쇼핑은 언제 가냐고 묻는 애들 없이 문화생활을 즐기고 싶었던 듯하다. 그래서 마치 새로운 먹이 노다지를 찾아내는 비둘기처럼 우리는 우리 나름대로 지하철을 영리하게 이용하며 도시를 탐험하는 법을 터득했다. 그때는 스마트폰이 발명되기 한참 전이었으므로 지하철 노선도와 본능에 의존할 수밖에 없었다. 하지만 두렵진 않았다. 주의하고 경계하라는 안내문을 보고 IRA 폭탄 테러에 관한 뉴스를 떠올리긴 했지만 그렇다고 영국에 놀러 온 캐나다 아이들이 위축될 리 만무했다. 심지어 여행이 끝날 무렵에는 우리가 진짜 런더너와 한 끗 차이인, 런던에 정통한 도시 탐험가라고 생각하기까지 했다.

그 여행으로부터 약 1년 전에는 난생처음 뉴욕에 갔었다. 때는 아마 1990년으로, 훗날 뉴욕시장 루돌프 줄리아니Rudolf Giuliani의 범죄 〈무관용〉 정책이 타임스스퀘어를 비롯한 유명 관광지들을 디즈니 테마파크처럼 바꿔 놓기 몇 년 전이었다. 우리는 5로(路)의 고급 상점들을 구경할 약간의 자유는 허락받았지만 우리끼리 지하철을 타는 것은 턱없는 이야기였다. 솔직히 말하면 뉴욕에 머무는 동안 지하철에 탄 적은, 부모님이 함께 있을 때조차도, 한 번도 없었다. 뉴욕은 토론토나 런던과는 전혀 달랐다. 부모님이 볼 때 이 도시가 가진 매력에는 IRA 테러 공격보다 훨씬 현실감 있는 생생한 위협이 딸려 있었다.

그때 나는 도시가 —도시의 위험, 스릴, 문화, 매력 등이— 물리적 실체로서도 존재하지만 우리의 상상 속에도 존재한다는 것을 배웠다. 상상 속 도시는 경험, 대중 매체, 예술, 소문, 우리의 욕망과 두려움에 의해 빚어진다. 부모님의 머릿속을 지배했던 것은 1970~1980년대의 거칠고 위험한 뉴욕이었다. 그것은 우리가 경험한 1990년의 뉴욕과는 달랐지만 우리가 뉴욕에 대해 아는 것 또는 안다고 생각하는 것을 결정했다. 사실 뉴욕이 가진 위험한 느낌은 매혹적이었다. 그것은 뉴욕을 (토론토도, 런던도 아니고 더더군다나 미시소가는 아닌) 〈뉴욕〉으로 만들었다. 그 도시가 가진 에너지와 매력은 그곳에선 무슨 일이든 일어날 수 있을 것 같다는 느낌과 얽혀 있었다.

흥분과 위험, 자유와 공포, 기회와 위협이 뒤섞인 이 복합적인 감각은 도시에 관한 페미니스트들의 수많은 생각과 글의 토대가 되었다. 내 박사 과정 지도 교수인 거다 웨컬리Gerda Wekerle는 이미 1980년대에 〈여자가 있을 곳은 도시다〉라고 대담하게 주장했다.[14] 인구 밀도가 높고 공공 서비스가 발달한 도시 환경만이 유급 노동과 무급 노동이라는 〈투잡〉에 종사하는 여자에게 적합하다는 것이었다. 그와 동시에 사회학자들과 범죄학자들은 여성이 도시 범죄에 대해 갖는 극도의 공포를 경고했다. 그것은 실제로 여성이 낯선 사람에 의한 범죄의 피해자가 될 확률보다 현저히 높았다.[15] 여성을 대상으로 한 묻지 마 폭행 때문에 페미니즘 운동가들은 1970년대 중반부터 유럽 및 북미 도시들에서 〈밤 되찾기 운동Take Back the Night, TBTN〉을 시작했다.

일상생활에서 〈도시는 여자를 위한 공간이 아니다〉와 〈여자가 있을 곳은 도시다〉라는 명제는 둘 다 참이다. 엘리자베스 윌슨에 따르면 여자들은 도시가 여성에게 적대적임에도 불구하고 오래전부터 도시로 모여들었다. 〈빅토리아 시대 여자들의 활동 반경이 사적 영역으로 제한되었다는 사실은 어쩌면 지나치게 강조되어 왔는지도 모른다.〉 왜냐하면 성 규범이 엄격했던 그 시대에도 어떤 여자들은 도시를 탐험하거나 공인이라는 새로운 역할을 맡을 수 있었기 때문이다.[16] 위험 따위가 대수랴. 작은 마을이나 시골에서는 듣도 보도 못한 선택지가 가능한 곳이 도시다. 취업 기회. 편협한 성 규범 탈피. 결혼 및 출산 거부. 비전통적인 직종이나 공직에의 진출. 독특한 정체성 표출. 사회적, 정치적 대의 추구. 사회적 연대 개발 및 우정 중시. 예술, 문화, 대중 매체에의 참여. 이 모든 선택지를 접할 기회가 도시 여성에게 훨씬 많다.

이보다는 덜 구체적이지만 도시의 추상적 측면 — 익명성, 에너지, 즉흥성, 의외성, 심지어는 위험성까지 — 도 결코 덜 중요하지 않다. 샬럿 브론테의 『빌레트』에서 주인공 루시 스노는 혼자서 런던 여행을 간다. 과감하게 저쪽 세계로 〈넘어가는 위험〉을 무릅썼을 때 그녀는 〈터무니없을지 모르지만 진정한 기쁨〉을 경험한다.[17] 여자들이 두려움을 즐긴다는 말이 아니다. 도시 생활이 주는 즐거움 중 일부는 그것의 본질적인 〈불가지성(不可知性)〉에서, 그리고 그 불가지성을 정면으로 마주하는 자의 용기에서 나온다는 말이다. 사실 의외성과 무질서는 안전한 교외의 체제 순응성과 시골의 반복적인 리듬을 거부하는 여자들에게는 〈진정한 도시〉를 상징할 수도 있다.[18] 또한 자신이 원할 때 발을 뺄 수 있는 사람은 도시의 무질서를 흥미진진하다고 생각하기가 조금 더 쉽다. 어쨌든 범죄에 대한 두려움은 여자들을 도시에서 멀어지게 하진 못했지만 여전히 특정한 방식으로 여자들의 도시 생활을 결정짓는 요소 중 하나다.

이 책은 도시에 관한 여자들의 질문을 통해 도시의 좋은 점과 나쁜 점, 재밌는 부분과 무서운 부분을 살펴본다. 우리가 도시에 대해 안다고 생각하는 것을 뒤집기 위해서. 도시의 사회관계 — 성별, 인종, 성적 지향, 장애 등과 관련된 — 를 새로운 시선으로 보기 위해서. 상대적으로 잘 보이지 않는 도시 경험에 대한 논의를 활성화하기 위해서. 무엇이 여성 친화적 도시를 만드는가에 대한 창의적 사고를 펼칠 장을 마련하기 위해서. 도시에서 살아남아 번창하려고, 고생해서 성공하려고 노력하는 평범한 사람들의 경험을 통해 페미니스트 지리학에 대해 이야기하기 위해서.

페미니스트 지리학

나는 2004년 시카고에서 열리는 연례 지리학 콘퍼런스에 가던 길에 오랜 반(反)페미니스트이자 『글로브 앤드 메일Globe and Mail』의 칼럼니스트인 마거릿 웬티Margaret Wente가 페미니스트 지리학을 〈발견했다〉는 글을 읽었다.[19] 웬티는, 남자를 싫어하는 것과 각국의 수도를 아는 것은 서로 전혀 상관없는 분야인데 페미니스트 지리학이 제대로 된 학문이라는 말을 누가 믿겠냐며,

인문학과 사회 과학이 날조된 분과 학문*과 가짜 학자로 가득한 쓸모없는 것이라는 주장을 반복했다.

의도적 무지를 택한 웬티는 지리학이 페미니즘적 분석에 흥미로운 관점을 더해 준다는 사실을 이해할 생각이 없었다. 물론 그 사실을 이해하기 위해서는 지리학에 대한, 중학생 수준의 인식을 넘어설 능력이 있어야 하지만 말이다. 지리학이란 지도를 색칠하거나 대륙 이름을 외우는 것이 아니다. 지리학은 인공 및 자연 환경이 인간과 어떤 관계에 있는지를 다루는 학문이다. 이것을 페미니즘에 대입하면 성차별주의가 지표(地表)에서 어떻게 기능하는지를 이해하게 된다. 2등 시민이라는 여성의 지위는 〈별개 영역separate spheres〉이라는 은유적 개념을 통해서뿐만 아니라 물리적인 지리적 배제를 통해서도 강요된다. 남성의 권력과 특권은 여성의 이동과 출입을 제한함으로써 유지된다. 페미니스트 지리학자 제인 다크Jane Darke는 이렇게 말했다. 〈모든 정착지에는 그곳을 세운 사회의 사회관계가 새겨져 있다. (……)《우리의 도시는 돌, 벽돌, 유리, 콘크리트로 쓴 가부장제다》.〉[20] 내가 가장 좋아하는 구절 중 하나다.

돌로 쓴 가부장제. 인공 환경은 그것을 만든 사회를 반영한다는 이 단순한 진술은 당연한 얘기처럼 들릴 수 있다. 약에서부터 충돌 시험 인형에까지, 방탄조끼에서부터 선반 높이에까지, 스

* 어떤 학문의 하위 개념. 예를 들면 도시 지리학은 인문 지리학의 분과 학문이다.

마트폰에서부터 사무실 온도에까지 이르는 모든 것이 남성의 신체와 필요에 따라 설계되고 시험되고 만들어지는 세상에서 저 말은 하나도 놀랍지 않기 때문이다.[21] 토론토시의 도시 계획과장인 로나 데이Lorna Day는 최근 바람의 효과에 관한 시 당국의 지침이 성인 남성의 키, 체중, 외형에 부합하는 〈표준 인간〉을 상정하고 있음을 발견했다.[22] 고층 빌딩의 높이와 위치나 바람길 설계에도 성 편향이 반영됐으리라고 생각한 사람은 아무도 없겠지만 실상은 이렇다.

그 반대의 경우는 상대적으로 덜 명백해 보일 수도 있지만 우리의 도시는 건설된 순간부터 사회관계, 권력, 불평등에 영향을 미친다. 물론 돌, 벽돌, 유리, 콘크리트에는 자유 의지가 없다. 이것들이 의식적으로 가부장제를 유지하려 애쓰지는 않는다. 하지만 그 형태가 특정한 개인이나 집단의 한계를 결정짓는 데 기여한다. 또는 어떤 것은 정상적이고 올바른 것, 어떤 것은 〈부적절하고〉 잘못된 것으로 보이게 하는 데 기여한다. 한마디로 도시와 같은 물리적 공간은 사회 변화에 있어서 〈중요하다〉.

도시 환경에 새겨진 성 편향적 상징은 그 도시를 누가 지었는지를 상기시킨다. 페미니스트 건축가 덜로레스 헤이든Dolores Hayden이 1977년 발표한 논쟁적 논문 「마천루 유혹, 마천루 강간」은 초고층 도시 구조물의 발달이 상징하는 남성 권력과 성적 환상을 비판한다. 대부분의 남성적 기념물이 무력을 상징하듯 고층 빌딩은 남성 집단이 가진 경제력을 상징한다. 사무실 건물은 〈장대, 오벨리스크, 첨탑, 기둥, 망루와 같은 역사적인 남근형 기념물〉의 연장선상에 있다고 헤이든은 주장한다. 왜냐하면 건축가들이 토대, 기둥, 첨두* 같은 언어를 사용하여, 위를 향해 박아 대는 듯한 형태의 건물들이 밤하늘에 빛을 사정(射精)하게 만들었기 때문이다.[23] 고층 빌딩에 담긴 남근 환상은 인부들의 죽음, 부도, 화재 위험, 테러, 붕괴에 나타난 자본주의의 폭력이라는 현실을 감춘다고 헤이든은 시사한다. 페미니스트 지리학자 리즈 본디Liz Bondi의 표현에 따르면, 정말로 중요한 것은 고층 빌딩이 남근을 상징한다는 사실이 아니라 그것의 어마어마한 높이가 〈자본의 남성성〉과 그에 수반되는 권력을 상징한다는 것이다.[24]

건축의 언어는 성별이 2항 대립**이라는 인식을 이용한다. 즉 흔히 남성적 또는 여성적이라고 해석되는 여러 가지 형태와 특징을 사용한다. 본디는 인공 환경의 이런 암호들이 〈성별에 따른 차이를 《자연스럽다》고 해석하고 그 결과 특정 형태의 성차별을 일반화하고 정당화하게 만든다〉라고 주장한다.[25] 암호화된 성 규범은 이러한 건축상의 특징 외에도 일터와 집, 공공장소와 사

---

* 순서대로 〈base, shaft, tip〉인데 이는 〈음경 뿌리, 음경 몸통, 귀두〉로 해석할 수도 있다.
** 서로 반대되는 두 가지가 짝을 이루는 것.

적 장소의 분리에도 숨겨져 있다. 그런데 건축 및 도시 계획 분야에는 늘 여성 인력이 부족하기 때문에 여성들이 이 공간들에서 겪는 경험이 간과되거나 시대착오적 고정 관념으로 대체된다. 그러나 본디가 지적하듯, 단순히 이 직종에 여성을 〈추가〉하거나 여성의 경험을 고려하는 것은 두 가지 이유에서 부적절하다. 첫째, 여성의 경험은 가부장적 사회에 의해 형성되므로 도시 계획을 통해 여성 경험의 뾰족한 모서리를 둥글리는 것은 가부장제 자체에 저항하는 것이 아니다. 둘째, 여자들을 하나의 균질한 집단으로 간주한다면 주요 사회 지표에서 차이가 나타나는 이유를 설명할 수 없다.

역사적으로 페미니스트 지리학은 (보다 넓게는 학문적 페미니즘이 그래 왔듯이) 남성 지배적 분과 학문에 〈여성을 추가하는 것〉에 주력해 왔다. 이제는 고전이 된, 재니스 멍크Janice Monk와 수전 핸슨Susan Hanson의 1982년 논문 제목은 지리학계의 편견을 이렇게 고발한다. 「인문 지리학에서 인류의 절반을 배제하지 않는 것에 대하여」.[26] 그러나 〈추가하기〉로 배제를 해결하려는 접근법에는 늘 변화의 힘이 결여되어 있었다.

1970~1980년대에 앤절라 데이비스Angela Davis나 오드리 로드Audre Lorde 같은 유색인 페미니스트들과 「컴비강 집단」*은 백인 이성애자 중산층이 아닌 여성들이 직면한 다양한 형태의 억

---

* Combahee River Collective. 흑인 페미니스트 레즈비언 사회주의 단체.

압과 타협하려는 주류 여성 운동에 반기를 들었다. 그들의 연구는 현재 우리가 교차성* 페미니즘 이론이라고 부르는 것 — 1989년 흑인 페미니스트 학자 킴벌리 크렌쇼Kimberlé Crenshaw가 만든 용어를 바탕으로 1990년대에 퍼트리샤 힐 콜린스Patricia Hill Collins나 벨 훅스bell hooks 같은 흑인 페미니스트들이 발전시킨 — 으로 이어졌다.[27] 교차성은 페미니즘이 성차별, 인종 차별, 계급 차별, 동성애 혐오, 장애 차별과 같은 다양한 특권 및 억압 체제 간의 관계를 이해하는 방식에 현격한 변화를 가져왔다.

페미니스트 지리학자들은 탐험, 제국주의, 발견의 역사로 점철된 자신들의 분야에서 특히 더 어려운 상황에 직면한다. 용감무쌍한 탐험가들이 〈신세계〉의 지도를 그리는, 남성적이고도 식민주의적인 수사(修辭)가 여전히 지리학계에 만연하기 때문이다. 도시 지리학자들이 연구 대상으로서 흥미로운 동네나 새롭게 분류해야 할 사회 집단을 찾아다니는 반면에, 도시 계획가들은 도시인의 생활 방식과 관련하여 가장 전문적이고 이성적이고 객관적인 의사 결정을 내리고 싶어 한다. 페미니스트 도시학자들은 지금껏 여자들이 유효한, 어떤 면에서는 남자와 확연히 다른 도시적 주체로 인정받게끔 노력해 왔다. 그러나 그들의 초기

---

* intersectionality. 이를테면 흑인 여성의 경험은 흑인이라는 정체성과 여성이라는 정체성을 따로따로 고려해서는 설명할 수 없으며 이 둘은 상호 작용, 특히 상호 강화를 하는 경우가 많다는 주장.

연구에는 성별이 인종, 계급, 성적 지향, 장애와 어떻게 맞물리는지에 관한 교차성 분석이 빠져 있었다.

학문적 페미니즘이 여러 분과 학문에서 그랬듯 페미니스트 지리학자들은 다른 사회적 불평등과 성별이 어떻게 맞물리는가, 억압 체제의 구성에서 공간이 하는 역할은 무엇인가를 탐구할 때 곧잘 자신의 경험에 의존하곤 했다. 예를 들어 질 밸런타인Gill Valentine의 초기 연구는 여성이 공공장소에서 느끼는 두려움을 다뤘지만 곧 레즈비언이 길거리 같은 일상적 공간에서 겪는 경험에 대한 연구로 발전했다. 비록 밸런타인은 레즈비언이라는 사실 때문에 수년간 학계에서 괴롭힘에 시달렸으나 이런 연구들이 있었기에 섹슈얼리티 지리학, 레즈비언 지리학, 퀴어* 지리학, 트랜스젠더 지리학 같은 하위 분야가 생겨날 수 있었다. 유색인 여성인 로라 폴리도Laura Pulido와 오드리 코바야시Audrey Kobayashi는 자신들이 지리학계에서 겪은 경험을 바탕으로 지리학의 백인 중심주의를 지적하고 페미니스트들에게 그들의 연구 주제 및 개념 체계에 내포된 백인성을 조사하라고 촉구했다. 오늘날 흑인 페미니스트 지리학자 캐서린 매키트릭Katherine McKittrick이나 원주민 페미니스트 지리학자 세라 헌트Sarah Hunt 같은 학자들의 연구는 여전히 반(反)흑인적이고 식민주의적인 태도 — 우리의 담론, 방법, 연구 공간 선택을 통해 페미니스트 지리학과 비판 도시

* queer. 이성애자나 시스젠더가 아닌 사람을 포괄하는 용어.

지리학에 반복적으로 나타나는—에 반기를 든다.[28]

　페미니스트의 관점에서 도시를 연구한다는 것은 (적어도 내게 있어서는) 일련의 얽히고설킨 권력관계와 씨름해야 함을 뜻한다. 도시와 관련해 〈여자들의 질문〉을 던진다는 것은 단순히 성별에 관해 질문한다는 뜻이 아니다. 나의 안전 욕구가 유색인 동네의 순찰 증가를 가져올 수도 있는가를 질문해야 하고, 유모차 출입에 대한 욕구가 장애인 및 노인의 욕구와 연대할 수 있는가를 질문해야 한다. 혹은 여자들을 위한 도시 공간을 〈점유〉하고 싶은 나의 욕구가 빼앗긴 땅을 되찾으려는 원주민들의 노력을 훼손하는 식민주의적 관행과 담론을 영구화할 수도 있는가를 질문해야 한다. 이런 질문들을 던지기 위해서는 교차성 관점에서의 접근과 자신의 사회적 지위에 대한 성찰이 필요하다.

　그런 의미에서 나의 출발점인 나 자신의 몸과 경험은 꽤나 특권적이다. 나는 백인 시스젠더* 비장애인 여성인 나의 몸이 여가 및 소비 지향적인 탈공업화 현대 도시를 돌아다니기에 적합함을 알고 있다. 나는 영어가 주 언어인 나라에 거주하는 영어 구사자다. 나는 이중 국적자다. 나는 원주민들의 땅에 살고 있지만 정착민이라는 나의 지위에 아무도 의문을 갖지 않는다. 나는 기독교인이 아니지만 캐나다에서 유대인은 눈에 띄지 않으며 대부분은 유대인을 구분하지 못한다(물론 최근 반유대주의적인 사회 분

* cisgender. 타고난 신체적 성별과 정신적 성별이 일치하는 사람.

위기가 대두하고 유대인을 대상으로 한 폭력 사건이 증가하고 있어 이렇게 말하기가 조금 조심스럽긴 하다). 또한 나는 젠트리피케이션이 발생한 지역에서 내 몸이 성공적인 〈재개발〉의 표지(標識)로 해석될 수 있음을, 이 공간이 꽤 괜찮고 안전하고 바람직한 중산층 거주지임을 뜻한다는 사실을 아주 잘 알고 있다.

백인과 표준적인 신체가 지배적인 공간에서 환영받지 못하는 유색인, 흑인, 트랜스젠더, 장애인, 원주민 같은 이들에게 내 몸은 위험이나 배척을 의미할 수도 있다. 누군가가 그들을 보고 지배인에게 불만을 제기하거나 경찰에 신고해서 그들의 목숨이 위험해질 수도 있다는 뜻이다. 내 주위의 사람들 그리고 도시 자체가 나의 편안을 그들의 안전보다 우선시할 가능성이 높다. 이러한 판단의 기준이 되는 나의 외적 특징은 대부분 바꿀 수 없지만 내 몸이 어떤 의미를 지니는지를 스스로 인식하고 모든 도시 공간이 내 것이라고 주장하고 싶은 충동을 억제할 수는 있다. 내가 어떤 공간에 있기 때문에 방금 언급한 소수 집단들의 주변화가 더 심해진다면 내가 꼭 그곳에 있을 필요가 있는지를 심각하게 고민해 봐야 한다.

그러나 내가 이와 같은 특권을 가졌다고 해서 나의 성별 때문에 경험하는 공포나 배척이 사라지는 것은 아니다. 오히려 나의 특권은 여성으로서의 경험과 교차하고 그것에 영향을 미친다. 나는 이 책 전반에 걸쳐 나의 편향적 관점이 무엇을 보여 주고 무엇을 숨기는가를 최대한 솔직하게 적으려고 노력할 것이다. 모든 지식에는 저만의 지리적 위치가 있다는, 즉 모든 지식은 〈어딘가〉로부터 온다는 사실을 이해한다면 내가 〈내부인〉인 곳, 예를 들면 고향 토론토에서조차도 내 관점이 절대적이지 않다는 사실을 인정할 수밖에 없다.[29] 반대로 내가 외부인인 도시에 대해 쓸 때는 어설픈 고정 관념이나 편견을 재생산하지 않도록 스스로 감시해야 한다. 그뿐 아니라 나의 도시 경험과 지리학자로서의 지식이 북반구 도시들과 서양 국가의 연구들에 편중되어 있다는 사실도 명확히 짚고 넘어가야 한다. 보다 다양한 범주의 장소들과 관련된 사례나 연구를 찾으려 애썼지만 남반구와 아시아 도시들에서 제기된 〈여자들의 질문〉을 같은 비중으로 다루지는 못했다. 이 데이터 공백은 페미니스트 도시 지리학에서 지속적으로 나타나는 문제이며 21세기 학자들이 해결해야 할 주요 과제다.[30]

만약 여러분이 나의 약력을 훑어봤다면 내가 (지금은 캐나다 동부로 알려진) 미크마키 지역의 작은 대학교에 근무한다는 사실을 발견하고 약간 당황했을지도 모르겠다. 이곳 뉴브런즈윅주(州) 색빌은 인디 카페, 힙한 바, 심지어 글루텐 프리 빵집도 있지만 인구 약 5,000명에 불과한 작은 시골 마을이다. 가장 가까운 도시인 멍크턴은 40킬로미터 정도 떨어져 있는데 그곳의 인구도 런던의 구 하나보다 적다. 즉 잘나가는 동네는 아니다. 가장 도시적인 요소가 내 연구실 지붕에 둥지를 튼 비둘기들일 정도다. 녀석들은 기울어진 지붕 위를 왔다 갔다 하며 구구거리거나 싸우거나 한다. 학교 당국에서는 녀석들을 없애 버리려 하지만 나는 녀석들이 잘 도망 다니길 속으로 빌고 있다.

내가 이곳에 산 지도 벌써 10년이 됐다. 9개월 계약직을 처음 제안받았을 때는 색빌이 엄청나게 작은 마을임을 알고 거절하려 했다. 〈저기서는 못 살아. 내일 거절해야지〉라고 생각했다. 나의 정체성은 그 정도로 도시와 밀접했다. 그러나 밤새도록 고민한 끝에 깨달은 사실은 내가 토론토를 아무리 사랑한들 풀타임 일자리를 거절할 수는 없다는 것이었다. 그리고 그 계약은 두 번의 재계약을 거쳐 테뉴어 트랙*이 되었고 나는 결국 종신 재직권을 얻었다. 10년은 더 이상 이곳을 임시 거주지라고 부를 수 없을 만큼 긴 시간이다. 하지만 나는 여전히 도시 지리학자이며 도시를 사랑한다.

어디서부터 시작할까? 물질에서 시작해라. 몸이라는 물질. 에이드리엔 리치는 그녀의 몸이 어떻게 자신이 세상을 보는 관점과 쓰고 말하는 내용을 결정하는지를 상기하기 위해 자기 몸의 특징 — 흉터, 임신 경험, 관절염, 하얀 피부, 강간당한 적 없음, 낙태한 적 없음 — 을 나열한다. 그렇다면 내 몸이 내게 쓰고 말

---

* tenure track. 종신 재직권을 목표로 하는 조교수가 속한 과정. 테뉴어 트랙이 아닌 교원으로는 초빙 교수, 객원 교수, 겸임 교수 등이 있다.

하도록 허용한 것은 무엇인가? 나는 런던 북부를 달리는 기차 안에서 땀 흘리고 메슥거렸던 임신한 몸에서부터 이야기를 시작할 수도 있다. 혹은 얼어붙은 토론토 거리에서 낑낑대며 유모차를 미느라 욱신거렸던 어깨에서부터 시작할 수도 있다. 혹은 토론토 하이파크 공원 잔디밭에 누워 사람 구경을 할 때 후덥지근한 신발을 벗어 던지고 시원한 잔디 속에 집어넣었던 발에서부터 시작할 수도 있다. 이 같은 몸과 도시의 접점이야말로 〈여자들의 질문〉과 〈여성 친화적 도시〉의 핵심이다.

우리가 궁극적으로 목표하는 바는 이런 질문을 던짐으로써 도시의 다양한 미래를 상상하고 실행하는 것이다. 불평등, 폭력, 빈곤은 여전히 전 세계 도시들을 괴롭힌다. 백인 우월주의는 여러 도시 공동체를 향한 테러의 형태로 나타난다. 기후 변화는 우리가 사는 곳과 사는 방식에 심각한 의문을 제기한다. 그리고 이 문제들이 초래하는 결과는 서로 밀접하게 연관돼 있다. 개인적, 사회적 차원에서 대대적인 변화가 필요한 것은 사실이나 전 세계를 아우르는 원대한 계획을 세울 필요는 없다. 대안적 비전은 이미 존재한다. 계획 단계인 것도 있고 실행 중인 것도 있다. 여자들이 안전하게 대중교통을 이용할 수 있게 만드는 방법에서부터 경찰 및 교도소 철폐에 관한 비전에까지 이르는 다양한 계획을 사회 운동가들, 학자들, 일반 시민들이 오래전부터 꿈꾸고 구상하고 실천해 왔다. 사실 우리 모두에게는 새로운 도시 세계(여성 친화적 도시 세계)를 만들 역량이 있다. 그 세계가 잠시밖에 지속되지 못하거나 아주 작은 일부 지역에만 존재할지언정. 그런 대안이 어디서 시행되고 있는지, 확대되거나 다른 곳에도 적용될 수 있는지를 파악하는 것이 우리의 당면 과제다. 나는 이 책에서 그런 프로젝트들을 시대에 상관없이 다양하게 소개할 것이다. 바라건대 여러분이 이 책을 읽고 나서 실제로 구현된 대안을 보면 알아차리고, 성별과 페미니즘과 도시 생활에 관한 대화를 나누고, 도시를 변화시킬 방법을 스스로 찾아낼 수 있게 되었으면 한다.

1장

엄마들의 도시
도시는 어떻게 엄마들을 외면했는가

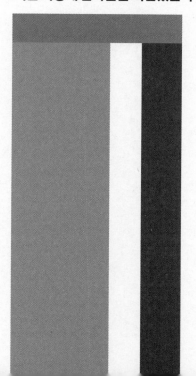

임신을 하면 〈안에서 지리적으로 가장 가까운 곳〉은 순식간에 낯설게 변한다. 당신의 몸은 갑자기 타인(아기)을 위한 환경이 되고 당신이 세상에서 움직이는 방식도, 사람들이 당신의 몸을 인식하는 방식도 완전히 달라진다.

나는 딸 매디를 임신한 동안 런던에서 늘 그렇듯 음울했던 겨울과 이상하게 따듯했던 봄여름을 났다. 그때는 켄티시타운에서 파트타임으로 일했는데 지하철로 겨우 다섯 정거장 거리인데도 영원히 닿지 못할 것처럼 멀게 느껴질 때가 많았다. 오전 근무를 하는 날은 출근 도중에 속이 울렁거려서 아치웨이 역에서 내려서 쉬었다가 조심조심 다시 지하철에 올라타곤 했다. 겉으로 임신한 티가 나지 않을 때는 내 안색이 아무리 창백한들 자리를 양보받을 가능성은 없었다. 하지만 배가 나오고 나서도 상황은 별로 달라지지 않았다.

당시 나는 임신한 후에도 전과 다름없이 생활하기로 결심한 터였다. 세리나 윌리엄스 Serena Williams가 임신한 상태에서 그랜드슬램 우승을 하기 한참 전이었는데도 그랬다. 여성학 박사 학위를 받은 지 얼마 안 된 데다 『우리의 몸, 우리 자신Our Bodies, Ourselves』* 까지 갖고 있어서 그랬는지도 모르겠다. 나의 페미니스트 원칙을 고수하기 위해서라면 여성 혐오적인 의사와 싸움도 불사할 작정이었다. 그런데 알고 보니 영국에서는 요즘도 조산사가 산전후 관리의 대부분을 맡고 있어서 내가 엉뚱한 대상을 향해 분노하고 있었음이 밝혀졌다. 오히려 문제는 도시에서 내가 존재하는 방식이 어떻게 달라질 것인가에 대해 내가 아무런 준비도 되어 있지 않았다는 점이었다.

그때는 아직 〈페미니스트 지리학〉을 알기 전이었지만 나는 확실히 페미니스트였으므로 나의 페미니스트 자아는 매번 발끈했다. 내 몸이 갑자기 아무나 만지거나 품평해도 되는 공공재가 되었기 때문이다. 내 몸은 다른 사람들에게 큰 불편을 끼쳤고 그들은 그 사실을 내게 알리길 주저하지 않았다. 내 몸의 새로운 형태는 내가 도시에서 누렸던 익명성과 비가시성을 빼앗아 갔다. 나는 더 이상 군중 속에 녹아들 수도, 사람 구경을 할 수도 없었다.

* 동명의 비영리 페미니스트 단체가 1970년 처음 출간한 책으로, 여성의 건강과 섹슈얼리티에 관련된 방대한 내용이 수록되어 있다.

도리어 내가 구경당하는 입장이 되었다.

이렇게 혜택들이 사라지고 나서야 비로소 나는 그 소중함을 깨달았다. 그러나 출산하고 난 뒤에도 그것은 돌아오지 않았다. 임신과 육아는 도시가 얼마나 성 편향적인지를 선명하게 보여 줬다. 그 전까지는 내 몸이 어떤 형태로 구현되었는지를 그렇게까지 뚜렷하게 인식해 본 적이 없었다. 물론 내 성별은 내 외모에 명백하게 나타나지만 태어날 때부터 그랬기에 의식하지 못했다. 그런데 임신으로 인해 새로운 외모를 갖게 되자 도시를 새로운 방식으로 보게 되었다. 나의 외모와 도시 경험 사이의 관계는 전보다 더 원초적인 것이 되었다. 예전에도 길거리에서 성희롱을 당하거나 공포를 느껴 본 적은 있었지만 그것이 얼마나 뿌리 깊고, 사회 체제와 관련되고, 지리적인지는 몰랐었다.

소요객

나는 여성이기 때문에 개인이 도시에서 갖는 익명성이나 비가시성을 온전히 누려 본 적이 없다. 언제 어디서든 성희롱을 당할 수 있다는 사실은 내가 군중의 일부로 인식될 수 있는 시간이 늘 제한적임을 뜻했다. 그럼에도 불구하고 백인이자 비장애인이라는 특권을 가진 덕에 나는 상당한 비가시성을 누렸다. 완벽하게 도시 군중 속에 녹아드는 것, 자유롭게 길을 건너는 것, 어느 정도 떨어진 거리에서 사람 구경을 하는 것은 산업 도시가 폭발적으로 성장한 이래 진정한 도시적 이상(理想)으로 간주되어 왔다. 특히 샤를 보들레르Charles Baudelaire의 글을 통해 각광 받기 시작한 소요객flâneur이라는 인물은 도시의 〈열정적인 구경꾼〉이자 소동의 한가운데에 있으면서도 눈에 띄지 않고 〈군중과 한 몸이 되고자〉 하는 신사다.[31] 철학자 겸 도시 생활 저술가인 발터 베냐민Walter Benjamin은 거기서 한 걸음 더 나아가 소요객을 현대 도시에 필수적인 도시인상(像)이라고 정의했으며 게오르크 지멜Georg Simmel 같은 도시 사회학자들은 〈심드렁한 태도blasé attitude〉나 익명성 유지 능력을 이 새로운 도시인의 고유성으로 규정했다.[32] 이 저술가들의 관점에 따르면 소요객은 당연히 늘 남자였으며 당연히 백인이자 비장애인이었다.

소요객이 여성이었을 수도 있을까? 페미니스트 도시 저술가들은 여기서 두 부류로 나뉜다. 어떤 사람들은 소요객이라는 개념 자체가 배제적 비유라며 비판하고, 어떤 사람들은 그것을 되찾아야 한다고 주장한다. 소요객이라는 개념에 반발하는 사람들에 의하면 여성은 남성적 시선*의 대상이 될 수밖에 없으므로 완전한 비가시성을 획득할 수 없다.[33] 그러나 반대파는 여성 소요객이 늘 존재해 왔다며 버지니아 울프Virginia Woolf를 예로 든다. 1930년 수필 「런던 거리 헤매기Street Haunting: A London Adventure」에서 울프는 런던 거리를 걷는 동안 낯선 이들의 마음을 엿보는 상

* male gaze. 여성을 성적 대상화 하는 이성애자 남성의 시선.

상을 하며 〈일상을 벗어나는 것은 가장 큰 즐거움이다. 겨울 거리를 헤매는 것은 가장 큰 모험이다〉라고 술회한다.[34] 또 일기에도 〈런던에서 홀로 걷는 것은 가장 훌륭한 휴식이다〉라고 적음으로써 그녀가 밀려드는 군중 속에서 어느 정도 평안과 거리감을 발견했음을 암시한다.[35] 지리학자 샐리 먼트Sally Munt는 이성애적 시선이라는 일반적인 공식을 벗어나 다른 여자들을 관찰하는 데서 즐거움을 발견하는 도시적 인물상으로 레즈비언 소요객이라는 개념을 제시했다.[36]

　로런 엘킨Lauren Elkin은 『도시를 걷는 여자들Flâneuse: Women Walk the City in Paris, New York, Tokyo, Venice, and London』에서 여성 소요객의 보이지 않는 역사를 복원하려고 시도한다. 엘킨은 여자들이 거리에서 대단히 눈에 띄는 동시에 보이지 않는다고 주장한다. 늘 관찰당하지만 도시 생활이라는 이야기에서는 누락되기 때문이다. 그녀는 이 행위가 소요라고 불린다는 사실을 알기 한참 전인 젊은 시절에 파리 거리를 거닐었던 경험을 묘사한다. 〈나는 파리에서 몇 시간을 걷고도 아무 데도《도달》하지 않을 수 있었다. 그 도시가 세워진 방식을 바라보고, 비공식적인 역사를 이곳저곳에서 발견하면서 (……) 나는 잔재, 결, 사고(事故)와 우연한 만남과 예상치 못한 입구를 찾아다녔다.〉[37] 보들레르, 베냐민, 지멜 같은 남자들이 여성 소요객이라는 존재를 상상하지 못한 이유는 자신들의 선입견에서 벗어나는 여자를 발견할 능력이 없었기 때문이라고 엘킨은 주장한다. 당시 공공장소를 걸어가는 여자는 다른 목적으로 외출한 사람보다는 매춘부(성 노동자)로 인식될 가능성이 훨씬 높았다. 그러나 엘킨은 〈만약 우리가 그때로 되돌아간다면 거리에서 보들레르를 스쳐 지나가는 여성 소요객을 늘 발견할 수 있을 것이다〉라고 말한다.[38]

하지만 나는 의문을 갖지 않을 수 없다. 여성 소요객이 임신했거나 유모차를 밀고 있을 수도 있을까? 예술가이자 학자인 캐터리 글래디스Katerie Gladdys의 비디오 작품 「유모차 소요객Stroller Flâneur」은 제목으로 말장난을 하면서 — 〈stroller〉에는 유모차라는 뜻도 있고 소요객이라는 뜻도 있다 — 글래디스가 자기 동네인 플로리다주 게인즈빌에서 유모차를 미는 모습을 보여 준다. 그녀는 엄마 소요객으로서 〈건축물과 지형의 계보에서 패턴과 서사를 찾는 동시에 아들이 흥미를 보일 만한 것을 찾는다〉. 글래디스는 〈유모차를 미는 행위는 실제로 도시의 공공장소를 점유하는 사회적 절차 중 하나〉라고 주장한다. 나는 한편으로는 이 말에 동의한다. 하지만 유모차를 미는 엄마들이 보이지 않는 이유는 다른 여성들이 보이지 않는 이유와 다르기 때문에 그들이 고전적 의미의 소요객은 아니라고 생각한다.[39] 페미니스트들이 되찾은 여성 소요객도 사실은 거리에서 눈에 띄지 않게 이동할 수 있는 〈평범한〉 몸의 소유자로 한정된다. 여성 소요객에 대해 이야기한 저술가 중 임신한 몸을 언급한 사람은 아무도 없다. 임신을 경험하는 사람이 모두 여자는 아니지만 — 예를 들면 트랜스젠더 남자도 있지만 — 임신에 대한 이야기는 대부분 그 주체를 여성으로 상정한다. 따라서 여성 소요객을 상상하기도 어려운 사람들에게 임신부 소요객이라는 개념은 아예 상상 초월일 가능성이 높다.

공공의 몸

자신의 몸이 갑자기 공공재가 된 사람은 군중 속에 녹아들기가 불가능하다. 여자들은 평상시에도 원치 않는 외모 품평과 신체 접촉을 자주 경험하지만 임신과 출산을 하면 그것이 완전히 새로운 차원에 다다른다. 볼록 나온 내 배를 본 사람들은 마치 거기에 〈제발 만져 주세요!〉라고 적혀 있는 것처럼 굴었다. 나는 부탁한 적도 없는 온갖 충고를 기꺼이 들어야 했으며 식사, 음주, 비타민, 운동, 근무 등에 관한 곧잘 상충하는 〈전문가들〉의 충고를 따르다가 실수라도 할 시엔 적절한 수치심과 후회를 표현해야 했다. 나는 더 이상 스스로 선택할 수 있는 인간이 아니었다. 마치 내 동의도 없이 열린 공모전의 대상(對象)이 된 것만 같았다.

그 결과 나는 내 몸을 극도로 (좋지 않은 방식으로) 의식하게 되었다. 우리가 군중 속에서 어느 정도 사생활을 유지할 수 있는 이유는 타인에 대한 도시인의 심드렁한 태도 덕분인데 그것이 사라지자 만인 앞에서 벌거벗은 기분이 되었다. 내 볼록 나온 배를, 사적인 생리 작용의 결과를 공적 공간에 뻔뻔하게 들이미는 것이 부끄러웠다. 나는 돋보이고 싶지 않았다. 숨고 싶었다. 내 임신 사실을 숨기려고 하진 않았지만 어떤 〈자기 몸 긍정주의〉로도 떨쳐 낼 수 없는, 겸손해지고 싶은 충동에 사로잡혔다. 친구들은 내 옷장에 배꼽티가 너무 많다고 놀렸지만 배가 조금이라도 드러나는 셔츠는 차마 입지 못했다. 내 몸을 거리낌 없이 품평하거나 만지는 낯선 이들과 나 사이에 벽을 치려고 했던 걸까? 아니면 나 자신이 그토록 명백하게 생물학적으로 동물이라는 사실에 대한 착잡한 당황 때문이었을까? 혹은 나도 모르게 마음과 몸은 별개라는 르네 데카르트René Descartes의 주장을 오랫동안 믿어 온 내가 내 몸의 갑작스러운 자기주장을 마주하자 스스로에 대해 안다고 생각했던 모든 것을 의심하게 된 걸까?

아이러니하게도 내 몸을 향한 낯선 이들의 관심은 도시 예절의 개선으로 이어지진 않았다. 그들은 내가 이제는 남들과 다르고, 타자이고, 이곳에 어울리지 않는다는 신호를 약하지만 지속적으로 보냈다. 그 신호는 지하철에서 가장 확실했다. 나는 러시아워에 자리를 양보받아 본 적이 거의 없었다. 양복 입은 직장인들은 일부러 신문에 얼굴을 파묻고 나를 못 본 척했다. 아무도 우리를 알은체하지 않아서 내가 나보다 더 만삭에 가까운 임신부에게 자리를 양보한 적도 있었다. 퓰리처상 수상 칼럼니스트 애나 퀸들런Anna Quindlen도 똑같은 이야기를 들려준다. 자신도 임신했을 때 〈지금 당장 분만실로 가야만 할 것 같은〉 여자에게 자리를 양보했다는 것이다. 그녀는 말한다. 〈나는 뉴욕을 사랑하지만 임신부로 살기에는 힘든 곳이다. (……) 뉴욕에는 사생활이 없다. 모든 사람이 딴지를 걸고 자기 생각을 꼭 말해야 한다고 생각한다.〉[40] 임신 경험이 있는 사람들은 냉소를 머금은 채 이런 이야기를 나눈다. 마치 그것이 도시의 임신부라면 당연히 겪어야 하는 통과의례인 것처럼. 단정치 못하고 불편한 몸을 이끌고 집을 나선 이상 당연히 받아들여야 하는 일인 것처럼.

나는 매디가 태어나자 소요객의 정신을 되찾으려 노력하기로 했다. 매디는 아기 띠만 채우면 내 품에 기대어 몇 시간씩 세상모르고 잤다. 나는 지도를 보고 새로 문을 연 스타벅스까지 가는 길을 숙지한 후에 라테 한잔하고 코에 바람이나 쐬자는 생각으로 집을 나섰다. 먹이기, 재우기, 씻기기의 끝없는 반복 가운데 이러한 휴식은 한 조각 자유처럼 느껴졌다. 아이를 낳기 전에 살았던 도시 젊은이의 삶이 어땠는지 기억날 것만 같았다.

하지만 이런 외출은 잘 흘러갈 때도 있고 그렇지 않을 때도 있었다. 엄마 소요객이 되려는 나의 시도는 갓난아기의 지저분한 생리 현상에 끊임없이 방해받았다. 예전에 편안했던 곳에 가도 이제는 스스로가 외부인처럼, 젖이 줄줄 새는 가슴과 시끄럽고 냄새나는 아기가 있는 이방인처럼 느껴졌다. 생생한 육아의 현장이 눈앞에 펼쳐질 때 초연한 관찰자 역할을 하긴 어려운 법이다. 나는 이 모든 것에 연연하지 않으려 했다. 정말이다. 적어도 매디가 잠깐 잠든 동안에는 잠시 후 벌어질 기저귀 대참사를 예상 못 하는 척할 수 있었다. 하지만 배가 고파서든 오줌을 싸서든 매디가 깨면 나는 육아의 현실을 아무도 목격하지 않아도 되게끔 허둥지둥 공중화장실로 달려가곤 했다.

내가 아이를 낳기 전에는 공공장소에서 모유 수유를 하는 것이 얼마나 용감한 행동인지 몰랐다. 그런데 실제로 출산을 하고 나니 어디서든 젖을 먹여도 〈된다〉는 사실을 머리로는 알아도 내가 그런다는 상상만 해도 몸서리가 났다. 임신 중에 사람들이 내 몸에 보인 이상하고 다양한 반응들 덕분에 내가 모유 수유를 하다 어떤 일을 당할지 결코 예측할 수 없음을 알게 됐기 때문이다. 지나친 숭배도, 적대도 내게는 똑같이 거북했다. 나는 보호받아야 하는 숭고한 존재인 동시에 그곳에 어울리지 않았고 남들이 불편함을 느끼는 방식으로 공간을 차지했다. 캐나다에서는 인권법으로 보호됨에도 불구하고 공공장소에서 모유 수유를 하다가 나가 달라는 요청을 받은 사람들에 관한 뉴스가 정기적으로 보도된다는 사실은 아무 데서나 모유 수유를 하는 것은 적절치 않다고 생각하는 사람들이 여전히 존재함을 시사한다.

바르게 행동했을 때, 내 임신한 몸이 남들에게 걸리적거리지 않았을 때, 낯선 사람 수십 명이 동시에 만족하게끔 내 아이를 돌

봤을 때, 나는 미소와 응원을 받았다. 그러나 내 존재가 너무 커지거나 시끄러워지거나 노골적이 되는 순간 성난 시선, 헐뜯는 말, 때로는 물리적 공격도 받았다. 한번은 슈퍼마켓 계산대 앞에 줄을 서서 기다리는데 어떤 남자가 뒤에서 자꾸 나를 밀었다. 내가 그만하라고 하자 그는 내게 〈망할 유모차 치워〉라고 말했다. 어떤 여자는 만원 버스에서 매디가 실수로 그녀의 발을 밟자 나에게 형편없는 엄마라고 했다. 토론토의 한 백화점 점원은 당시막 걸음마를 뗀 매디가 없어져서 내가 도움을 청하자 먼저 온 손님의 용무가 끝날 때까지 기다리라고 말했다. 결론적으로는 매디를 찾았지만 지나가던 다른 엄마가 겁에 질린 내 목소리를 듣고 도와준 덕이었다.

이런 수준의 무례가 매일 일어나지는 않는다. 그러나 이 모든 사회적 적개심 밑에는 도시 자체와 그 형태와 기능이 내 삶을 극도로 어렵게 만들게끔 설계되어 있다는 사실이 숨어 있다. 나는 안전이라는 관점에서 나를 둘러싼 환경을 파악하는 데 익숙했다. 그것은 환경 자체보다는 〈누가〉 그곳에 있느냐와 더 관계가 있었다. 그러나 지금 도시는 나를 노렸다. 젊은 비장애인인 나는한 번도 만나 보지 못했던 장벽이 갑자기 모든 길목에서 나를 막아섰다. 한때 도시가 상징했던 자유는 이제 머나먼 기억처럼 느껴졌다.

여자의 자리

초보 엄마로서 익숙지 않은 일들을 매일 해나가려 애쓰던 내게 도시는 끊임없이 맞서 싸워야 하는 물리력이었다. 그런데 도시는 원래 가사, 육아, 유급 노동, 학업 등 수많은 역할을 하느라 투잡, 스리잡을 뛰어야 하는 여자들에게 가장 적합한 장소 아니었나? 나의 박사 과정 지도 교수가 〈여자가 있을 곳은 도시다〉라고 주장하지 않았던가?[41] 이 말이 사실이라면 왜 하루하루가, 보이지 않는 사방의 적과의 싸움처럼 느껴졌을까?

슈퍼마켓, 카페, 공원 등 내가 꼭 가야 하는 장소는 우리 집에서 걸어서 갈 수 있었다. 학교는 대중교통으로 출퇴근이 가능했고 지하철역이 걸어갈 수 있는 거리에 있었다. 유아반이 있는 커뮤니티 센터나 학교도 많았다. 매디가 다니는 어린이집도 꽤 가까웠다. 자가용이 없어도 사는 데 지장이 없었다. 교외와 비교하면 도시에는 이런 시설들이 밀집되어 있기 때문에 육아, 대학원, 가사를 병행하기가 훨씬 쉬웠다. 즉 1980년대에 거다 웨컬리의 〈여자가 있을 곳은 도시다〉라는 발언은 교외 생활이라는 악몽에 대한 대답이었다.

물론 페미니스트들의 교외 비판은 기나긴 역사를 가지고 있다. 1963년 베티 프리던Betty Friedan은 이 〈이름 없는 문제〉*를 분

---

* problem that has no name. 자녀가 있고 물질적으로 풍족한 전업주부가 스스로 불행하다고 느끼는 현상. 훗날 중산층 고학력 백인 여성의 배부른 불평이라는 비판을 받았다.

석하면서 교외 생활에 대한 통렬한 비난을 쏟아 냈다.

　　교외에 거주하는 모든 주부는 홀로 분투한다. 침대를 정리
하고, 시장을 보고, 소파 커버를 고르고, 애들과 땅콩버터 샌드
위치를 먹고, 애들을 보이 스카우트에 태워다 주고, 남편 곁에
누워 잠들 때 그녀는 너무나 두려워서 스스로 자문조차 하지
못한다. 〈이게 다인가?〉[42]

「스텝포드 와이프The Stepford Wives」에서부터 「위기의 주부들
Desperate Housewives」, 「위즈Weeds」, 「매드맨Mad Men」에 이르기까지
교외 생활에 대한 고정 관념은 셀 수 없이 많다. 신경 안정제에
중독된 주부, 과보호하는 엄마, 어두운 비밀을 간직한 주부 등.
그리고 생활 방식, 성 역할, 인종 및 계급 불평등에 있어서도 비
판할 점이 결코 적지 않다. 그러나 페미니스트 지리학자들은 교
외의 본질, 형태, 구조, 건축물 또한 이 〈이름 없는 문제〉의 근원
으로 보고 있다.

　　오늘날 우리는 교외를 대도시에서 유기적으로 파생된 것, 더
넓은 공간과 더 큰 주택의 필요에 의한 자연스러운 결과물로 받
아들인다. 그러나 교외는 자연스러움과는 거리가 멀다. 굉장히
특정한 사회적, 경제적 사안을 해결하기 위해 개발된 것이기 때
문이다. 특히 2차 세계 대전 이후에 수많은 귀향 군인과 그 가족

을 위한 주택 공급에서부터 전후 제조업 경기 부양에 이르기까지 교외는 경제 성장을 유지하기 위한 필수 요소였다. 미국과 캐나다 정부는 주택 소유를 용이하게 하는 정책을 펼쳤고 그 결과 북미 노동자들은 주택 소유자가 되는 동시에 주택 담보 대출에 매이게 되었다. 어떤 이들은 이 조치가 미국 사회를 더 보수적이고 반공산주의적으로 만드는 데 기여할 거라고 생각했다. 결과적으로 주거용 부동산은 20세기 경제의 가장 중요한 요소 중 하나로 떠올랐다. 너무 중요해진 나머지 2007년 서브프라임 모기지 사태로 미국 주택 부문이 타격을 입었을 때 전 세계적 경제 위기를 불러왔을 정도다. 페미니스트 건축가 덜로레스 헤이든은 이렇게 지적한다. 〈교외의 단독 주택은 경제적 성공과 신분 상승이라는 (북)아메리칸드림과 불가분의 관계가 되었다. 경제, 사회, 정치 생활의 구석구석까지 그 영향력이 미치지 않는 곳이 없다.〉[43]

교외 개발은 국가 경제에도 필수적이었지만 사회적 필요성도 있었다. 이 사안은 훗날 인종 및 성별 갈등에 지대한 영향을 미치게 된다. 미국의 전후 교외 개발 붐은 아프리카계 미국인 수백만 명이 더 좋은 기회를 찾아 남부 농촌을 떠나 북부 산업 도시로 이주한 시기와 일치한다. 도시의 흑인 인구가 빠르게 증가하자 소위 〈진보적인〉 북부 사람들의 포용력은 시험대에 올랐다. 결국 많은 백인 가족이 서둘러 교외로 떠났고 이 현상은 백인 이주라고 불리게 된다. 실제로 유명한 레빗타운*처럼 초기에 대량 공급된 교외 주택 단지들은 〈백인 전용〉이라고 명시되었다. 이러한 경향이 오랫동안 지속되면서 비백인들은 노후하고 낙후하고 순찰이 과도한 시내로 거주지가 한정되었고 주택 보유를 통해 부를 축적할 기회도 박탈당했다. 이는 21세기가 되어서까지도 인종에 따라 거주 지역이 다르고 빈부 격차가 나는 주원인이다.[44]

교외 개발의 영향은 오늘날 인종 문제뿐만 아니라 남녀 문제에도 남아 있다. 헤이든이 간단명료하게 표현한다. 〈부동산 개발업자들은 특정한 종류의 집이 참전 군인을 호전적인 전투기 조종사에서 잔디 깎고 출퇴근하는 외판원으로, 여자를 공장 노동자에서 전업주부로 바꿔 놓는 데 도움이 될 거라고 주장했다.〉[45] 전후 프로파간다는 여자들이 전시에 가졌던 공장 일자리를 남자들에게 돌려줘야 한다고 노골적으로 주장했다. 그리고 교외 주택은 규범적 성 역할을 재정립하는 데 완벽한 〈해결책〉이었다. 일시적으로 넓어졌던 여성의 활동 반경에 공간적인 해결책을 제시함으로써 공적 노동과 사적 노동, 유급 노동과 무급 노동이라는 구분이 남녀 간에 〈자연스럽게〉 재정립될 수 있었다.

교외의 생활 방식이 제대로 기능하기 위해서는 성인 한 명은 밖에 나가서 일하고 다른 한 명은 집 안에서 일하는 이성애자 핵

---

* Levittown. 부동산업자 윌리엄 레빗William Levitt이 대량으로 공급한 조립식 주택 단지.

가족이 필요했다. 대중교통과 같은 공공 서비스로부터 고립된 넓은 집에 살려면 엄마가 전업으로 살림만 하면서 남편과 아이들을 돌봐야 했기 때문이다. 페미니스트 도시 계획가 셰릴린 맥그레거Sherilyn MacGregor는 교외의 이러한 형태가 전통적인 이성애자 핵가족을 기반으로 하는 〈(성 편향적) 분업에 적합한 인프라를 만들었다〉라고 말한다.[46]

헤이든은 외벌이 남편과 전업주부와 미성년 자녀로 이루어진 가정이 소수에 불과하다고 주장한다. 사실 이렇게 구성된 가구가 다수를 차지했던 적은 한 번도 없으며 특히 흑인과 노동자 계급 여성은 절대 여기에 해당하지 않는다. 그런데도 교외 거주지는 이 가족을 기준으로 설계된다. 이렇게 건설된 마을이 재개발되려면 최소한 몇십 년은 지나야 하므로 우리는 결국 사회적 현실을 반영하지 않는 구시대적인 공간에 매이게 된다. 그리고 이 공간은 다시 사람들의 생활 방식과 선택 범위를 결정한다.

나는 평소 이 문제에 관해 자주 열변을 토하곤 하는데 한 친구는 내가 교외에 〈지나치게 많은 행위성〉을 부여한다고 비난했다. 그러니 다시 한번 확실히 말하겠다. 교외는 여자들을 부엌에, 직장 밖에 묶어 두려고 의식적으로 〈노력〉하지 않는다. 그러나 교외 설계의 대전제를 생각해 보면 교외가 다양한 가족 형태와 노동 형태를 능동적으로 (혹은 다른 뭔가를 대신해서) 저해한다고 볼 수 있다. 지리적으로 고립되고, 집이 상대적으로 넓고, 자

가용이 여러 대 필요하고, 육아를 위탁할 곳이 없기 때문에 여자
는 아예 직장에 다니지 못하거나 아슬아슬하게 살림 및 육아와
병행할 수 있는 저임금 시간제 일자리를 선택할 수밖에 없다. 남
자가 직장을 그만두거나 더 나쁜 조건의 직장으로 옮기는 경우
는 드물다. 게다가 오랜 남녀 임금 격차를 감안할 때 돈을 더 많
이 벌 수 있는 남자를 희생하는 것은 어차피 말이 되지 않는다.
이렇게 교외는 이성애자 가족 내에서, 또 노동 시장에서 특정한
종류의 성 역할을 후원하고 그것이 당연해 보이게 만든다.

도시라는 해결책

거다 웨컬리를 비롯한 많은 페미니스트들은, 서로 상충하는
복수의 역할을 병행해야 하는 직장 여성들에게 도시가 (교외와
비교했을 때 상대적으로) 나은 환경을 제공한다고 주장했다. 웨컬
리의 주장에 따르면 여자가 가장인 가정은 〈생존 자체가 대개 시
내에만 존재하는 그물망 같은 사회 복지〉에 의존한다.[47] 1970~
1980년대에 실시된 연구에 따르면 여자는 남자보다 훨씬 적극
적으로 도시를 활용하며 〈교외 거주 여성보다 직장 생활, 동네
행사, 문화 활동에 더 많이 참여하는데 이런 기회는 교외로 이사
가는 순간 대부분 사라진다〉.[48] 유명한 도시 계획 비평가 제인 제
이컵스 Jane Jacobs는 1960년대 초에 교외가 여자들과 아이들에게
더 좋은 곳이라는 통념에 반박했다. 그녀는 지리적 고립, 행인의

부재, 자가용 의존이 여자들에게 더 큰 영향을 미치며 전반적인 공공 서비스 부족의 원인이기도 하다고 지적했다.[49]

그러나 도시가 이런 문제들의 만능 해결책은 아니다. 독박 가사를 남자와 분담하는 것이 아니라 단지 여자가 더 하기 쉽게 만드는 것이 궁극적 목표이냐는 문제를 차치하더라도 도시에는 여전히 다수의 장벽이 존재한다. 왜냐하면 도시가 교외와 똑같은 사회 규범 및 제도를 기반으로 건설됐기 때문이다. 지리학자 킴 잉글랜드Kim England는 성 역할이 〈공간의 실제 외형에까지 고착되어 있다. 따라서 거주 지역 및 업무 지역의 위치, 교통 체계, 전반적인 도시 구조는 어떤 종류의 행위가 언제, 어디에서, 누구에 의해 일어나는지에 관한 가부장적 자본주의 사회의 기대를 반영한다〉라고 말했다.[50] 모든 형태의 도시 계획은 〈전형적인〉 도시인에 대한 일련의 가정, 즉 그들의 이동 패턴, 필요, 욕구, 가치관을 바탕으로 한다. 그런데 놀랍게도 이 도시인은 남자다. 그는 한 가정의 가장이자 남편이며 비장애인, 이성애자, 백인, 시스젠더다. 따라서 교외와 비교했을 때 설사 도시에 이점이 더 많다 하더라도 여자가 유급 노동과 무급 노동이라는 〈투잡〉을 병행하기 쉽게끔 도시가 세워졌다는 뜻은 아니다.

이 사실은 특히 교외가 성장한 이래 교통 체계가 만들어져 온 방식에서 드러난다. 도시의 대중교통 체계는 대부분 9시부터 5시까지 일하는 회사원의 출퇴근에 맞게 설계되어 있다. 교외에 존재하는 극소수의 대중교통 또한 이 직장인을 특정한 시간에 특정한 방향으로 실어 나르게끔 설계되어 있다. 시스템 전체가 직선 이동 — 다른 곳에 들르지도, 중간에 여러 번 멈추지도 않는 — 을 전제로 한다. 이는 일반적인 남자 통근자에게 유리하다.

연구에 따르면 여자들의 출퇴근은 훨씬 복잡하다. 무급 노동과 유급 노동을 병행하느라 중복적인, 때로는 상충하는 용무를 수행해야 하기 때문이다.[51] 어린 자녀가 둘인 엄마는 지역 버스를 타고 가서 8시에 둘째를 어린이집에 맡긴 다음, 왔던 길을 되돌아가서 8시 반에 첫째를 학교에 등교시킨다. 그러고 나서 기차를 타고 9시까지 회사에 출근한다. 집에 돌아올 때는 이 과정을 거꾸로 하는데 중간에 슈퍼마켓에도 들러서 저녁 찬거리와 기저귀를 사야 한다. 이제 그녀는 짐 꾸러미, 유모차, 아이와 함께 만원 버스에 기를 쓰고 올라타서 마침내 집으로 향한다. 이때 그녀도, 아이들도 요금을 여러 번 내야 하는 경우가 많다. 만약 그녀가 교외에 산다면 지자체가 바뀔 때마다 요금을 내야 할 수도 있다. 최근 연구에 따르면 대중교통은 여전히 〈핑크 택스〉*가 존재하는 분야 중 하나다. 여자는 남자보다 대중교통을 많이 이용하지만 더 나쁜 서비스를 제공받는다. 세라 코프먼Sarah Kaufman의 연구에 따르면 뉴욕시에 거주하는 아이 엄마는 매달 교통비에 최대 76달러를 남자보다 더 지출하고 있을 수도 있다.[52]

* pink tax. 비슷한 상품이나 서비스에 남자보다 여자가 높은 가격을 지불하는 것.

나는 엄마가 되었을 때 런던에서 유모차를 끌고 대중교통을 이용하는 것이 불가능함을 금방 깨달았다. 많은 지하철역에 엘리베이터가 있긴 하지만 역이 너무 땅속 깊숙이 위치해 있어 총 270개 역 가운데 50개 역만 이용이 가능했다.[53] 구불구불한 계단, 들쑥날쑥한 계단, 가파른 에스컬레이터, 급커브, 좁은 터널, 수천 명의 통근자와 관광객 때문에 지하철 이용은 일종의 모험이 되어 버린다. 한번은 매디와 함께 큰맘 먹고 아기용품 박람회에 간 적이 있었다. 내가 가지고 나간 유모차는 크고 편안한 것으로, 요즘도 영국과 유럽에서 많이 쓰는 제품인데 자선 단체가 운영하는 중고 가게에서 산 것이었다. 그런데 차라리 우주선을 가지고 가는 편이 나았을 뻔했을 정도로 그날의 외출에는 적합하지 않았다. 그 유모차를 사용한 것은 그날이 처음이자 마지막이었다. 아기와 함께 도시를 돌아다닐 수 있는 유일한 방법은 아기 띠를 메는 것임을 알게 되었다.

세월이 흘러 토론토로 돌아갔을 무렵에는 매디가 너무 자라서 더 이상 아기 띠를 찰 수 없었다. 그래서 대중교통을 이용할 때 유모차를 안 가져갈 수가 없게 되었다. 당시 우리 동네 지하철역에는 엘리베이터는커녕 하향 에스컬레이터조차도 없었다. 계단을 내려가고 싶으면 누가 도와주겠다고 할 때까지 기다려야 했다. 그 사람과 나는 어색하고 다소 위험하게 유모차를 든 채 너무 많은 공간을 차지하면서 모두의 진로를 방해했다. 매디가 더 자라자 나는 유모차를 최대한 작고 단순한 것, 내가 한 팔로 들 수 있을 만큼 가벼운 모델로 바꿨다. 100퍼센트 만족스럽진 않았지만 사고가 나는 것보다는 나았다. 어떤 남자가 나를 도와주려다 계단에서 뒤로 굴러떨어진 적이 있었기 때문이다. 다행히 그는 유모차를 잡고 있던 손을 놓은 뒤에 열두 계단을 엉덩이로 미끄러졌다. 다친 사람은 아무도 없었지만 나는 식겁했다. 그러나 멀레이지아 구드슨Malaysia Goodson은 그 남자만큼 운이 좋지 못했다. 그녀는 딸을 태운 유모차를 들고 뉴욕 지하철역 계단을 내려가다가 넘어져 사망했다. 그녀의 경우 추락이 직접 사인은 아니었지만 불편하고 복잡한 대중교통을 매일 이용하는 부모들에게는 언제든 자신에게도 일어날 수 있는 〈최악의 시나리오〉였을 것이다.[54]

엄마가 된 지 얼마 안 된 건축가 크리스틴 머리Christine Murray는 이렇게 묻는다. 〈엄마들이 설계했다면 도시는 어떤 모습이었을까?〉[55] 그녀는 집에서 가장 가까운 지하철역이 개조되면서 엘리베이터가 없어졌음을 알고 울음을 터뜨렸을 때를 떠올리며 대중교통 문제를 중점적으로 거론한다. 그리고 버스에 휠체어가 탈 자리가 없는 것을 탄식하면서 아이 엄마를 위한 시설의 부재가 노인 및 장애인 문제와도 일맥상통함을 지적한다. 대중교통의 모든 면은 내가 설계자들이 상상한 이상적인 사용자가 아님을 상기시킨다. 계단, 회전문, 회전식 개표구, 유모차 놓을 자리의 부재, 고장 난 엘리베이터와 에스컬레이터, 무례한 발언, 노려보는 시선. 이 모든 것이 도시가 부모 자식을 염두에 두고 설계되지 않았음을 보여 준다. 나 또한 내가 이 장벽들에 부딪히기 전까지는 (아이 부모보다 더 배려받지 못하는) 장애인이나 노인의 불편에 대해 생각해 본 적이 없음을 깨닫자 불현듯 부끄러움이 밀려왔다. 설계자들은 우리가 직장, 공공장소, 공공 서비스에의 접근을 원하지도, 필요로 하지도 않을 거라고 가정한 듯하다. 우리가 속한 가정 또는 기관에나 머무르라는 것이다.

도시의 여성 운동에서 대중교통이 주요 사안임에도 불구하고 대중교통의 설계, 예산, 시간표가 성평등 문제라는 생각은 지금껏 사람들의 관심을 거의 받지 못했다. 1976년 캐나다 북부 도시 화이트호스의 여자들은 유콘 준주(準州) 최초의 대중교통 체계(미니버스 네 대)를 만들었다. 스프롤*이 나타나고 있던 이 추운 도시에는 괜찮은 직장까지 출퇴근할 수 있는 수단이 없었기 때문이다.[56] 2019년 인도 사우스델리 빈민가 출신의 젊은 여자들은 도시 생활에 관한 랩곡을 쓰면서 그들의 가장 큰 고민 중 하나인 〈안전하고 저렴한 대중교통의 부재〉를 언급했다.[57] 대중교통 체계를 운영하는 사람 대부분은 여자들에게 필요한 것을 의도적으로 무시해 왔다. 2014년 런던에서 통근하던 한 임신부는 승객

* sprawl. 기반 시설이 제대로 갖춰지지 않은 상태에서 도시가 무질서하게 외곽으로 확산하는 현상.

들에게 직접 자리를 양보해 달라고 부탁했는데도 거절당해서 바닥에 앉을 수밖에 없었다. 그녀가 지하철 공사에 항의하자 그들은 그녀에게 러시아워에 지하철을 타지 말라고, 혹시 탔는데 몸이 안 좋으면 비상 정지 레버를 당겨서 지하철을 세우라고 제안했다.[58]

젠트리피케이션과 가족

토론토에 돌아왔을 때 집세 때문에 내가 원한 것보다는 변두리에 집을 구할 수밖에 없었지만 그래도 우리 동네에는 어느 정도의 상가와 편의 시설은 있었다. 그런데 알고 보니 이 편리함은 우리 동네가 아직 젠트리피케이션 초기에 머물러 있었기 때문이었다. 젠트리피케이션이란 저소득 노동자 계급이 사는 동네가 중산층 가정과 그들을 위한 상점에 잠식당하는 과정을 일컫는다. 젠트리피케이션의 원인과 형태는 다양하지만 2000년대 초에 내가 이사 왔을 때 우리 동네(더 정크션)는 가다 서다를 반복하는 아주 느린 변화를 겪고 있었다. 우리 동네 〈편의 시설〉로는 비디오 대여점과 할인 슈퍼마켓이 있었다. 놀이터도 몇 개 있었지만 적어도 그중 하나는 쓰레기와 버려진 (마약) 주사기로 가득할 때가 많았다. 그래도 대부분의 생필품을 파는 상점가는 걸어갈 수 있는 거리에 있었고 가격도 그리 비싸지 않았다.

젠트리피케이션에 관한 초기 페미니즘 연구들은 중산층의

〈도시 회귀〉 운동이 직장과 가사를 병행하는 여자들이 직면한 문제에 대한 지리적 해결책처럼 기능하고 있음을 지적했다.[59] 여자들이 고소득 전문직에 진출하고 결혼 및 출산 연령을 늦추거나 아예 비혼을 선택하는 경우가 증가하면서 자신의 욕구와 필요에 부합하는 도시 환경을 찾기 시작했다. 페미니스트 지리학자 위니프리드 커런Winifred Curran의 표현에 따르면 〈여자들은 젠트리피케이션의 잠재적 수혜자인 동시에 견인차〉이기도 했다.[60] 학자들은 남녀가 직장 생활, 가정생활, 주거 생활에서 보이는 차이를 고려할 때 도시의 토지 사용 패턴에서도 대대적인 변화가 나타나리라고 예상했다. 그러나 예상과 달리 성평등의 관점에서 근본적인 변화는 일어나지 않았다. 오히려 전방위적인 젠트리피케이션을 비롯한 많은 변화가 도시 환경을 대다수의 여성에게 불리하게 만들었다.

젠트리피케이션이 일어나는 동네에는 깨끗한 공원, 카페, 서점, 유기농 식품점처럼 중산층 부모들에게 유용한 편의 시설이 생겨나기 시작한다. 이런 시설들은, 특히 영국과 미국에서, 교통이 편리한 곳과 좋은 학교 근처에 위치하는 경우가 많다. 커런은 다음과 같이 주장한다.

젠트리피케이션은 워라밸 문제에 시장 중심적이고 개별화되고 민영화된 공간적 해결책을 제시했다. 공적인 도시 계획이 도시인들의 기대를 따라잡지 못하자 워라밸에 유리한 공간을 건설할 능력이 되는 사람들이 직장 및 기타 편의 시설에 접근하기 쉬운 도심지를 〈재발견〉한 것이다.[61]

그러나 젠트리피케이션이 가져온, 중산층에 한정된 이득은 가사 노동의 남녀 분업을 초래하지도 않고, 남성의 이동 및 노동 패턴에 맞게 설계된 도시 인프라를 변화시키지도 않는다고 커런은 말한다. 그녀는 이렇게 주장한다(그리고 나도 이에 동의한다). 〈중산층의 도시 생활 서사는 돌봄 노동과 가족이 도시 설계에서 갖는 역할을 축소하거나 완전히 무시하는 경향이 있다.〉[62] 아파트 건설 같은 부동산 개발 계획에 놀이 공간이나 유치원, 때로는 슈퍼조차 포함되어 있지 않은 것을 보면 도시 계획가들과 정책 입안자들은 여전히 가족—심지어 이 새롭고 멋진 도시 주택에 입주할 만한 경제력을 가진 가족—이 일할 만한/살 만한 공간을 공급하는 데 관심이 없다.[63]

젠트리피케이션이 일어났다고 해서 여전히 도시에서 상당히 뒷전인 돌봄 노동이 갑자기 수월해지진 않는다. 대다수의 여성은 젠트리피케이션이 제공하는 〈편의 시설〉을 이용할 수 없기 때문이다. 내 경험상 이 편의 시설들은 요즘 〈육아의 젠트리피케이션〉이라 불리는 사회적 추세와 맞물렸을 때 양날의 검이 된다. 그것은 〈집중 육아 intensive mothering〉라는 현상에서 기인하는데

이 용어를 만든 사회학자 샤론 헤이스Sharon Hays는 집중 육아를 〈아이 중심적, 전문가적, 감정 소모적, 노동 강화적, 고비용적〉이라고 정의한다.[64] 부모가 자녀에게 독점적이고도 헌신적인 관심을 쏟아야 한다는 이 육아 방식에 유례없는 기대가 쏟아지고 있다. 앤드리아 오라일리Andrea O'Reilly 같은 엄마 겸 학자들은 집중 육아와 새로운 〈모성 신화〉가 1970~1980년대 여성들의 사회적, 성적, 경제적 독립 증가에 대한 불같은 백래시*에 기름을 붓기에 딱 좋은 시점에 등장했다고 주장한다.[65]

이 집중 육아는 〈육아의 젠트리피케이션〉이라 불리는 다양한 과시적 소비 행태와 미학에서 나타난다. 좋은 육아의 기준 및 문화적 지표는 그것이 점점 더 도시 중상류층이 구매하고 체험하는 특정 상표, 스타일, 취미 활동에 의해 정의됨에 따라 젠트리피케이션을 거쳐 왔다. 왜냐하면 도시에 거주하는 중산층 부모들이 좋은 시설을 자기 동네에 유치하는 동시에 아이들을 위한 고가품 및 취미 활동 시장을 제공했기 때문이다.[66] 이런 육아에 필요한 시간, 돈, 감정 노동의 양은 대부분의 가족, 특히 엄마에게 불가능하다.

젠트리피케이션이 진행 중이던 우리 동네에서 어린 매디를 키우던 시절을 돌이켜 보면 마음이 편안하진 않다. 사실은 몸이 완전히 탈진했을 때의 감각이 떠오른다. 신생아의 부모에게 수면

* backlash. 대개 페미니즘에 대한 반동을 말한다.

부족은 당연하지만 내가 말하고자 하는 것은 도시에서 집중 육아를 할 때 따라오는 육체적 피로다. 젊은 시절의 나는 플라스틱 바퀴가 달린 유모차를 밀고 눈얼음으로 뒤덮인 인도와 거리를 돌아다녔다. 자가용이 없었기 때문에 일주일에 몇 번씩 유모차 가득 장을 봤다. 걸어갈 수 있는 곳에 슈퍼마켓이 있다는 것은 도시 생활의 〈편리한〉 부분이어야 마땅했지만 실상은 그렇지 않았다. 집에 돌아올 때 유모차를 반은 들고, 반은 질질 끌어야 했다. 바퀴 하나가 길의 움푹 파인 곳에 걸려서 산산조각 났기 때문이다. 게다가 풍부하고 사교적이고 흥미로운 활동이 딸에게 〈필요〉했기 때문에 매일매일 공원, 작문 교실, 커뮤니티 센터 놀이방에 가야 했다. 저녁에는 대중교통을 타고 시내 수영 강습도 다녔다. 어린이집, 학교, 볼일, 강습에 끊임없이 데려다주고 데려오기, 가족과 친구들 만나기. 시간을 되돌린다면 나 자신에게 집에 있으라고, 누우라고, 좀 줄이라고 말해 주고 싶다.

당시에는 줄인다는 게 가능한 선택지처럼 보이지 않았다. 비록 우리 동네의 많은 전업주부들이 내가 주간 대학원을 다닌다는 사실을 알고 깜짝 놀라긴 했지만. 그들이 몰랐던 것은 내 일상 중에서 학업이 가장 쉬운 부분이었다는 점이었다. 작은 인간의 사소한 요청에 즉각 대답할 필요 없이, 그 아이의 정신적, 정서적 성장에 대해 걱정하지 않고 몇 시간 동안 혼자 생각에 잠기는 것은 너무나 평화로웠다. 1950년대의 전형적인 교외 엄마도 그렇게 쉼 없이 자식과 놀아 줘야 한다는 기대를 받진 않았을 것이다. 그러나 20세기 말~21세기 초의 소위 해방된 도시 엄마는 온갖 가사 노동과 집중 육아를 하는 동시에 대개 직장에도 다닌다. 그리고 그녀가 이 모든 활동을 하는 공간은 절대 이 노동에 적합하게 만들어지지 않았다.

나는 도시에서 보낸 매디의 어린 시절이 — 그리고 나의 육아가 — 1980년대 교외에서 보낸 나의 어린 시절과 전혀 다르다고 생각했었다. 매디가 자기 취향에 맞는 취미 활동은 훨씬 많이 했고, 부모가 볼일 보는 동안 차에 앉아서 기다린 시간은 훨씬 적은 것 같았다. 실제로 그럴 수도 있지만 확실한 건 집중 육아가 이미 1980년대부터 상승세였다는 사실이다. 나는 부모님 볼일 보는 데 따라다니느라 하루 종일 미니소가 시내 이곳저곳을 왔다 갔다 하기도 했지만 유대교 회당, 무용 강습, 야구 연습, 수영, 스케이팅, 히브리어 교실에도 다녔던 어린 시절의 주말을 기억한다. 부모님은 스프롤 현상으로 점점 팽창해 가는 도시에서, 자가용 한 대에 운전면허 있는 사람도 한 명뿐인 상황에서, 가사와 직장과 육아를 병행하기 위해 최선을 다했다.

운전면허를 따기 전까지 어머니는 간단한 볼일 하나를 보기 위해 45분이나 한 시간을 곧잘 걷곤 했다. 어쩌면 그저 집 밖에 나갈 핑계를, 떼쟁이들을 거느리지 않고 혼자 가게에 있는 시간을 원했던 건지도 모르겠다. 돌이켜 보면 나와 어머니는 엄마로서 꽤 비슷하게 행동했던 것 같다. 나는 시내에 살아서 대중교통이나 공공 서비스 이용이 상대적으로 더 쉬웠지만 그렇다고 해서 얼마 안 되는 자유 시간에 수많은 볼일 보기가 마법처럼 해결되지는 않았다.

금전적 여유가 있는 가족은 이런 모순을 타인의 저임금 노동에 의존함으로써 해결한다. 가족이 스스로 해결할 수 없을 때 또는 정부가 (예를 들면 저렴한 보육 서비스 제공과 같은) 도움을 주지 않을 때 이민자, 여자, 유색인 남자가 사회적 재생산의 외주를 맡는다. 저임금 육체노동자 남편을 둔 대학원생이었던 나는 유료 서비스를 이용할 만한 돈이 없었다. 그래도 너무 지쳤을 때는 신용카드 대출로 식료품 배달을 시키거나 대중교통 정기권을 사는 것을 스스로 합리화했다. 매디의 다양한 활동에 돈을 쓴 것도 아이를 위해서만은 아니었다. 이 활동들이 보육의 기능도 했기 때문에 예를 들면 수영장에서 매디를 기다리는 동안 나는 30분 짬을 내어 학교 과제를 할 수 있었다. 나 자신의 자아 충족(학위를 따는 것)이 부분적으로 배달원이나 보모 같은 사람들의 저임금 노동을 이용할 수 있는지 없는지에 의존했기 때문에 자연히 돌봄 노동을 위한 공공 인프라 부족이 여자들 간의 불평등을 심화한다는 사실을 납득하게 되었다. 우리가 감당할 수 없는 양의 노동에 매몰되지 않기 위해서는 다층적인 착취에 가담할 수밖에 없기 때문이다.

이러한 불균형의 영향력은 너무나 막강해서 전 세계 도시 엄마의 생활을 바꿔 놓는다. 이를테면 부유한 직장 여성 사이에서 돌보미 수요가 증가함에 따라 각국의 여성 이민자가 인력 부족을 채우기 위해 차출되었다. 필리핀과 인도네시아에서 온 가사 도우미들은 싱가포르가 세계를 선도하는 금융과 미디어의 중심지가 되는 데 싱가포르 여자들이 일조할 수 있게 해준다. 페미니스트 지리학자 브렌다 여Brenda Yeoh, 셜리나 황Shirlena Huang, 케이티 윌리스Katie Willis는 다른 많은 도시에서와 마찬가지로 싱가포르의 직장 여성들이 가사와 육아를 남성 파트너와 동등하게 분업하는 데 실패했기 때문에 어쩔 수 없이 외국인 도우미에게 의존할 수밖에 없다고 지적한다.[67]

캐나다에서는 필리핀과 카리브해 국가 출신 여성 — 대부분 본인도 아이 엄마인 — 수천 명이 단기 체류 비자로 캐나다에 와서 보모, 가정부, 간병인으로 일한다. 밴쿠버 같은 대도시의 필리핀 이민자들을 대상으로 한, 페미니스트 지리학자 제럴딘 프랫Geraldine Pratt의 장기 연구는 자식을 고국에 두고 떠나와서 (때로는 몇십 년째) 캐나다 아이들을 돌보는 엄마들의 상실과 단절의 이야기를 조명한다. 고국의 자식들은 아빠, 조부모, 친척, 이웃들이 품앗이하듯 돌아가며 키우는데 그것은 엄마와 자식 사이에 어쩌면 영원히 극복할 수 없을지도 모를 감정적 거리를 낳는다. 프랫은 이 필리핀 여자들이 고국을 떠나오기 전의 삶이 우리 캐나다인들에게 보이지 않는 이유를 설명한다. 그들의 노동에 의존할 수밖에 없는 우리가 죄책감을 느끼지 않기 위해서는 그녀들의 남편과 자식들이 그저 〈그림자 같은 존재〉여야만 하기 때문이다.[68]

내 결혼 생활이 끝났을 때 내가 감당해야 할 부분은 한층 늘어났다. 매디가 아빠 집에서 자고 오는 날도 딱히 편하진 않았다. 데려다주고 데려오기 위해서는 또 버스를 타야 했고 들쭉날쭉한 버스 시간 때문에 약속에 늦을까 봐 전전긍긍하느라 스트레스가 더 쌓였다. 게다가 변호사, 상담사, 법원, 사회 복지사에게 지불해야 할 비용도 추가되었다. 어딘가에 가야 할 때마다 매디 맡길 곳을 구하는 것도 큰일이었다. 논문을 쓰는 동안에는 세 군데 대학에서 강의를 했는데 그 말은 이미 비효율적인 나의 이동 패턴에 비싼 고속버스와 기차 푯값이 더해진다는 뜻이었다.

때로는 매디가 잠깐이지만 혼자 있거나 등굣길에 친구를 만나기로 한 곳까지 혼자 걸어가야 할 때도 있었다. 우리 가정을 지탱하는 씨실과 날실이 점점 벌어져 갔다. 돌이켜 보면 어떻게 큰 사고 없이 그 시절을 살아 냈는지 모르겠다. 고학력, 백인, 시스젠더 여자라는 특권이 분명 도움이 되긴 했지만 사회 복지사라는 형태의 국가 감시를 피할 순 없었다. 그들은 매디에게 이런저런 걸 해줘야 한다고 말만 할 뿐 그 서비스를 직접 제공하진 않았다. 책임은 내 몫이었다. 나는 국가가 어떻게 부담을 엄마들에게 떠

넘기는지, 내가 속한 동네와 도시가 얼마나 도움이 되지 않는지를 직접경험으로 알게 됐다.

정말 짜증 나는 부분은 내 상황이 전혀 특별하지 않았다는 점이다. 전통적인 핵가족은 더 이상 표준이 아니다. 도시는 이혼과 재혼, 싱글 부모, 동성애 파트너, 일부다처제 또는 일처다부제, 수양 가족, 기러기 가족, 가족이 아닌 동거인, 삼대 동거, 자녀 분가 등에 수반되는 혼종 가족과 복잡한 관계들로 가득하다. 그러나 도시와 교외 설계에는 이 사실이 반영되어 있지 않다.

이상적으로는 이 다양한 관계 모두가 사회적 재생산이나 가족 돌봄 및 육아를 창조적인, 더 나아가서는 페미니스트적인 방식으로 분업할 수 있어야 마땅하지만 그것이 가능해지려면 동네와 도시가 뒷받침되어야 한다. 그러나 현실에서는 1인 가구를 위한 방 한두 개짜리 고급 고층 아파트만 대량 건설 되다 보니 가족이 살 수 있는 저렴한 주택이 부족하다. 도로는 꽉 막히고 대중교통은 비싸다 보니 아이들을 친척 집에, 그다음에는 학교, 어린이집, 취미 활동에 데려다주고 데려오기가 어렵다. 안정적인 풀타임 일자리가 부족하면 불안정한 직장을 다니며 위태롭게 살거나 좋은 직장을 찾기 위해 살기 편한 동네를 떠나야 한다. 젠트리피케이션은 싱글 부모, 저임금 노동자, 저렴한 서비스를 외곽으로 밀어내서 가족을 뿔뿔이 흩어지게 만든다.

성차별적이지 않은 도시

　가족과 가정의 다양한 형태가 비교적 새로운 것인지는 몰라도 북아메리카에서 돌봄 노동을 공동화(共同化)하고 용이하게 하는 주택 또는 동네 개발을 위한 아이디어는 가깝게는 1980~1990년대에, 멀게는 1800년대 말에도 발견된다. 덜로레스 헤이든의 저서 『위대한 가정 혁명The Grand Domestic Revolution: A History of Feminist Designs for American Homes, Neighborhoods, and Cities』은 이상주의적인 계획들, 때로는 실제로 구현된 집이나 공동체에 대해 상술했다. 이 공간들을 설계한 초기 유물론자 페미니스트들은 여성이 남성과 동등하게 사회생활을 하거나 교육을 받으려면 가사와 육아가 사회의 책임이 되는 동시에 새로운 공간 배치에도 반영되어야 한다고 주장했다.[69] 〈성차별적이지 않은 도시〉의 비전은 주택 문제를 중심으로 하는 경우가 많고 핵가족용 주택이 노동력 활용에 정말로 비효율적이라는 점을 지적한다. 이런 집에서는 다른 활동을 할 시간도, 에너지도 거의 남지 않아 여자가 집에만 매여 있게 되기 때문이다.[70] 요리, 청소, 육아를 다른 가정과 공유할 수 있는 주거지는 페미니스트 설계의 공통된 특징이다. 거다 웨컬리는 연방 정부의 주택 보조금이 신자유주의로 인해 축소되기 전인 1970~1980년대에는 특수한 필요를 가진 저소득층—싱글 맘, 노인 여성, 장애인 여성—에게 맞춘 다양한 공동 주택이 캐나다 전국의 도시에 건설되었다고 지적한다.[71] 이런 사례들을 보면 대안이 이미 존재한다는 사실을 상기하게 된다. 성차별적이지 않은 도시에 대한 상상의 일부는 이미 실현되어 있는 것이다.

아직 돌도 안 지난 매디를 사립 어린이집에 보낼 형편도 안 되는 상태에서 — 국공립 어린이집의 대기자 명단은 터무니없이 길었다 — 석사 과정을 시작했을 때 나는 어떻게든 공부할 짬을 내려 아등바등했다. 그러다 다행히 아네케를 만났다. 우리는 수업을 같이 듣다가 우리가 둘 다 아기의 주 양육자임을 알게 되었다. 그때부터 나는 매디를 일주일에 두 번씩 아네케의 집에 데려가기 시작했고 우리는 번갈아 가며 공부를 하거나 아이를 보거나 했다. 이 〈토론토에서 가장 작은 보육 협동조합〉 덕에 생긴 약간의 시간은 큰 차이를 낳았다. 당시에는 그냥 우리가 운이 좋았다고 생각했는데 나중에 알고 보니 우리는 예부터 도시에서 돌봄 노동을 하기 위해 기발한 합의를 생각해 낸 수많은 엄마들의 후예에 불과했다. 이 창의적인 〈근근이 버티기〉 관행은 19세기부터 페미니스트 도시학자들에게 영향을 미쳤다.

그러나 도시와 교외가 엄마들을 어떻게 저버렸는가에 대한 날카로운 비판으로부터 수십 년이 흘렀는데도 여전히 똑같은 문제들이 남아 있다. 신자유주의하에서 제시된 대부분의 〈해결책〉은 시장을 기반으로 한다. 즉 추가 서비스, 편리, 타인의 저임금 노동에 대한 비용을 지불할 능력이 있는 사람만이 이런 것들을 이용할 수 있다는 뜻이다. 특히 북아메리카의 주택 설계나 도시 인프라에서는 돌봄 노동을 고려한 변화가 거의 나타나지 않았다.[72]

반면 유럽에서는 〈성 주류화〉*의 관점으로 도시 계획 및 예산 결정에 접근하기 시작한 지가 더 오래되었다. 이 말은 모든 계획, 정책, 예산 결정이 성평등이라는 목표에서 출발해야 함을 의미한다. 예를 들어 정책 입안자들은 어떤 결정을 내릴 때 그것이 향후에 성평등을 촉진할 것인지 저해할 것인지를 질문해야만 한다. 그 결과 도시는 이 결정이 말 그대로 사회를 지탱하는 돌봄 노동에 이로울지 해로울지를 고려하지 않을 수 없게 된다.

오스트리아 빈은 교육 및 보건을 비롯한 여러 부문에 성 주류화 접근법을 도입했는데 그것은 결과적으로 도시 계획에 막대한 영향을 끼쳤다.[73] 1999년에 대중교통 사용 실태를 조사했을 때 빈의 여성들은 돌봄 노동과 유급 노동을 병행해야 하기 때문에 복잡한 이동 패턴을 보일 수밖에 없다고 대답했다. 〈어떤 날은 아침에 아이들을 병원에 데려갔다가 다시 학교에 데려다주고 나서 출근한다. 저녁에는 친정 엄마와 함께 장을 보고 애들을 데리러 갔다가 지하철을 타고 귀가한다.〉[74] 대중교통은 도시의 공공 서비스 및 공간 사용 방식에서 남녀가 큰 차이를 보이는 분야 중 하나였다. 시 당국은 대중교통 서비스를 개선하는 동시에 보행

---

* gender mainstreaming. 여성이 사회의 주류 영역에 참여해 의견을 개진하고 의사 결정권도 갖는 형태로 사회가 변화하는 것.

자의 이동성과 접근성을 높이기 위해 몇몇 구역을 재설계함으로써 이 문제를 해결하려고 시도했다. 또한 페미니스트 설계자들이 상상했던 주거지 — 어린이집, 병원, 대중교통이 가까운 — 를 만들었다. 모든 사람이 평등하게 도시 인프라에 접근할 수 있게 하는 것을 목표로, 빈의 성 주류화 접근법은 〈말 그대로 도시의 형태를 바꾸고 있다〉.

도시 계획에 젠더 관점을 도입하는 것이 부유한 북반구 도시들로만 한정될 필요는 없다. 남반구 초대형 도시의 무허가촌에 거주하는 여자들도 도시 계획에 참여하기 위해 노력 중이다. 여성들은 빈곤, 불안한 거주권, 열악한 위생 상태, 산부인과 시설 부족과 같은 어려움을 극복하기 위해 단체를 구성하여 경제적 기회를 늘리고 안정적인 거주권을 요구하는 경우가 많다. 일례로 나미비아의 「판잣집 거주자 연맹Shack Dwellers Federation」은 〈회원들에게 안정적인 공동 거주지를 제공함으로써 여자들이 더 나은 공공 서비스와 소득 창출 기회를 얻도록 돕는〉 단체다.[75] 프라바 코슬라Prabha Khosla는 〈성 인지적 빈민가 업그레이드〉를 자신들의 활동 영역으로 정의하면서 직장 및 필수적 공공 서비스와 가까운 저렴한 토지의 사용을 보장받으려면 여자들도 정책 결정자에 포함되어야 한다고 지적한다.

성 주류화는 천천히 더 많은 도시로 퍼져 나가고 있다. 최근 언론 매체들은 캐나다와 미국의 어느 어느 도시가 제설 예산 및 스케줄에 젠더 분석을 사용하는지 보도하는 것을 즐기는 듯하다.[76] 물론 눈은 사람을 차별하지 않지만 어느 도로와 어느 구역을 우선으로 제설할 것인가에 관한 결정은 도시가 어떤 활동을 높이 평가하는지를 드러낸다. 대부분의 시 당국은 도심과 연결되는 주 도로를 먼저 치우고 주거 지역 도로, 인도, 어린이 보호 구역은 마지막으로 미룬다. 반면에 스톡홀름 같은 도시들이 채택한 〈성평등적 제설 정책〉에서는 인도, 자전거 도로, 버스 전용 도로, 어린이집 주변을 우선으로 청소한다. 왜냐하면 여자, 어린이, 노인이 걷거나 자전거를 타거나 대중교통을 이용할 가능성이 더 높기 때문이다. 게다가 부모가 아이를 데려다주고 나서 출근을 하므로 이쪽을 먼저 치우는 것이 타당하다. 스톡홀름 부시장 다니엘 헬덴Daniel Helldén은 캐나다 언론 매체와의 인터뷰에서, 기존의 제설 방식은 자가용 선호를 더욱 강화하지만 스톡홀름의 방식은 모두가 대중교통을 이용하도록 독려한다고 주장했다. 그들의 기획은 현상(現狀)을 답습하는 대신 〈그들이 바라는, 변화된 도시〉를 추구한다.[77]

성 주류화에는 한계가 있다. 빈의 공무원들은 유급 노동, 무급 노동과 관련된 기존의 성 규범 및 역할이 더욱 강화될 위험이 있다고 지적한다.[78] 예를 들어 서울시는 직장 여성이 통근할 때 겪는 불편을 줄이기 위해 다방면으로 노력하지만 —〈하이힐 굽이 끼지 않는〉 보도블록에서부터 〈분홍색〉 여성 전용 주차장까지

— 가사 노동이나 돌봄 노동에서 나타나는 남녀 간 불균형을 개선하려는 노력은 별로 하지 않는다.[79] 지나치게 성별 중심적인 관점에서 평등을 추구하는 것도 또 다른 한계를 만들 수 있다. 전형적인 도시인이 너무 자주 백인 시스젠더 비장애인 중산층 이성애자 남성으로 상정되는 것도 문제지만 젠더 기획*에서 상정하는 여성상 또한 비슷하게 제한적이다. 젠더 기획의 수혜자는 대부분 핑크칼라** 또는 화이트칼라의 기혼 유자녀 비장애인 여성으로 가정된다. 그러나 이 여성은 오늘날 대부분의 도시에서 소수자에 속할 가능성이 점점 더 높아지고 있다. 즉 성 주류화에서 다루지 않는 필요를 가진 범주의 여성들이 많이 존재한다는 뜻이다.

도심을 벗어나면 이런 격차, 그리고 그 격차의 공간적 구성 요소가 쉽게 눈에 띈다. 내가 요크 대학교에서 박사 과정을 할 때 킬가(街)를 따라 달리는 버스를 타면 저소득 유색인들이 사는 동네를 지나갔는데 그곳을 보기만 해도 그 동네 엄마가 다른 동네 엄마보다 더 힘들리라는 것을 짐작할 수 있었다. 그곳도 엄밀히 말하면 토론토 시내였는데도 불구하고 걸어서 갈 수 있는 거리에는 다양한 상품을 고루 갖춘 슈퍼마켓이 없었기 때문이다. 또 그 동네에서 대중교통을 이용한다는 것은 살을 에는 추위나 펄

* gender planning. 정책이나 프로젝트를 젠더 관점에서 기획하고 구성하는 것.
** pink collar. 미용사, 치위생사, 웨이트리스, 보육 교사처럼 대개 여자 직업으로 인식되는 업종. 화이트칼라나 블루칼라보다 훨씬 낮은 급여를 받는다.

펄 끓는 더위 속에서 언제 올지 모르는 버스를 기다려야 한다는 뜻이었다. 매일 쓰는 생필품을 사려고 해도 여러 가게 또는 상점가를 돌아야 했다. 이 엄마들이 아기가 낮잠 자는 동안 스타벅스에서 신문 읽을 짬을 낼 수 있을 가능성은 거의 없었다.

지리학자 브렌다 파커Brenda Parker는 밀워키에 거주하는 저소득 아프리카계 미국인 여성들의 경험에 대해 서술했다.[80] 파커는 젠트리피케이션과 사회 복지 예산 삭감이 이 여성들의 일상과 노동을 〈확대〉 및 〈강화〉하며 그 결과는 탈진, 질병, 만성 통증의 형태로 나타난다고 주장했다. 이들이 도시를 돌아다니기가 힘든 이유는 위험한 계단을 오르내려야 하고 대중교통이 늘 만원이기 때문만은 아니다. 여기에 〈무료 급식소나 교회 가기, 사회복지사나 아이들 담임 교사 만나기, 무료 급식권 지급소 방문하기, 관공서 및 보건소에서 한없이 기다리기 등 정부와 민간단체의 복지 혜택을 모두 찾아다니는 것〉이라는 시간 소비적, 에너지 소비적 노동이 더해지기 때문이다.[81]

여기에 저임금 연장 근무까지 합치면 육아의 기본적인 책임과 기쁨조차 감당하기 힘들다. 파커가 인터뷰한 사람 중 한 명인 오드라는 이렇게 말했다. 〈본래 하루 여덟 시간 근무하는 직장에서 열네 시간을 근무하고 집에 오면 너무 피곤해서 아이들 숙제조차 봐주기 힘들다.〉[82] 이 고난은 젠트리피케이션에 의해 더욱 악화된다. 저소득 유색인 여성은 젠트리피케이션 때문에 시 외곽으로 내몰릴 가능성이 높은데 그곳으로 이사를 하면 도시 생활의 혜택 — 직장, 학교, 공공 서비스, 소매점, 대중교통, 가정 간의 상호 접근성이 높다는—이 확실히 줄어든다.

게다가 이런 지역들은 대기 및 수질 오염 같은 문제가 육아에 영향을 미치는 곳일 수도 있다. 도시 환경 지리학자 줄리 지Julie Sze의 연구에 따르면 빈민가에 거주하는 유색인 아동은 호흡기 질환을 앓을 확률이 높은데 이 경우 아이의 천식 관리라는 힘든 일을 주로 책임지는 사람은 엄마다.[83] 마찬가지로 플린트 수질 위기* 당시 마시고 청소하고 목욕하는 데 필요한 깨끗한 물 구하기는 물론 납 중독에 걸린 아이 돌보기 또한 엄마들의 일이었다. 육아의 젠트리피케이션으로 인해 육아비가 증가하면서 민간 서비스를 이용할 경제력이 되는 사람은 그 혜택을 누리는 반면 그렇지 못한 사람은 더욱더 불편한 동네로 밀려난다.

밀워키에서는 인종에 따라 사는 동네가 달라서 유색인 엄마는 집에서 가까운 좋은 일자리를 찾기가 어려웠다. 남아공 요하네스버그에서는 아파르트헤이트와 흑백 분리주의의 지리적 잔재가 여전히 남아 있어 엄마들이 집, 직장, 아이들 학교를 선택하는 데 영향을 미쳤다. 예를 들어 어떤 지역 주민들의 인종과 계급에

---

* Flint water crisis. 2014년 미국 미시간주 플린트시가 비용 절감을 위해 상수원을 플린트강으로 바꾸자 강물의 높은 산성도와 염분 때문에 수도관이 부식되어 수천 명이 납 중독과 레지오넬라병에 걸렸다.

따라 학교 수준이 차이가 나면 많은 엄마는 설사 취업 기회와 친척들의 도움을 잃게 되더라도 좋은 학군으로 이사하기 위해 삶의 터전을 떠날 수밖에 없었다. 그리고 대중교통이 위험한 동네에 산다는 것은 엄마가 아이를 혼자 등하교시키는 게 걱정돼서 가사 노동과 유급 노동을 힘들게 병행하면서 아이 등하교까지 챙겨야 함을 뜻했다.[84]

시 정책과 인프라가 도움이 안 된다면 저소득 여성은 돌봄 노동과 유급 노동을 병행할 방법을 스스로 찾을 수밖에 없다. 파커의 밀워키 연구에 따르면 여자들은 〈아기를 옆에 태운 채 버스 운전사로 일했다. (……) 방 한두 개짜리 아파트에 두세 가구가 동거하는 경우도 드물지 않았다. 여자들은 번갈아 가면서 서로 애를 봐줬고 그중 한 명이 유급 노동을 해서 모두를《먹여 살렸다》〉.[85] 요하네스버그의 여자들은 아이를 친척 집에 맡기는, 가슴 아픈 결정을 하기도 했다. 집과 직장을 아무 데서나 구할 수 없다 보니 편의 시설이나 좋은 학교로부터 멀리 떨어진 곳에서 살게 되었기 때문이다. 이런 전략은 벨 훅스나 퍼트리샤 힐 콜린스 같은 흑인 페미니스트 저술가들이 오래전부터 묘사해 왔는데 그들은 흑인 여자의 사회적 재생산이 대부분 정부의 징벌적 조치 — 아이 빼앗기나 〈생산적 복지〉* 정책 같은 — 를 받아 왔다

* workfare. 실업자가 실업 수당을 받으려면 새로운 기술을 배우거나 구직 활동을 했음을 증명해야 하는 제도.

고 주장한다.[86] 게다가 가사 노동과 관련된 페미니즘 운동은 대개 백인 이성애자 기혼 여성을 중심으로 하고 유색인 여성만의 특수한 필요와 우려는 무시해 왔다.

저소득 유색인의 생존 전략을 낭만화하는 것은 위험할 수도 있지만 그들의 전술과 저항 전법은 페미니스트들로 하여금 성 주류화의 이면을 생각할 수밖에 없게 만든다. 『흑인 도시 여성과 저항의 정치*Urban Black Women and the Politics of Resistance*』에서[87] 젠질레이 이소케이Zenzele Isoke는 그녀가 〈괄시받는〉 도시라 칭하는 뉴어크에서 흑인 여성들이 도시 공간 및 도시 정치의 의미에 저항하고 그것을 수정해 나가는 방식을 탐구한다. 오랜 지역 투자 중단과 심각한 국가 폭력을 마주한 뉴어크의 흑인 여성들은 〈적대적이고 심각하게 인종 분열적인 환경〉을 바꾸기 위해 〈가사 homemaking〉를 이용한다고 이소케이는 주장한다.[88] 여기서 가사란 〈아프리카계 미국인의 삶, 역사, 문화, 정치를 공고화하는 가정을 만드는 것이다. 가정은 흑인 여성들이 서로에 대한, 또 지역 사회에 대한 관심을 표현하기 위해, 그리고 흑인의 정치적 저항의 각본을 기억하고 수정하고 되살리기 위해 창조하는 정치적 공간이다〉.[89] 관심의 도시 정치는 장소에 대한 애착을 통해서뿐만이 아니라 〈물리적, 상징적, 관계적 변화를 향한 적극적이고 《집단적인 노력》〉으로서 실행된다.[90]

정부 중심의 〈단일 사안〉 전략으로서 성 주류화에는 한계가 있다. 그리고 인정하자. 정부가 근본적인 변화를 가져오리라 기대하는 것은 시간 낭비이며 소위 〈진보적인〉 도시가 처리해야 할 〈문제〉 또는 소모품으로 인식되어 온 흑인, 원주민, 유색인에게는 위험하기까지 할지도 모른다. 이소케이의 연구는 도시의 억압이 가진 〈구조적 교차성에 맞서고 그것을 변화시키기 위해〉 인종주의, 성차별주의, 동성애 혐오와 싸울 때 다양한 공동체 간의 연합이 갖는 힘을 보여 준다.⁹¹ 나는 도시가 돌봄 노동과 사회적 재생산을 공동화함으로써 보다 덜 힘들고 더 공평하게 만드는 정책과 공간을 창출하길 원한다. 그러나 유급 노동과 무급 노동, 공적 공간과 사적 공간, 생산과 사회적 재생산이라는 이분법을 타파하는 돌봄 방식을 이미 실천 중인 공간과 공동체에서 더 근본적인 변화, 더 광범위하고 자유로운 도시의 청사진을 찾아야 한다는 사실 또한 알고 있다.

  도시 여성으로서 출산과 육아라는 경험은 나의 페미니스트적인 도시인 의식이 깨어나는 계기가 되었다. 길거리에서의 성희롱 같은 것은 전혀 새롭지 않았지만 사회적, 공간적 배제의 얽히고설킨 작용 — 인공 환경과 사회관계들이 서로 충돌하고 뒤섞이는 방식 — 이 갑자기 생생하게 느껴졌다. 도시인으로서 내가 가질 수 있는 정체성의 종류가 제한되어 있음이 명백하게 드러났고 익명성, 비가시성, 소속성의 경계 또한 극명했다. 성별이 명명백백하게 드러나는 외모가 일상생활에 미치는 효과는 위력적이었다. 이런 상황에서 엄마로서 산다는 것은 분노, 좌절, 실망, 때로는 (여성 친화적 도시의 미래를 상상할 때) 기쁨을 일으키는 촉매제였다.

돌봄이 중심인 도시의 미래는 어떤 모습일까? 유색인 여성, 장애인 여성, 퀴어 여성, 싱글 맘, 노인 여성, 원주민 여성, 특히 이 정체성들이 교차하는 여성들의 필요와 요구와 욕구를 기반으로 한 미래는? 주택 디자인에서부터 대중교통 정책, 동네 설계, 용도 지역 지구제에 이르는 모든 것에서 이성애자 핵가족을 중심에 놓는 행위를 그만둘 때가 왔음은 확실하다. 도시 계획가들과 건축가들 또한 백인 비장애인 시스젠더 남성을 표준으로 삼고 나머지 사람들은 모두 그 변주라고 가정해선 안 된다. 이제는 주변과 중심이 뒤바뀌어야 한다. 교외에 거주하는 나이 많은 과부의 삶과 젠트리피케이션이 진행 중인 동네의 임대 주택에 사는 저소득 레즈비언 엄마의 삶은 굉장히 다르겠지만 그중 한쪽이 공공 서비스와 편의 시설에 접근하기 쉬워진다면 다른 한쪽도 혜택을 받을 가능성이 높다. 편리한 대중교통, 눈을 치운 인도, 저렴한 주택, 깨끗하고 안전한 공중화장실, 가까운 동네 공원, 생활 임금,* 공용 부엌 같은 시설은 다양한 가정의 짐을 덜어 줄 것이며 환경 지속성 같은 다른 중요한 목표에도 기여할 것이다.

여성 친화적 도시는 물리적, 사회적 장벽이 해체된 곳이자 모

* 생활하는 데 필요한 최저 임금.

든 사람을 환영하고 수용하는 곳이어야 한다. 여성 친화적 도시는 돌봄 중심이 되어야 한다. 돌봄 노동을 계속 여자들이 책임져야 하기 때문이 아니라 돌봄 노동을 보다 공평하게 분배할 수 있는 잠재력이 도시에 있기 때문이다. 여성 친화적 도시는 여자들이 오래전부터 서로를 돕기 위해 사용해 온 창의적 도구를 활용하는 동시에 그것을 도시 세계의 체제에 편입시킬 방법을 찾아야 한다.

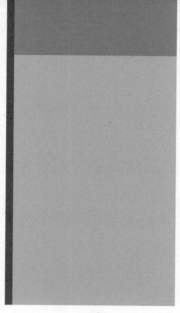

2장

친구들의 도시

여자들의 우정이 도시를 구하리라

1998년 처음 방송된 「섹스 앤 더 시티Sex and the City」는 주요 방송국의 고예산 드라마로서는 최초로 여자들의 우정과 도시 생활을 다뤘다. 뉴욕이 〈다섯 번째 친구〉라는 발상은 금방 식상했지만 시청자들은 그 장소가 단순한 배경 이상이라는 사실을 이해했다. 뉴욕의 문화, 에너지, 위험, 흥분, 물가, 기회, 실망은 캐리, 미란다, 서맨사, 샬럿의 연애, 직장 생활, 가족, 우정에 직접적인 영향을 미친다. 때로는 도시 생활이 그들의 우정을 시험하기도 한다. 미란다는 늘어난 식구 수에 맞추기 위해 맨해튼에서 브루클린으로 이사 갈 때 친구들을 다시는 못 만날 거라고 확신한다. 또 어떤 경우에는 도시가 주는 시련이 서로를 돕는 기회가 되기도 한다. 캐리가 살던 건물이 임대 주택에서 공동 주택으로 바뀌었을 때 그녀에게는 계약금으로 낼 돈이 없었다. 그러자 얼마 전

이혼한 샬럿이 캐리에게 자신의 약혼반지를 줘서 친구가 계속 그 집에 살 수 있게 해준다. 상류층에 속하는 이 네 친구의 생활 방식이 대부분의 도시 여성을 대변하진 않지만 그럼에도 불구하고 이 허구의, 때로는 기상천외하기까지 한 줄거리는 여자들의 우정이 현대 도시 여성의 〈고군분투〉에 관한 일련의 이야기의 중심에 놓이는 문화적 순간을 가능하게 만들었다.

문화적 서사에서 여자들의 우정이 갖는 힘은 대개 과소평가되거나 폄하되거나 무시된다. 도시 생활과 관련해서 여자들의 우정의 중요성에 대해 이야기한 사례는 거의 없다. 단점도 많았지만 적어도 「섹스 앤 더 시티」는 중심 주제 — 인생의 다른 요소들이 등장인물들을 끌어내리려 위협할 때 그들을 계속 물 위에 떠 있게 해주는 구명보트는 우정이라는 사실 — 에서 너무 많이 벗어난 적은 한 번도 없었다. 더 평범한 여자들에게 우정은 도시 생존 도구이기도 하다. 연인 관계에 몰두하느라 간과되는 경우도 많긴 하지만 우정은 여자들이 여러 면에서 의지하는 강력한 힘이다. 우정은 여자들이 도시와 관계 맺는 방식을 결정짓기도 한다.

우정이라는 삶의 방식

영문학자 에린 웡커Erin Wunker는 『웃어넘기지 않는다Notes from a Feminist Killjoy』에서 여자들의 응원하는 우정, 변화시키는 우정을 탐구한다. 그녀는 도발적인 질문을 던진다. 《《삶의 방식》으로서 여자들의 우정은 과연 어떤 형태일까?》[92] 세상에는 여자들의 우정의 복잡성을 강조하는 작품보다 연애, 가족생활, 극적인 사건에 초점을 맞추느라 여자들의 우정은 얼버무리고 넘어가는 영화, 드라마, 책이 훨씬 많다. 우정은 진짜 사건을 진행하기 위해 플롯이나 캐릭터에 작용하는 장치로서 뒷배경에 머무른다. 윙커는 생각한다. 만약에 우리가 〈그런 우정을 보이지 않게 숨기거나 거기에 담긴 급진적 가능성을 박탈하는 표현 방식〉을 거부한다면 무엇이 가능해질까?[93] 나는 생각한다. 우리가 여자들의 우정을 있으나 마나 한 시시한 것으로 간주할 때 도시에서의 존재 방식 가운데 사라지거나 무시되는 것은 무엇일까?

〈삶의 방식으로서 여자들의 우정〉이라는 표현에 나는 깊이 공감한다. 성인이 된 후에 나의 삶은 직장 생활, 육아, 결혼, 이혼, 다양한 연애뿐 아니라 다른 지역으로의 이주 때문에 바빴지만 그 중심에는 늘 여자들과의 안정적인 우정이 있었으며 여러 가지 일을 동시에 처리해야 하는 순간에 우정이 1순위였을 때도 있었다. 중요한 〈친구 일당〉 둘이 지금의 나를 만들었고 그들을 버리는 것은 상상조차 할 수 없다. 그중 한 무리와 친구로 지낸 지는 벌써 25년 가까이 됐는데 그것은 나의 어떤 연애 기간, 가장 가까운 사람이 부모님이었던 ― 첫 남자 친구가 생기기 전까지의 ― 기간, 사회생활을 한 기간보다도 길다. 나의 은퇴 후를 상상했을 때 나를 둘러싸고 있는 것은 그들의 얼굴이다. 윙커는 자신이 친구들로부터 받은 응원, 지식, 관심, 애정 어린 비판에 대해 술회하면서 여자들 간의 우정을 〈세계 제작〉*이라고 표현한다. 퀴어 이론에서는 창조적, 혁신적, 이상주의적, 심지어 실패한 행위, 실행, 관계, 상상이 모두 세계 제작에 포함되는데 이것들은 이성애 규범성** 대 동성애 규범성,*** 공적인 것 대 사적인 것과 같은 이분법적 구조에 반발할 뿐만 아니라 이미 지도에 기록된 길 이외의 이상하고 반동적인 〈다른 세계들〉을 지도에 기록한다.[94] 세계 제작은 사건이 〈다른 방식으로〉 전개될 수 있는 공간(들)을 상상하는 과정과 창조하는 과정을 모두 의미한다. 내 생각에, 삶의 방식으로서 여자들의 우정을 실천하는 것은 세계를 제작하는 행위다.

여자들의 우정은 이성애 관계의 아류나 여성 동성애의 위장으로 오해받는 경우가 너무 많다. 물론 공공연히 밝힐 수 없는 동성애 관계를 여자들의 우정으로 위장한 기나긴, 곧잘 숨겨졌던 역사가 있는 것은 사실이다. 그러나 동성애가 기저에 깔려 있지 않

* world-making. 세계란 우리가 기호 체계를 통해 인식함으로써 비로소 제작된다. 기호 체계의 종류가 바뀌면 새로운 세계가 제작되고 그 각각의 세계가 모두 참이므로 세계 제작론은 본질적으로 상대주의 이론이다.

** heteronormativity. 이성애만이 정상이라고 생각하는 태도.

*** homonormativity. 동성애를 이성애 중심 사회의 정상성에 편입시키려 하는 것. 동성애 결혼 합법화가 대표적 사례다.

은 경우에도 여자들의 친밀한 우정은 연인 관계의 대용물 또는 연인 — 특히 남성 파트너 — 이 줄 수 없는 뭔가를 주는 주체로 생각되기도 한다. 윙커는 〈로맨스라는 한 가지 이야기를 계속해서 재활용하면 거기에 내포된 것들도 같이 따라다니게 된다〉라고 우려한다.[95] 우리에게는, 빌려 온 어휘나 잘못된 분류에 의존하지 않고 여자들의 우정의 특징과 성질을 적절히 기술할 표현이 없는 듯하다.

더 큰 문제는 대중문화에서 묘사되는 여자들의 우정이 못되고 시기하고 늘 싸우기 일보 직전이라는 전형적인 형태와 지나치게 신화화되고 불안하고 비밀스럽고 알 수 없는 우정 사이를 왔다 갔다 한다는 것이다. 윙커는 후자가 〈여자들의 우정에 관한 담화 주변에 무겁고 억압적인 분위기〉를 조성한다고 말한다.[96] 록샌 게이Roxane Gay는 베스트셀러 에세이집 『나쁜 페미니스트 Bad Feminist』에서 〈모든 여자들의 우정이 고약하고 해롭고 경쟁적이라는 문화적 신화를 버려〉 달라고 독자들에게 간청한다. 〈이 신화는 하이힐이나 핸드백과 같다. 예쁘지만 여자를 《더뎌지게》 만들게끔 설계되었다.〉[97] 게이는 여자들의 우정에 관한 열세 개의 규칙 — 여자들 사이에 벽을 세우고, 서로 소통하려는 우리의 노력을 끊임없이 저해하는 해로운 신화를 무너뜨리기 위한 — 을 제시한다. 그녀가 1번 규칙에서 지적하듯 이 신화는 여자를 더뎌지게 만들게끔 설계되었다. 그것은 우리가 경쟁 관계 안에

갇힌 채 두려움, 질투, 불안 때문에 서로 거리를 두게 만든다. 우리가 합심하여 우정의 힘으로 세상과 우리 자신을 바꾸는 것을 막는다.

화자 레누와 옆집 소녀 릴라의 수십 년에 걸친 복잡한 우정을 자세하게 그린, 이탈리아 작가 엘레나 페란테Elena Ferrante의 나폴리 4부작은 일견 여자들의 우정이라는 비밀스럽고 불안한 세계의 신화를 답습하는 것처럼 보인다. 그러나 이 이야기는 소녀들—나중에는 성인 여자들—이 우정의 힘으로 세계를 제작하는 순간들로 가득하다. 그들은 이 힘을 통해 전통적인 성 역할, 가난, 복잡한 정치 풍토로 인한 인생의 한계에 도전한다. 네 편의 연작 소설 가운데 첫 권인 『나의 눈부신 친구L'amica geniale』에서 어린 두 친구는 자신들이 사는 나폴리의 음울하고 가난한 동네를 벗어나 바다를 향해 떠난다. 길은 멀지만 화자 레누는 의연하다.

자유의 기쁨을 생각하면 나는 그날의 시작이, 터널 밖으로 나와 눈이 닿지 않는 곳까지 쭉 뻗은 길에 서 있었던 것이 떠오른다. (……) 그 끝에 다다르면 바다였다. 내 마음이 기꺼이 미지의 세계를 향해 열리는 것을 느꼈다. (……) 우리는 짧은 잡초에 침식당한, 무너져 가는 담장 사이를 한참 걸었다. 낮은 건물들에서 사투리로 이야기하는 소리가, 때로는 시끄러운 소

음이 들려왔다. (……) 우리는 손을 잡고 나란히 걸었다.[98]

새로운 경험을 하기 위해 낯섦도 용감히 마주했던, 바닷바람을 맛보고 페란테가 단지 〈동네〉라고만 지칭한 것 너머의 세계를 엿보고 싶었던 두 소녀는 부모님에게 거짓말을 하고 아무런 준비 없이 미지의 세계로 향한다. 릴라와 레누의 순진함과 서로 의지하는 모습을 보자 내가 친구들과 함께 부모님의 명령을 어기고 저돌적으로 도시 모험에 뛰어들었던 순간이 떠올랐다.

열다섯 살 때 샐리와 나는 몰래 집을 빠져나가 시내의 「블루어 극장」에서 열린 「록키 호러 픽쳐 쇼The Rocky Horror Picture Show」 자정 상영회에 참석했다. 그날은 우리 부모님이 집을 비워서 내가 샐리네 집에서 자기로 되어 있었던 날이었다. 그런데 영화 상영과 동시에 진행된 시끌벅적한 라이브 공연* 중에 우리는 가지고 있던 돈을 잃어버렸다. 말인즉슨 교외로 돌아갈 차비를 잃어버렸다는 뜻이다. 조명이 켜지고 나서 끈적끈적한 극장 바닥을 뒤졌는데도 찾는 데 실패하자 우리는 봄이지만 아직 쌀쌀한 토론토 새벽 2시의 공기 속으로 걸어 나왔다. 그리고 도시가 어떻게든 우리를 도와주리라 믿으며 영가(街)로 향했다. 샐리의 주머니에 남은 2달러 남짓으로 24시간 커피숍에서 코코아 한 잔 시켜

* 외국의 「록키 호러 픽쳐 쇼」 자정 상영회에서는 관객들이 등장인물과 똑같이 분장하고 무대 위에서 영화 장면을 따라 하거나 객석에서 노래를 부르는 전통이 있다.

놓고 버티면 되겠거니 생각했다. 날이 밝으면 유니언 역까지 걸어가서 통근 열차에 몰래 올라탄 뒤에 검표원이 지나가지 않기만을 빌어 볼 작정이었다. 돈을 잃어버려서 짜증은 났지만 우리의 기분은 아주 무덤덤했다. 둘이 함께라면 아무것도 두렵지 않았다.

벌써 30년 가까이 지나 자세히는 기억나지 않지만 당초 계획대로 곧장 영가에 가지는 못했던 듯하다. 우리는 잘못된 방향에서 히치하이크를 했다가 토론토에 사는 또래 남자애 둘 — 우리처럼 몰래 집에서 빠져나왔음이 분명한 — 과 대화하게 됐다. 우리 넷은 밤새도록 영가 이곳저곳을 돌아다니며 「커피타임」과 맥도날드에 앉아 있기도 하고 사무실 건물에 몰래 들어가 계단통에 숨어 있기도 했다. 커피숍에서는 노숙자가 그려 준 초상화를 샀고, 클럽 앞에서는 어느 커플의 싸움을 말렸다. 제일 좋아하는 콘서트홀인 「머사닉 템플」에 들렀다가 작은 공원에 앉아 각자 좋아하는 밴드 얘기도 했다. 아침이 되자 남자애들은 우리에게 지하철표를 사 주고 나서, 정말 관심이 있어서라기보다는 의무감에서 우리의 전화번호를 물어본 뒤에, 역에서 우리를 배웅했다.

나중에는 그날 밤 전체가 꿈처럼, 샐리와 나 외에는 아무도 믿지 않을 허풍처럼 느껴졌다. 부모님이나 형제들에게도 말할 수 없었기에 그 이상한 밤은 우리 둘만의 비밀이 되었다. 그러고는

입에 올릴 기회 자체가 드물어서 고등학교 졸업 후 샐리와 내가 소원해지고 나서는 그날 일을 거의 떠올리지 않았다. 어쩌다 오랜만에 떠올렸을 때는 그것이 내 상상은 아니었는지 자문해야 했다. 하지만 나는 지금도 그날 노숙자에게서 산 조악한 초상화를 가지고 있다. 맥도날드 쟁반에 까는 종이 뒷면에 검은 펜으로 그린 그 그림은 당시 일기장에 붙어 있다.

다시 나폴리로 돌아와서, 릴라와 레누는 결국 바다에 가지 못한다. 동네 경계에 다다랐을 무렵, 상황이 변한다. 그들은 무관심한 낯선 사람들과 쓰레기로 가득한 〈폐허의 풍경〉 속에 들어선다. 그때 하늘이 어두워지더니 천둥소리와 함께 비가 퍼붓기 시작한다. 릴라의 독단에 따라 그들은 서둘러 집으로 돌아온다. 걱정하고 있던 레누의 부모님은 레누의 뺨을 때린다. 레누는 릴라가 처음부터 이 모험이 실패하게끔 계획했던 것은 아닐까 의심한다(그러게 내가 우정은 복잡한 것이라 하지 않았나?). 어쨌든 그들의 야심 찬 모험은 계획대로 실현되지 못한다. 하지만 릴라 곁에 있으면 자신의 시야가 이제껏 상상했던 것보다 훨씬 더 넓어지리라는 레누의 믿음은 변치 않는다.[99]

샐리와 나는 다행히 부모님에게 모든 걸 털어놓지 않을 수 있었다. 물론 내가 샐리 말고 다른 친구네 집에서 잤다고 생각한 부모님에게 혼나기는 했다. 그러나 부모님에게 맞은 야단도, 그날 밤의 어이없는 모험도 우리의 또 다른 일탈을 막지는 못했다. 지각 있는 어른이라면 지난날을 되돌아보며 〈완전 정신 나간 짓이었지! 무슨 생각으로 그랬을까? 우리가 살아 있는 게 기적이야!〉라고 말해야 할 것이다. 그러나 나는 우리가 우정 덕분에 도시를 완전히 새로운 방식으로 경험하고, 우리의 한계를 시험하고, 도시가 우리를 위한 장소가 될 수도 있다는 사실을 깨달았다고 생각하지 않을 수 없다. 스스로 자기 인생의 주인이 된 이런 순간은 우리가 서로에게 의지할 수 있다는 사실에 한 번도 의문을 품지 않았기에 가능했다. 우리는 둘 중 누구도 상대방을 낙오시키거나 고자질하지 않을 것임을 알았다. 우정은 도시에서의 자유를 가능케 했고, 도시의 거리는 우리의 유대를 더욱 강화해 줬다. 단순히 우리가 부모님에게 반항했다는 것, 규칙을 깼다는 것이 전부가 아니었다. 밤의 도시에서 공간을 차지한다는 것 — 이동성과 관련된 사회 규범 및 성차별적 제한을 근거로 여자애들이 대개 배제되는 시간에 도시의 공공장소를 사용한다는 것 — 은 우리를 성장케 한, 어쩌면 변화시키기까지 한 경험이었다.

여자애들의 동네

우리의 야밤 탈출 일화는 영화나 드라마에서 흔히 보는 10대 소녀의 이야기는 아니다. 페미니스트 지리학자 앨리슨 베인 Alison Bain의 1980~1990년대 주요 청소년 영화 분석에 따르면 영화는 〈소녀들의 문화는 침실을 벗어나지 않는다는 믿음〉을 재생산한다.[100] 「리치몬드 연애 소동Fast Times at Ridgemont High」, 「클루리스Clueless」, 「아직은 사랑을 몰라요Sixteen Candles」, 「헤더스Heathers」와 같은 흥행 영화에서 침실은 소녀들의 우정 및 대화 장면의 주요 배경이다. 공적이면서 사적인 성격도 띠는 학교 화장실 역시 정기적으로 등장하곤 한다. 공공장소, 특히 도시 공간에서 데이트를 하거나 행사에 참석하는 소녀들은 소년들의 〈부속물〉로 묘사된다. 도시 공간이 전혀 등장하지 않는 경우도 많다. 베인은 〈영화에서 소녀들이 만나는 장소로 교차로나 길모퉁이가 등장하는 경우가 거의 없음〉을 발견했다. 예외는 「폭스파이어Foxfire」처럼 남성 폭력과 사회적 규제에 대한 소녀들의 저항이 주제인 영화들뿐이었다.[101] 주류 영화 제작자들은 소녀들이 서로 소통하고 관계를 쌓고 공간을 차지하는 장소가 도시는 아니라고 생각하는 듯하다.

이렇다 보니 영화에 등장하는 청소년 무리에서 인종적 혹은 계급적 다양성이 거의 보이지 않는 것, 늘 백인이 중심에 있는 것 또한 놀랍지 않다. 영화는 우리가 인종적 다양성이 어디에 존재한다고 생각하는지에 대한 실마리를 제공한다. 일단 집 안이나 부유한 교외 같은 사적 공간은 아니다. 흑인 및 히스패닉 소녀들과 그들의 우정을 중심으로 하는 영화는 도시를 배경으로 하는 경우가 많다. 예를 들면 2015년 작 「링 위의 소녀The Fits」(신시내티 배경)나 2000년 작 「우리들의 노래Our Song」(브루클린 배경)

처럼 말이다. 「우리들의 노래」의 주인공들은 유색인 소녀들이 일상적으로 직면하는 도시 문제들 — 석면으로 인한 고등학교 폐쇄, 폭력 범죄의 위협, 비싼 의료비 — 과 씨름한다. 그들은 고적대를 통해 친구 관계를 유지하려 하지만 상황 때문에 서로 헤어지게 될 수도 있음을 알게 된다.

다시 영화 밖으로 나와 살펴보면 건축 및 도시 계획에서 소녀들과 젊은 여자들의 필요와 욕구는 거의 완전히 무시된다. 〈젊은 이를 위한 공간〉을 부르짖는 지역 사회가 제안하는 공간은 스케이트장, 농구장, 하키장이다. 바꿔 말하면 사용자를 소년으로 상정한 공간이자 소녀들은 들어가기도, 다른 아이들과 어울리기도, 안전하다고 느끼기도 어려운 공간이다. 스웨덴의 건축사 사무소 「화이트 아르시텍테르」가 공공장소의 실물 축소 모형을 만들기 위해 실제로 10대 소녀들에게 물어봤더니 소녀들이 내놓은 대답은 〈마주 보고 앉을 수 있는 곳, 비와 바람이 차단된 곳, 밖에서 들여다보이지 않는 곳, 답답한 느낌 없이 친밀감을 느낄 수 있는 곳. 그리고 무엇보다, 도시에 표시를 남길 수 있는 곳〉이었다.[102]

소녀들이 필요로 하는 것에 아무도 관심을 갖지 않음에도 불구하고 그들은 다양한 독창적 방법으로 도시 공간을 사용한다. 지리학자 메리 토머스Mary Thomas는 소녀들이 다양한 소비 공간에서 〈노는〉 패턴을 통해 어떻게 성 규범에 저항하는지 혹은 재생산하는지를 질문함으로써 그들이 도시의 공공장소를 이용하는 방식을 연구한다.[103] 소년들보다 공간적 제약을 많이 받는 소녀들은 놀 공간을 찾기가 어렵다. 어른들의 감시를 피하거나 모험에 대한 허락을 받기 위해 그들만의 전략을 개발해야 하는데 여기에는, 혼자 간다고 하면 걱정할 부모를 안심시키기 위해 친구를 활용하는 것도 포함된다. 소녀들은 도시에 직접적인 요구를 하기 위해 힘을 합치기도 한다. 베트남 하노이의 소녀들은 대중교통에서의 성추행과 관련하여 버스 기사들과 승객들을 계몽하는 잡지를 만들었다. 우간다 캄팔라의 한 청년 단체는 도시의 위생 상태를 개선하기 위해, 여자들이 학교나 직장에 걸어갈 수 있게끔 도로를 확충하기 위해 싸웠다.[104]

소녀들이 적극적으로 도시 공간을 차지하지도, 표시를 남기지도 않는다는 생각을 깨부순 것은 「우리들의 노래」를 연출한 짐 매케이Jim McKay 감독의 1996년 작 「걸스 타운Girls Town」이었다.[105] 아이러니하게도 나는 이 영화를 혼자 봤지만 극장을 걸어나올 때는 당장에라도 친구들과 함께 가부장제를 야구 방망이로 때려 부술 준비가 되어 있었다. 이 영화의 포스터에는 〈이건 「베벌리힐스 아이들Beverley Hills 90210」이 아니다〉라고 적혀 있다. 1990년대 히트 드라마 「베벌리힐스 아이들」에 등장하는 청소년들의 화려하고 선정적인 삶과 달리 「걸스 타운」의 소녀들은 가족의 학대, 소년들의 폭력, 가난, 임신, 암울한 미래 때문에 악전

고투한다. 「걸스 타운」의 등장인물들은 「베벌리힐스 아이들」보다 인종이 다양하며 로데오 드라이브*와 공통점이 하나도 없는 어느 도심 빈민가에서 노동 계급의 삶을 살아간다. 「걸스 타운」과 「베벌리힐스 아이들」의 극명한 대조는 여자들의 우정에 대한 묘사에서도 드러난다.

몇몇 예외가 있긴 하지만 「베벌리힐스 아이들」에 자주 등장하는 것은 질투심 많고 심술궂고 속물적이고 못된 우정이다. 그들은 아군인 동시에 적이다. 브렌다와 켈리 같은 인물들은 남자, 인기, 지위를 놓고 끊임없는 경쟁을 벌인다. 「걸스 타운」은 달랐다. 당시 나는 소녀들의 끈끈한 우정에 완전히 반했다. 릴리 테일러 Lily Taylor, 브루클린 해리스 Bruklin Harris, 애나 그레이스 Anna Grace 가 러스트 벨트**에 거주하는 고등학교 졸업반으로 나오는데 영화는 친구 니키의 자살 이후 충격 받은 세 소녀를 따라간다. 그들은 니키가 죽고 난 뒤에야 그녀가 강간당했음을 알게 된다. 이 사실을 어떻게 받아들여야 할지 고민하는 동안 에마(애나 그레이스 분)가 자신도 최근 데이트 상대에게 성폭행당했음을 털어놓는다. 분노와 슬픔에 동요한 친구들은 가해자에게 복수할 것을 맹세한다. 이 밖에도 그들은 일상적인 고난과 씨름할 때, 막막해 보이는 상황에서 벗어나려 노력할 때에도 서로를 응원한다.

* 베벌리힐스에 있는 명품 거리.
** 미국 오대호 주변의 쇠락한 공장 지대.

처음에 소녀들은 니키를 추모하는 벽화를 그림으로써 공간을 점유한다. 일반적으로 그라피티는 젊은 도시 남자와 연결되지만 여기서는 소녀들이 도시의 일부를 차지하고 기념물을 만들며 니키를 자살로 몰고 간 성폭행을 잊는 것을 거부한다. 그러나 벽화를 그려도 그들의 분노는 가라앉지 않는다. 에마의 친구 패티(릴리 테일러 분)와 앤절라(브루클린 해리스 분)는 그들의 아지트인 야구장 더그아웃—마찬가지로 대개 남성 지배적 공간으로 묘사되는—에 숨어서 같은 학교 학생인 에마의 강간범이 아무런 벌도 받지 않은 채 학교생활 및 선수 생활을 계속해서는 안 된다고 결론짓는다. 그들은 학교 주차장에 있던 그의 차를 부수고 〈강간범〉이라고 써 붙인다. 그리고 마침내 친구들은 니키의 강간범(연상의 직장 동료)을 대면하기로 한다. 소녀들은 이 거들먹거리는 무신경한 남자가 무슨 짓을 했는지 스스로 깨닫게 만들어야만 한다.

내가 좋아하는 다른 청소년 영화들—예를 들면 「핑크빛 연인 Pretty in Pink」 같은—과 달리 「걸스 타운」에는 신데렐라 로맨스나 어려운 환경에서 구원받는 이야기가 등장하지 않는다. 그것은 내게 끓어오르는 분노를, 무관심하고 곧잘 적대적이기까지 한 도시에서 내 존재가 남들에게 보이고 들리게끔 만들어야 한다는 사실을 가르쳐 줬다. 또 훗날 이런 감정들을 표현할 때 당시 내가 끈끈한 우정을 쌓아 가고 있던 대학 친구들이 꼭 필요해질 것임을 확인시켜 줬다.

그러나 교외에서 나와 친구들은, 나만의 「걸스 타운」 일당을 만나기 전까지, 자기표현 할 공간을 찾는 데 어려움을 겪었다. 우리가 원하는 자유는 아직 부모님이 주려 하지 않았고 침실, 지하실, 화장실처럼 어린 시절부터 놀던 공간은 너무 지루하고 제한적이고 현실 세계와 동떨어져 있었다. 소녀들은 자신들에게 허락된 제한된 공간으로 만족하는 법을 배워야 했다. 교외에서 그 공간은 쇼핑몰이었다.

누구나 들어갈 수 있고, 부모님이 꼬치꼬치 캐묻지 않고, 늘 따뜻하고 안전했다. 나는 셀 수 없이 많은 시간을, 끝없이 이어지는 듯한 쇼핑센터의 구불구불한 복도를 어슬렁거리며 보냈다. 미시소가의 크기와 성장률을 고려하면 그런대로 선택지가 다양한 편이었다고 생각한다. 따라서 베인의 연구 결과, 청소년 영화에 쇼핑몰이 배경으로 등장하는 경우가 많다는 사실은 전혀 놀랍지 않다.[106] 쇼핑몰의 형태는 천편일률적이지만 우리가 돈이 없어서 못 사는 물건들을 구경하거나 멋진 옷과 구두를 걸친 우리의 모습을 상상하는 것은 즐거웠다. 우리는 계단통이나 구석진 곳, 직원용 통로를 우리만의 공간으로 만드는 법을 찾아냈다. 나와 같은 학교에 다니지 않는 절친 에리카와 전화 통화 하는 대신 실제로 만날 수 있는 공간 또한 쇼핑몰이었다. 그러나 나이를 먹으면서 우리는 점차 쇼핑몰에 가지 않게 되었다. 우리를 교외에서 온 유대인 소녀 이상의 뭔가로 만들어 줄 수 있는 공간과 스타일과 사람을 찾아야 했기 때문이다.

누구나 들어갈 수 있고 몇 시간 동안 있어도 부모님이 걱정하지 않는 쇼핑몰이 우리의 본거지였다면 우리가 〈시내〉라 불렀던 토론토는 선망의 대상이었다. 통근 열차를 타고 30분쯤 가면 토론토에서 가장 큰 쇼핑가이자 관광지 중 하나인 영가에 도착했다. 초대형 쇼핑몰인 「이턴 센터」에 갈 수도 있었지만 우리의 목적지는 영가와 퀸가에 있는 빈티지 숍, 중고 레코드 가게, 포스터 가게, 헤드 숍*이었다. 1990년대 초의 영가와 퀸가는 우리에게 친숙했던 교외의 모습과 전혀 달랐다. 젠트리피케이션 이전에는 중고 숍, 군용품점이 지배적이었다. 펑크족들은 계단에 앉아서 매력적인 눈빛으로 쇼핑객들을 빤히 쳐다봤다. 우리는 비싸서 못 사는 닥터마틴 신발을 탐냈고 엄마가 보면 기함할 찢어진 청바지와 남자 셔츠를 찾아 중고 옷 더미를 뒤졌다. 피우지도 않을 담배를 행인에게서 빌리는가 하면 형광등으로 환히 밝힌 쇼핑몰이 아니라 이 지저분한 거리에 어울리는 애들처럼 보이려고 애썼다.

물론 지금 돌이켜 보면 하나같이 진부한 얘기다. 우리는 특이한 애들이 아니었다. 교외에 사는 여자애들은 누구나 튀지 말라는 압력에 저항할 방법을 찾으려 애쓴다. 대부분의 젊은이처럼

* head shop. 마리화나와 담배 관련 도구를 파는 가게. 마리화나는 팔지 않는다.

우리는 자기 정체성을 찾으려 했고 〈다양한〉 공간이 신선한 자기표현을 할 수 있게 도와주었다. 청소년과 성인 간의 공간 차이를 조사한 질 밸런타인의 연구에 따르면 소녀들은 아이러니하게도 도시의 길거리 같은 공공장소를 〈사적인〉 장소라고 생각한다. 이런 공간에서야말로 부모님이나 선생님 같은 보호자의 감시에서 벗어나 익명성을 누릴 수 있기 때문이다.[107] 반대로 집은 오히려 공공장소에 가까웠다. 사생활을 보장받지도 못하고 자기 방이나 물건을 마음대로 할 수도 없었기 때문이다.

그래서 청소년들에게는 아이러니하게도 사적 공간이었던 토론토 시내에서 나와 내 친구들은 집에서는 부모님이 못마땅해하거나 금지해서 시도하지 못한 정체성을 마음껏 표출했다. 아는 사람을 만날 가능성이 낮은 도시를 탐험한다는 것은 우리가 잠시 이상한 짓을 하거나 고스족*처럼 꾸미거나 있는 대로 짜증을 부려도 된다는 뜻이었다. 그러나 그러기 위해서는 늘 친구들의 응원이 필요했다. 토론토는 절대 무섭지 않았지만 새로운 곳에 가거나 색다른 옷을 입거나 낯선 사람에게 말을 걸 때는 친구들의 격려를 받아야 용기가 났다. 친구는 내가 향냄새 진동하는 켄싱턴마켓의 중고 숍에서 급조한 가공의 인물을 연기하게 도와주고, 우리 부모님이 싫어할 만한 물건은 자기 집 지하실에 숨겨 뒀다가 월요일 아침에 학교 화장실에서 몰래 건네준다. 여자들의 헌

* goth. 검은 머리, 검은 화장, 검은 옷으로 기괴하고 음산한 분위기를 풍기는 사람.

108

신적인 우정은 당시만 해도 다소 지저분했던 도시의 아찔한 매력과 함께 우리를 성장시켰다. 우리는 마침내 교외의 아동기를 벗어나 그토록 되고 싶었던 독립적인 성인 여성으로 자라났다.

1996년 작 「폭스파이어」는 「걸스 타운」처럼 여고생들이 단체로 가부장적 폭력에 저항하고 성별, 인종, 계급, 성적 지향에 의한 한계에 도전하는 이야기를 다룬다. 또한 두 영화는 소년들의 부속물이 아니라 〈자신을 둘러싼 거리의 생활에 참여하는〉 사람으로서 도시를 제집처럼 편안해하는 소녀들을 보여 준다.[108] 「폭스파이어」에서 〈소녀들은 웃고 떠들고 술 마시고 담배 피우고 사진 찍으면서 포틀랜드의 거리를 돌아다니고 인적 없는 뒷골목과 유동 인구가 적은 길을 탐험한다〉.[109] 「폭스파이어」의 소녀 일당도 「걸스 타운」처럼 남자 가해자와 맞서기 위해 힘을 합친다. 대단히 카리스마 넘치는 앤젤리나 졸리Angelina Jolie가 연기한, 반항적인 외톨이 레그스의 영향을 받은 소녀들은 교사를 두들겨 패고 주인공 매디(헤디 버레스Hedy Burress 분)를 강간하겠다고 협박한 소년들의 차를 부순다. 마지막 장면에서 매디는 강 위로 높이 솟은 다리의 기둥 꼭대기 — 전에는 무서워서 올라가지 못했던 — 에 올라간다. 레그스를 포함한 여러 소녀들과의 우정으로 달라진 매디는 자신의 두려움을 극복하고 도전에 성공한다. 그녀는 두 팔을 활짝 펴고 똑바로 서서 발아래 도시를 내려다본다.

10대 소녀들이 공간을 차지하는 방식은 칭찬보다 조롱의 대상이 되곤 한다. 그들의 취향과 열정적인 관심사는 시시하고 유치하고 천박하다며 비웃음을 산다. 쇼핑몰 푸드 코트 점령하기, 다 같이 화장실 가기, 끊임없이 잠옷 파티 열기는 짜증스러운 만큼이나 이해 불가한 것으로 묘사된다. 10대 소녀들과 그들의 관심사, 욕망, 취미를 일상적으로 비웃는 문화에서 소녀들이 단체로 그들의 세계, 특히 도시 세계를 형성하고 변화시키고 재제작할 방법을 상상하거나 깨닫게 해주는 영감의 원천은 드물다. 베인의 청소년 영화 연구에 따르면 〈남자 동행이 없는 소녀들이 공간을 변화시키거나 멋대로 사용하거나 점거하는 경우는 거의 없다〉.[110] 그래서 베인은 〈10대 소녀들이 성인들의 세계에서 공간을 요구하고 통제하는 데 필요한 권한을 획득하거나 사회 규범을 위반하려는 목적으로 공간을 변화시킬 기회가 충분히 다뤄지지 않고 있다〉라며 탄식한다.[111]

「걸스 타운」과 「폭스파이어」에서 〈삶의 방식으로서 여자들의 우정〉에 대한 소녀들의 헌신이 일어나는 곳은 도시의 거리다. 성폭력의 그림자가 늘 드리워진, 이 남성 지배적이고 위협적인 환경 속에서 그들은 차츰 자신감, 힘, 통제력을 얻는다. 도시 공간에 모인 소녀들이 도시는 남자를 위한 공간이라는 인식에 반발한다. 그들이 버려진 또는 남성적인 공간을 차지하고, 그라피티로 자신들의 표시를 남기고, 가끔은 폭력성도 분출함에 따라 〈유리와 돌로 쓴 가부장제)인 도시가 가능성의 공간으로 개주(改鑄)된다.[112] 소녀들에게 어울리지 않는 곳이라 여겨졌던 장소인 도시의 거리를 소녀들이 점유하는 것은 성인 지배적인 가부장적 사회 내의 다양한 통제 방식에 대한 저항의 레퍼토리로 인식될 수 있고 인식되어야만 한다.

우정과 자유

앞서 소개한 영화들은 내가 따라 하고 싶었던, 센 언니들의 우정의 완벽한 예를 보여 줬다. 내가 열여덟 살 때 토론토 대학교에 진학하기 위해 시내로 이주하면서 대부분의 고등학교 친구들과는 멀어졌지만 다행히 곧바로 남녀 공용 기숙사에서 룸메이트 질과 옆방의 케이트를 만났다. 겉으로는 완전히 쿨해 보였던 케이트가 사실은 질과 나처럼 교외 출신이라는 사실을 알자마자 우리는 단짝이 되었다. 셋 다 거의 평생을 토론토 근교에서 살았는데도 우리의 우정이 깊어 감에 따라 새로운 방식으로 새로운 공간을 탐험하게 되었다.

우리는 부모님의 감시에서 벗어나 새롭게 주어진 자유를 만끽하며 스스로 계획을 짜고 새로운 장소를 탐험하고 도시의 밤 문화를 즐겼다. 후미진 골목에 위치한, 담배 연기 자욱한 커피숍에 공부한다고 앉아서는 서로에 대한 이야기를 하며 대부분의 시간을 보냈다. 라디오에서만 들어봤던 「리스 펠리스」, 「스니키 디스」,「생크추어리」 같은 전설적인 클럽들은 이제 주말마다 방문하는 곳이 되었다. 난생처음으로, 내가 들어갈 수 없는 곳이 없었다.

그렇다고 해서 두려움이 없지는 않았다. 자유로운 공간인 도시와 위험한 공간인 도시 사이의 간극이 점점 더 커졌고 이 간극은 우리의 우정이 깊어지고 단단해지는 방식에 지대한 영향을 미쳤다. 갓 성인이 된 젊은 여자였던 우리는 부모님과 사회로부터 흡수한, 낯선 사람과 도시 공간과 악명 높은 〈어두운 골목〉에 대한 고정 관념을 잔뜩 갖고 있었다. 이 고정 관념들은 깊이 내면화되어 있었지만 수행적 측면도 있었다. 우리가 실제로 느끼는 공포의 수준은 현실과 딱히 상관이 없었다. 오히려 사회화 과정에서 습득한 성 역할에 따라 안전 및 주의의 행위를 습관적으로 〈수행하는〉 편이었다.

당시는 휴대폰이 대중화되기 한참 전이라 우리는 아무도 밤에 혼자 걷지 않아도 되도록 다양하고 세세한 의례를 만들었다. 예를 들어 내가 지하철을 타고 집에 오는 날에는 세인트조지 역에서 공중전화로 질에게 전화를 하고 질과 케이트가 역에 오길 기다렸다가 (이제 천하무적이 된) 셋이서 기숙사까지 걸어오곤 했다. 내가 전화하는 걸 깜빡하면 다들 죽을 만큼 걱정해서 다음번에는 절대 잊지 않겠다고 맹세해야만 했다.

이런 사소한 절차들을 개발하는 것은 너무나 당연한 행위였으며 여자로 산다는 것의 일부라고 여겨졌다. 케일린 셰이퍼Kayleen Schaefer는 『집에 도착하면 문자해*Text Me When You Get Home: The Evolution and Triumph of Modern Female Friendship*』에서 이 〈집에 도착하면 문자해〉라는 문장이 여자들의 우정에서 갖는 역할에 대해 서술한다.

우리 집에서 몇 블록 떨어진 곳에 사는 절친 루시와 나는 밤에 헤어질 때 서로에게 이 말을 한다. 한 명이 〈사랑해〉라고 하면 나머지 한 명이 〈집에 도착하면 문자해〉라고 대답한다. 매번 이렇게 똑같이 말한다. (……) 하지만 남자들은 친구한테, 집에 도착하면 문자하라고 말하지 않는다.[113]

셰이퍼는 이 행위가 오로지 안전에 관한 것만은 아니라고 말한다. 그것은 우리가 서로에 대한 연대를 보여 주는 방식이자 밤길을 혼자 걷는 여자라면 누구나 마주칠 수 있는 모든 위험과 불편을 인정하는 방식이다. 문자하라는 말은 당신의 친구가 당신과 헤어진 뒤에도 휴대폰을 지켜보고 있을 거라는 뜻이자 클럽이나 지하철역에 당신을 데리러 가기 위해 친구들을 소집할 수도 있다는 뜻으로, 상호 연결의 네트워크를 구축하는 행위다. 셰이퍼는 이 네트워크가 〈여자들이 서로에게《난 항상 네 곁에 있어. 네가 집에 돌아가는 동안에도 너에 대해 잊지 않을 거야》라고 말하는 방법이다〉라고 설명한다. 질과 나 역시 세월이 한참 흐른 뒤에도 술 한잔하고 나서 각자 집으로 돌아갈 때면 상대방이 맞은편 플랫폼에서 지하철을 기다리는 동안 그 바로 앞에 서 있곤 했다. 그리고 열차가 역에 들어올 때까지 최대한 오래 서로에게서 눈을 떼지 않았다.

다시 대학 시절로 돌아가서 나는 전화하기, 기다리기, 함께 걸어가기 같은 거추장스러운 절차를 싫어했다. 우리가 하는 활동 대부분은, 혼자일 때조차도, 거의 위험하지 않음을 알고 있었기 때문이다. 여자들이 공공장소에서 낯선 사람에게 폭력을 당할 가능성보다 사적 장소에서 지인에게 당할 가능성이 훨씬 높다는 사실을 그때 이미 알았는지는 기억나지 않지만 어두운 골목에 강간범 수십 명이 숨어 있지는 않음을 본능적으로 알았다고 생각한다. 그리고 우리 같은 대학생은 도시의 거리보다 기숙사에서 성폭행당할 가능성이 훨씬 높았다.

그럼에도 불구하고 우리가 서로를 보호하려 했던 것이 잘못됐다고 생각하지는 않는다. 오랫동안 두려움의 대상이었던 〈스카버러 강간범〉이 우리가 대학에 입학하기 바로 전해인 1993년에 체포되었기 때문이다. 그와 아내의 극악무도한 범행과 뒤이은 재판에서 밝혀진 잔인하고 끔찍한 수법은 적어도 1995년 말까지는 끊임없이 뉴스에 보도되었다.[114] 그래서 친해진 지 얼마 되지 않은 우리도 서로에게 책임감을 느꼈던 것이다. 반면 같은 기숙사 남학생들은 바보 같은, 누가 더 남자다운지 겨루기 ─ 누구하나 병원에 실려 갈 때까지 술을 들이붓거나 길거리에서 모르는 사람과 싸우는 ─ 로 서로를 죽이려고 작심한 듯했다. 우리 여자들이 서로를 챙겨야 한다는 것은, 그 절차가 때로는 정말 짜증스럽더라도, 이론의 여지 없는 명백한 사실이었다.

나는 그렇게 챙겨 주는 친구들에게 고마웠다. 우리는 밤 외출 때마다 어떡해서든, 가진 동전을 탈탈 털어 택시 요금을 내서라도, 서로를 기숙사까지 데려왔다. 나이트클럽에서는 팔꿈치와 부츠를 적재적소에 활용해서 성추행을 물리쳤다. 친구가 본가에 갔다가 가족과 싸우고 돌아오면 다과로 맞이했다. 누가 넘어지거나 자전거 타다 부딪히거나 장염에 걸렸을 때는 병원에 데려갔다. 우리는 서로의 안전을 챙겼고 사회가 끊임없이 우리의 외모나 행동에 규제를 가해도 공간을 차지하는 법, 맞서 싸우는 법, 본연의 모습대로 사는 법을 서로에게 가르쳐 줬다. 친구들은 내 안전망이자 도시 생존 도구였다. 셰이퍼는 자신의 친구들이 〈올라타기 전까지는 내가 그것을 찾고 있었다는 사실조차 몰랐던 구명보트 같았다〉라고 말한다.[115] 나는 친구들과 함께한 덕분에 내가 물리적으로, 감정적으로, 언어적으로 아주아주 작은 공간만을 차지해야 한다는 뿌리 깊은 무의식적 믿음에서 벗어날 수 있었다. 그들은 내 분노가 다른 여자들이 아니라 학교와 제도와 구조를 향하게끔, 내가 스스로 더 강하다고 느끼고 덜 두려워하게끔 도와줬다. 한마디로 여자들의 우정은 구명보트가 아니라 힘이었다.

나는 실제 절친인 애비 제이컵슨Abbi Jacobsen과 일라나 글레이저Ilana Glazer가 만든 「브로드 시티Broad City」를 볼 때마다 그 나이대와 관련된 감정이 물밀듯 밀려드는 것을 느낀다. 이 시트콤에서 뉴욕에 사는 애비와 일라나는 자기 능력에 비해 형편없는 직장에 다니고 주거가 불안정하며 사생활에서, 연애에서, 직장에서, 금전적인 면에서 늘 위기에 처해 있다. 그들은 뉴욕을 사랑하지만 무신경하고 물가 비싸고 정신없이 바쁜 도시에서 살아남기 위해 고군분투할 수밖에 없다. 그들이 거주하고 점유하고 저항하고 도망치고 때로는 추락하는 도시 공간들은 단순한 배경이 아니라 이야기의 일부다. 『가디언The Guardian』의 리뷰에 의하면 애비와 일라나는 〈함께 뉴욕에서 존재의 의미를 찾아 헤맨다. 싫어하는 회사에 다니고, 별로 좋아하지도 않는 남자와 섹스를 하고, 대부분의 시간에는 도시를 자기 구역으로 만든다〉.[116] 자기 구역임에도 그곳에서 실제로, 또 비유적으로 다칠 위험이 상존하지만 두 여자는 한결같이 서로를 응원한다. 그들은 서로의 도시 안전망이다.

「브로드 시티」는 「메리 타일러 무어 쇼The Mary Tyler Moore Show」, 「케이트와 앨리Kate and Ally」, 「라번과 셜리Laverne and Shirley」, 「캐그니와 레이시Cagney and Lacey」 같은 전설적인 프로그램들이 다

뤄 온, 여자들의 도시 생활 이야기의 2000년대 버전이다. 여성에 대한 획기적인 묘사로 찬사를 받은 이 프로그램들에서 도시는 여성의 독립과 성장에 있어서 중요한 역할을 하는 공간이며 여자들의 변치 않는 우정은 그들을 전통적인 성 역할에서 벗어나게 하는 바탕이 된다. 최근 이사 레이Issa Rae가 기획하고 주연을 맡은 「인시큐어Insecure」에서 로스앤젤레스는, 흑인 여성들의 야망을 좌절시키고 그들을 입체적인 한 인간으로 보려 하지 않는 세상에서 흑인 여성의 생존에 우정이 필수적이라는 이야기의 배경으로 등장한다. 이사와 절친 몰리(이본 오지Yvonne Orji 분)는 직장에서의 인종 차별과 성차별, 그들의 지성과 재능을 존중하는 연인 찾기, 삶의 부침 가운데서도 친구들이 뿔뿔이 흩어지지 않게 하기 등의 어려움을 함께 헤쳐 나간다. 과장되게 우스꽝스러운 「브로드 시티」와 달리 「인시큐어」는 세계적 대도시에서 겪는 실연, 경제적 불안, 성취 부진을 때로는 고통스러우리만치 사실적으로 그린다. 그러나 두 프로그램 다 우정이 —아무리 문제가 많아 보여도 —인물의 생존에서 핵심적인 역할을 한다.

그 결과 도시는 여자들의 우정이 마음껏 나래를 펼치도록 내버려 둔다. 「브로드 시티」의 활기 넘치고 시끄럽고 곧잘 초현실적이기까지 한 뉴욕에서 도시는 때때로 마치 살아 있는 생명체처럼, 안정과 성공을 쟁취하려는 주인공들의 모든 노력을 집어삼킨다. 그러면서도 한편으로는 애비와 일라나가 힘을 합치는 배경이 되어 주기도 한다. 서로에게 〈간이고 쓸개고 다 빼주는〉 두 사람의 헌신이 「브로드 시티」의 매 회를 채운다. (자주 그들이 자초한) 기막힌 상황에 처해도 둘은 서로를 비난하지 않고 곤경에서 구해 준다. 『가디언』의 또 다른 리뷰를 인용한다.

그들은 불쌍한 오디세우스보다도 더 많이 운명에 휘둘리며 일련의 사고와 구사일생의 경험에 의해 뉴욕 여기저기로 보내진다. 시즌 3의 1화 안에서만 해도 열쇠를 배수구에 빠뜨리고, 지하철 열차에 들이받히고, 간이 화장실 안에 갇히고, 트럭 짐칸에 실려 납치당하고, 팝업 매장의 폭도 같은 손님들에게 포위당한다.[117]

그러나 결국엔 매번 빠져나오는 것으로 보아 모든 곤경은 시청자들에게 이들의 우정의 깊이를 한 번 더 보여 주기 위해 설계된 것처럼 보인다. 「브로드 시티」에는 여자들의 우정에 관한 어떤 부정적인 고정 관념도 등장하지 않는다. 그 대신 여자들의 우정이 거침없고 헌신적이고 영원한 것이라는 인상을 준다.

에린 윙커는 여자들의 우정을 우선시하는 것, 그에 관한 글을 쓰거나 영상으로 표현하는 것이 이성애 규범성, 자본주의, 임신과 출산, 가정생활이라는 꽉 짜인 직조물을 해체하기 시작하는 반란 행위라고 시사한다.[118] 애비와 일라나, 이사와 몰리는 반복적으로, 단호하게, 때로는 엉망진창으로 성인다움 및 이성애 관계와 관련된 사회적 기준과 규범을 충족하는 데 실패한다. 그러나 그 실패 속에서 우정이 다른 모든 것의 중심축이 될 수 있는 세계를, 그리고 도시를 제작한다.

도시 자체가 여자들의 우정에 이로울 수도 있다. 물론 여자들은 교외에서도 친구를 사귄다. 그러나 교외의 동네 설계가 보다 더 사적인 것, 내향적인 것에 집중하게끔 유도한다. 차고에서 바로 SUV에 올라타니 집 밖에 걸어 나갈 필요가 없고, 넓은 주택 관리에는 많은 노동이 필요하며, 뒷마당은 사적인 여가 생활을 장려한다. 교외에 사는 여자는 새로운 친구를 사귀거나 옛 친구와 관계를 유지할 기회도, 필요도 거의 없을지 모른다. 교외가 고의로 여자들을 고립시킨다는, 그들을 집 안이라는 내부 세계에 가둬 두고 고독과 절망의 감각을 발달시킨다는 베티 프리던의 주장을 돌이켜 보자. 내 경험에 근거해 말하자면, 나는 아이가 어렸을 때 도시에 살았기 때문에 집 밖에 나갈 수밖에 없었다. 마당이랄 만한 게 없는 작은 지하방에 살아서 여름 내 매일을 동네 공원에서 보냈는데 그곳에서 애 엄마 한 명을 만나자 곧 대여섯 명을 알게 됐다. 다른 엄마들과 점점 친해지면서 처음에는 꼭 애들을 데리고 만나다가 나중에는 저녁 식사, 영화, 파티까지 함께했다. 다들 가까이 살다 보니 자연스럽게 자주 만날 수밖에 없었다.

동시에 나는 대학 친구들과 연락을 유지하거나 멀어졌던 친구와 다시 가까워지려고 노력했는데 우리가 졸업 후에 굉장히 다른 삶을 살았고 당시 삶의 전환점에 있었음에도 또 한 번 도시가 도움이 됐다. 우리는 이제 사는 동네도 달랐고 우리의 20~30대는 애비와 일라나처럼 태평하고 활력이 넘치지도,「섹스 앤 더 시티」의 출세 지향주의자들처럼 화려하지도 않았지만 친구가 지하철로 겨우 몇 정거장 거리에 산다는 사실만으로도 우리가 언제든 만날 수 있다고, 어쩌면 옛날과 그리 많이 달라지지 않았다고 느꼈다.

퀴어 여성의 공간

그런데 지난 10여 년간 여자들의 우정에 가장 중요한 도시 공간 중 일부—콕 집어 말하면 레즈비언과 퀴어 여성을 위한 공간—가 사라졌다. 역사적으로 레즈비언들은 도시에서 공간을 찾는 데 어려움을 겪어 왔다. 게이 동네는 젊은 게이 남성의 관심사와 생활 방식에만 편중되어 있기 때문이다. 물론 때로는 술집이나 책방 같은 레즈비언 친화적 공간들이 게이 동네에 존재하기도 했다. 그 밖에 밴쿠버의 커머셜 길이나 몬트리올의 생로랑 대로 같은 다양한 거리들이 비공식적인 레즈비언 친화적 구역으로 알려지곤 했다.[119] 줄리 포드모어Julie Podmore의 몬트리올 연구에 따르면 〈도시 단위에서 레즈비언 세력권의 형태는 상대적으로《눈에 띄지 않아》왔다. 레즈비언 공동체가 상업 공간보다는《사회 연결망》을 통해 구성되기 때문이다〉.[120] 즉 우정을 통해 맺어진 관계가 퀴어 여성들이 편안하게 느끼는 거리와 동네를 찾도록 돕는 〈레즈비언 소식통〉에서 핵심적인 역할을 해왔다는 뜻이다.

타마 로젠버그Tamar Rothenberg의 「〈그리고 그녀는 두 친구에게 말했다〉 ─ 도시 사회적 공간을 만드는 레즈비언」이라는, 브루클린 파크슬로프의 레즈비언 공동체 연구에 따르면 파크슬로프 내의 특정 장소들이 레즈비언의 교류 및 사교에서 중요한 공간인 것으로 드러났다. 여자들은 그중 한 곳인 7로(路)의 상업 지구에 대해 〈토요일이나 일요일에 7로를 걸으며 많은 레즈비언을 보고, 아는 사람을 우연히 만나고 편안함을 느끼는 경험〉이라고 표현했다.[121] 지리학자 질 밸런타인도 레즈비언 간의 우정이 대단히 중요하다고 말한다. 커밍아웃 후 가족과 친구들로부터 절연당했을 수 있기 때문이다. 레즈비언 친구들은 본디 원가족(原家族)의 역할인 돌봄, 응원, 축하 등을 맡음으로써 유사 가족이 된다. 밸런타인이 인터뷰한 여자들은 공공연한 레즈비언들의 공간을 처음 방문했을 때 마치 다른 세계로 넘어간 듯한 기분이었으며 용기와 배짱이 필요했다고 말했다.[122]

그러나 이 동네들과 장소들은 대부분 변화를 맞이하게 된다. 이미 1970년대부터 파크슬로프에서는 젠트리피케이션의 효과가 나타나기 시작했다. 그리니치빌리지의 임대료가 상승하면서 상대적으로 맨해튼에 가까운 파크슬로프의 오래된 주택들이 매력적인 대안으로 떠올랐기 때문이다. 수십 개 도시에서 일어난 젠트리피케이션의 패턴을 관찰해 보면 버려진 동네가 멋진 동네로 탈바꿈할 때의 시발점이 학생, 예술가, 퀴어 공동체 같은 대안적 공동체의 존재인 것으로 추측된다. 그러나 아이러니하게도 애초에 그 동네를 〈쿨하게〉 만든 사람들은 젠트리피케이션이 완료되고 나면 상승한 임대료를 감당할 수 없게 된다. 특히 레즈비언은 남녀 임금 격차와 유서 깊은 차별 덕에 상대적으로 수입이 적어서 다른 동네로 밀려날 가능성이 높다.

술집, 카페, 서점 같은 상업 공간에서도 동일한 패턴이 나타난다. 영화감독이자 DJ인 룰루 웨이Lulu Wei는 최근 토론토의 퀴어 뉴스 잡지 『엑스트라Xtra』를 위해 제작한 영상에서, 토론토의 퀴어 여성을 위한 공간들이 어쩌다 완전히 소멸하게 되었는가에 대한 조사에 착수했다. 캐나다에서 가장 큰 게이 동네가 있고 방문객이 100만 명에 달할 만큼 세계적으로 유명한 한 달간의 프라이드 축제*가 있는 도시에서 어떻게 이런 일이 가능하단 말인가? 웨이가 인터뷰한 전직 술집 주인들, 프로모터들, DJ들은 하나같이 젠트리피케이션, 소득 격차, 게이 동네에 레즈비언에게 우호적인 공간이 없다는 점을 원인으로 지적한다. DJ 코즈믹 캣Cozmic Cat의 표현에 따르면 〈레즈비언 커플은 클럽에 다니기엔

* 캐나다에서는 10월을 〈성 소수자 역사의 달〉로 기념하는데 이때 열리는 여러 가지 행사 중 시가지 행진을 프라이드 퍼레이드pride parade라고 한다.

(이성애자 커플이나 게이 커플에 비해) 수입이, 가용 수입이 적어서 클럽이 유지가 안 된다. 백인 여성은 그나마 낫고 유색인 여성은 더 심각하다〉.[123] 젠트리피케이션은 게이 동네의 높은 임대료 때문에 서쪽으로 떠밀린 그들의 문턱까지 다가왔다. 고급 아파트, 부티크, 잘나가는 술집이 지금 〈한창 뜨는〉 동네들에 생겨나면서 「레스 바」나 「더 헨하우스」 같은 퀴어 여성들의 공간은 문을 닫았다.

웨이가 인터뷰한 사람들은 대부분 퀴어 여성 공동체의 구심점이었던 이 공간들의 상실을 슬퍼했다. 그러나 레즈비언을 위한 공간이나 동네가 딱히 많았던 적은 없으므로 ── 1990년대 말에도 우리가 좋아했던 레즈비언 바 「슬랙 앨리스」(나중에는 「슬랙스」로 바뀌었다)가 게이 동네 안의 〈유일한〉 여성 전용 바였다 ── 퀴어 여성들은 늘 적당한 공간을 구하기 위해 애써야 했다.[124] DJ이자 프로모터인 메이비스Mavis는 주류 공간을 〈퀴어들이 점령〉해야 한다고 주장한다. 더 헨하우스의 주인이었던 보비 베일런Bobby Valen은 희망이 있다고 말한다. 〈우리 모두는 지금 이상의 무언가, 즉 함께 있는 것을 원한다. (……) 때로는 허락을 구하는 것이 아니라 공간을 차지해야 한다.〉[125] 사용 가능한 장소들의 성격은 옛날과 많이 달라졌지만 레즈비언, 그 밖의 퀴어 여성, 트랜스젠더와 논바이너리*는 때로는 사람 목숨도 구하는 우정을 쌓

* non-binary. 남성과 여성이라는 이분법적 성별 구분을 거부하는 사람.

을 방법, 도시 생존 도구의 일환으로서 새로운 종류의 창의적이고 비차별적인 공간을 만들 방법을 계속해서 찾고 있다.

영원한 친구

퀴어이든 아니든 여자들의 도시 생활은 변하고 있다. 결혼 연령이 높아지고 혼자 사는 기간 — 자취를 시작했을 때부터 연인이나 배우자와 동거할 때까지 — 또한 길어졌다. 평생 독신으로 사는 여성의 수도 증가하고 있다. 『싱글 레이디스 *All the Single Ladies: Unmarried Women and the Rise of an Independent Nation*』에서 리베카 트레이스터Rebecca Traister는 여자들의 우정의 든든함과 중요성을 예찬한다. 〈여자들이 인생에서 간과하는 진실 중 하나는 여성에게 가장 중요하고 필수적이며 인격 형성에까지 영향을 미치는 관계의 대상이 남자일 가능성만큼이나 여자일 가능성도 높다는 것이다. 비록 우리는 어렸을 때부터 남자를 만나야 우리가 비로소 완전한 사람이 된다고 배우지만 말이다.〉[126]

트레이스터는 우리의 정체성, 꿈, 목표가 결혼과 가족이라는 전통적인 진로보다는 친구들을 따라 형성된다고 지적한다. 셰이퍼도 마찬가지로 여자 친구들과의 우정이 〈완전히 플라토닉하다는 점만 제외하면 연애 관계의 모든 특징을 다 갖고 있다. 여자들의 우정은 사랑 이야기다. (……) 우리는 상대방을 놓아주지 않는다〉라고 인정한다.[127] 코미디언 제시카 윌리엄스Jessica

Williams는 자신의 절친이자 〈오피스 와이프〉인 피비 로빈슨 Phoebe Robinson의 책 『내 머리 만지지 마*You Can't Touch My Hair: And Other Things I Still Have to Explain*』의 서문에 이렇게 적었다.

피비는 여전히 그날 무슨 일이 있었는지에 따라 나를 자신의 오프라 또는 게일*이라고 부른다. 요즘도 술집에서 우리에게 추근대는 끔찍한 남자들에게 〈제발 꺼져 달라〉고 말한다. (……) 우리의 첫 공연은 멋진 첫 데이트 같았다. 나는 그날 밤 무대 위에서 피비가 나에게 굉장히 중요한 것들을 말로 표현할 수 있음을 알게 되었다. 흑인 여성인 〈동시에〉 페미니스트로 산다는 것은 풀타임 직업이라는 것. #가부장제망해라. 하지만 우리 둘 다 비타민 D 결핍처럼 보이고 햇볕을 조금만 쬐도 금방 탈 것 같은 백인 남자들을 주로 만난다는 것. 흑인 목숨도 소중하다는 것.[128]

여자들의 우정은 연인 관계 — 특히 남자와의 — 에 결여된 것, 예를 들면 비슷한 경험을 공유할 기회나 강력한 페미니즘의 토대 같은 것을 제공한다는 인식이 퍼져 나가고 있다. 그리고 도시는 여자들이 어쩌면 평생 동안 이런 관계를 맺고 유지할 수 있는 환경을 제공한다.

* 오프라 윈프리Oprah Winfrey와 친구 게일 킹Gayle King.

친구들과 나는 속 깊은 이야기를 하며 긴긴밤을 지새운 적은 거의 없지만 여전히 우리가 함께하는 미래를 머릿속에 그린다. 우리 중 대부분이 남성 파트너보다 오래 살거나 평생 싱글로 살 것이고 2000년대에 태어난 자식들에게 노후를 맡기기는 불안하니, 같은 실버타운에 자리를 예약해 놓자는 농담을 자주 한다. 그때가 되면 우리의 파트너도 같은 실버타운의 다른 동에 입주할지도 모른다. 나는 그 생활이 케이트랑 질과 함께 살던 기숙사 시절로 돌아간 것 같으리라고 상상한다. 차이점은 더 고급스럽고 훨씬 여유롭다는 것뿐이다.

우리만 이런 생각을 하는 것은 아니다. 내 SNS는 #목표 등의 해시태그와 함께 「더 골든 걸스The Golden Girls」를 향한 애정을 천명하는 젊은 여자들(과 남자들)로 가득하다. 이들 중 대부분이 태어나기도 전에 방송했던 시트콤인데도 도러시, 블랜치, 로즈, 소피아의 삶 — 노후를 실버타운에서 친구들이랑 엄마와 함께 보내는 — 은 어느새 쓸쓸한 위로상(賞)에서 목표로 변했다. 나는 심지어 「섹스 앤 더 시티」의 친구들이 「더 골든 걸스」의 뉴욕 버전으로 사는 모습도 상상된다. 샬럿과 미란다의 아이들은 독립한다. 미스터 빅은 자신의 리무진 뒷좌석에서 갑작스러운 심장 마비로 사망한다. 네 친구가 미란다의 브루클린 집에서 브런치를 갖는 시간이 점점 길어진다. 스티브는 결국 지하실로 방을 옮기고 친구들은 영원히 떠나지 않게 된다. 트레이스터의 조사가 증명하듯 현실에서 평생의 동반자와 함께 늙어 가는 꿈은 비현실적이고 달갑지 않은 것 또는 죽을 만큼 지겨운 것으로 생각된다. 그 대신 많은 사람들, 특히 여자들은 친구들에게 둘러싸여 우정에 따라오는 돌봄, 응원, 재미, 모험과 함께하는 노년을 상상한다.

　이 계획이 과연 결실을 맺을지는 모르겠지만 여자들의 우정이 중심인 미래를 상상하는 것은 세계 제작적이다. 셰이퍼가 말하듯 여자 친구들은 우리의 인생에 〈필수적〉이며 우리는 그들을 포기할 생각이 없다. 그 대신 〈우리는 공공복지 시스템이 어떤 형태여야 하는가, 무엇이 될 수 있는가에 대한 생각을 바꾸고 있다〉.[129] 그러나 실버타운에 대한 환상은 그것이 가능한 공간의 민영화된 버전이며 개인의 선택과 경제력에 달려 있다. 그것은 사회 구조나 도시 계획의 폭넓은 변화를 필요로 하지는 않는다. 따라서 보다 더 고차원적인 질문은, 〈어떻게 해야 평생 우리를 지탱해 주는 인간관계를 맺고 유지할 가능성을 넓히게끔 공간, 특히 도시 공간을 새로이 창조하거나 기존 공간의 용도를 바꿀 수 있는가〉이다.

　이 질문에 대답하려면 많은 장애물을 넘어야 한다. 아동기와 청소년기에 가장 큰 고민인 우정은 성인기에는 그 정도로 심각하게 고려되지 않으며 당연히 비공식적이고 체계화되지 않은 맥락에 존재한다. 결혼과 달리 국가의 인정을 받지도 못하고 공식적 또는 법적 구속력도 없다. 그러나 〈우정 면허〉가 존재하지 않는다고 해서 도시 장소를 상상하는 데 중요한 관계 및 가치와 성인의 우정을 동일 선상에 놓을 수 없는 것은 아니다. 물론 결혼, 혈연, 성관계로 맺어진 〈법적인〉 관계와 우정을 비교했을 때 우정이 늘 부차적인 취급을 받는다는 어려움이 있긴 하지만 말이다.

도시 계획 및 시 운영에서 핵가족 모델이나 〈전형적인〉 진로 — 독신, 결혼, 출산, 자식 독립 후 단둘이 남은 부부 — 를 따르지 않는 가정을 다루는 경우가 드물다는 것은 비밀이 아니다. 페미니스트 도시 계획 비평가 캐럴린 휘츠먼Carolyn Whitzman이 지적하듯, 도시 계획은 오랫동안 백인 남성에게 지배되어 왔다.[130] 성별, 성적 지향, 가족에 관한 질문은 대개 도시 계획 실행의 합리적이고 기술적인 범주에서 벗어나는 것으로 간주된다. 도시 계획학자 덜랜드 챈Deland Chan은 〈밑에서부터,《소프트》인프라*에서부터, 사회봉사와 같은 사람 중심의 일에서부터 도시를 계획하는 것은〉 도시의 〈하드〉 인프라를 설계하는 작업과 〈동등한 가치를 가졌다고 간주되지 않는다〉라고 지적한다.[131] 성 주류화적 접근법은, 우연찮게 여성 및 여성성과 관련됐다는 이유로 〈소프트〉 인프라로 치부되어 온 사안에 더 큰 가치를 부여하거나 관심을 불러일으킬 수 있다. 그러나 페미니스트 도시 계획가들은

---

* soft infrastructure. 하드 인프라hard infrastructure(물리적 인프라)의 반대말.

멋진 알고리즘과 빅 데이터가 포함되어 있지 않은 이상 〈새로운 패러다임을 시험해 보거나 탐구하는 데 관심이 없고 낡은 패러다임만을 고수하는 오래된 수비대가 있다〉라고 주장한다.[132] 심지어 페미니스트 지리학 내에서도 〈삶의 방식〉으로서의 우정이나 도시를 형성하고 도시에 의해 형성되는 일련의 관계 및 경험으로서의 우정은 지금껏 거의 관심을 받지 못했다.

만약 전통적 이성애 가부장제에 따른 가정 형태가 대부분의 삶에서 규범으로서 차지하는 비중이 급속히 줄어들고 있다면 도시 미래를 형성하는 기반이 되는, 타인과 관계 맺는 방식의 새로운 대안을 찾아 나서야 하지 않을까? 여자들이 감정적 지지만을 받기 위해 서로의 우정에 의지하는 것이 아니라 육아, 노인 돌봄, 운전, 주거, 간호와 같은 필수적인 일들을 공동으로 하기 위해 서로 의지한다는 사실을 고려한다면 도시가 그런 관계를 뒷받침하는 인프라를 당연히 갖춰야 하지 않을까? 여자들의 우정은 경제적 관점에서 봐도 충분히 투자할 가치가 있다. 트레이스터가 관찰한 바에 따르면 식당, 술집, 상점, 카페는 브런치 때부터 문 닫을 때까지 여자들로 가득 차 있다. 그녀는 뉴욕에 처음 이사 왔을 때 여자들이 공간을 점유하는 광경을 계속 바라봤던 것을 회상한다. 〈그들은 — 사실《우리는》— 이 도시의 인도로부터 모든 에너지를 빨아들이고, 거리와 극장과 사무실과 아파트를 차지하고, 이 도시에 특색과 리듬과 아름다움과 속도를 부여하고 있

었다.〉[133]

나는 토론토의 아파트 건설 붐에 대해 조사할 때 부동산 개발 업자들이 〈1년 365일 즐거움과 우정으로 가득한 도시〉라는 이미지를 가지고 아파트를 홍보한다는 사실을 발견했다.[134] 그러나 이 광고의 대상이 될 수 있는 사람은 수입이 여유로워서 자신의 생활 방식을 끌어올리는 데 도시를 이용할 수 있는, 젊은 무자녀 전문직 여성이라는 아주 좁은 특권층뿐이다. 일상생활의 필수 요소로서 여자들의 우정 네트워크를 강화하고 끌어올리고 심지어 거기에 의존하는 도시 계획에 다다르기에는 아직 갈 길이 멀다.

100여 년 전 겉보기에 적대적인 도시 환경으로부터 젊은 여자들을 안전하게 보호하기 위해 (제인 애덤스가 시카고에 세운 「헐 하우스Hull House」 같은) 비혼 여성들을 위한 공동 공간이 만들어졌다. 이런 기관들이 우정을 바탕으로 한다고 대놓고 말한 적은 없지만 여자들이 응원, 동반, 분업, 교육 등을 필요로 할 때 남자보다는 서로에게 의지한다는 생각이 지배적이었다. 그러나 오늘날 이런 공간들은 거의 다 사라졌고 공동 공간을 새로 건설하는 데도 장애물이 많다. 친구와 부동산을 공동 소유 하는 것은 흔치 않은 데다 문제의 소지가 크다. 도시 구역에 따라 용도를 제한하는 지역 지구제는 공동 공간을 점유하는 〈가족〉 수를 제한할 수도 있다. 아파트를 비롯한 다세대 주택은 단기 거주자가 많다. 다양한 가족의 형태와 크기를 염두에 두고 설계한 건물이 아니라서 이웃과 관계를 맺기가 힘들기 때문이다. 여자들이 배우자나 파트너와 공유하는 집에서 나올 만한 경제력이 없을 때 이런 제약과 높은 주거비는 그들을 학대 관계 안에 갇히게 만드는 원인이 될 수 있다. 공공 주택 사업을 소득층에 따라 세분하고 공공 건설과 민간 건설로 나누려는 움직임 또한 저소득 여성들이 서로의 생존을 돕는 네트워크의 형성을 방해한다.

나는 도시 정책 및 계획에만 의존해서는 비전통적인 관계를 활발하게 만드는 공간을 창출하고 유지할 수 없다고 생각한다. 특정 형태의 소유권을 선호하는 도시 계획 패러다임과 재산 제도는 쉽게 변하지 않는다. 게다가 대부분의 도시에서 어떤 공간이 건설되고, 어떤 업체가 살아남고, 어떤 서비스가 제공되는지까지 결정하는 것은 개인 소유 부동산 시장이다. 퀴어 여성을 위한 공간이 사라진 예에서 볼 수 있듯 젠트리피케이션과 상업 공간의 비싼 임대료는 여성들의 사회 연결망과 우정을 더욱 용이하고 풍부하게 하는 장소를 우리가 소유하고 유지할 수 있는지 여부를 결정하는 주 요소다. 그리고 〈나는〉 질병, 실직, 노화 같은 어려움을 겪을 때 다양한 사회관계가 안전망으로서 지탱해 주는 사회를 만드는 것이 아주 지혜롭고 선견지명 있는 일이라고 생각하지만 다른 사람들에게는 지나치게 급진적으로, 그래서 두려워 보일 수도 있다. 특히 결혼이나 이성애 일부일처의 사실혼 관계조차 거부하는 여성들이 그렇게 보일 수 있다.

여자 친구들의 도시를 상상하는 세계 제작적 노력은 약간 기만적이고 반항적이기까지 하다. 이성애 (혹은 동성애) 규범성의 원칙 — 결혼, 사실혼, 사유 재산, 자녀 양육 등 — 대부분을 따르는 삶을 선택한 당신이 그 관계들의 〈핵심〉과 책임이 배경으로 밀려나는 순간을 상상한다는 것은 무엇을 의미하는가? 혹은 거기서 한 걸음 더 나아가, 이런 원칙들을 하나도 따르지 않으면서도 죽을 때까지 함께하는, 가깝고 든든하고 헌신적인 인간관계를 가질 수 있음을 깨닫는 것은 무엇을 의미하는가? 핵가족 중심론에 문화적, 법적, 공간적 도전을 던지는 것의 힘(과 위협)은 절대 과소평가하면 안 된다.

윙커는 우정에 주목하는 것에 혁명적인 잠재력이 있다고 주장한다. 그것은 가부장제 논리에 저항한다. 〈저기에 웃고 울고 요리하고 춤추고 끌어안는 몸들과 또 다른 몸들, 생식과 출산의 의무가 없는 몸들이 있다. 자본주의 이데올로기에 대한 대항으로서의 우정. 경제 주체로서의 우정.〉[135] 원주민 학자 킴 톨베어Kim TallBear는 그것이 정착민 논리 또한 뒤흔들 수 있다고 시사한다. 톨베어는 이성애 규범성, 심지어는 동성애 규범성까지도 〈정착민 섹슈얼리티settler sexuality〉라는 구조의 일부라고 말한다. 정착민 섹슈얼리티란 일부일처제, 사유 재산제, 특정 형태의 사회관계에 가치를 부여하고 국가와 연관 짓는 방식을 가리키는데 이는 식민지 시대에 원주민들에게 강요되었으며 현재도 진행 중인 원주민 수탈 절차에 속한다.[136] 따라서 정착민 섹슈얼리티는 식민지를 안정화하고 정상으로 규정짓는 체제의 일부다. 그것은 타인과 〈관계 맺는〉 다른 방식들의 가치 또한 평가절하 하는데 여기에는 우정, 비(非)일부일처제, 땅과의 관계, 인간 이외의 것들과의 관계가 포함된다. 톨베어는 이 예외적 관계 맺기 방식들이 식민지 권력 구조를 대단히 불안정하게 만든다고 주장한다.

우정이 중심인 도시를 상상하는 것은 불가능해 보일지 모른다. 만약 여자들이 애정, 노동, 감정적 지지를 지금보다 조금이라도 더 친구 네트워크에 할애한다면 (남자들이 아는 형태의) 시스템은 무너질 것이고 이는 가족과 국가를 중심에서 상당히 멀리 밀어내므로 급진적 전망으로 간주되기 때문이다. 톨베어는 주장한다.

나는 폭력적인 계급 구조와 사유 재산 개념을 바탕으로 한 정착민 관계가 계속 이대로일 필요는 없다는 급진적 희망을 가지고 있다. (……) 우리는 국가의 현금화가 아니라 서로 보살피는 관계 맺기를 수반하는 서사에 급진적 희망을 품을 수 있다. 어떻게 해야 우리가 이곳에서 함께 잘 살 수 있을까? 국가는 지금껏 우리가 잘 살게끔 돕지 못했고 앞으로도 돕지 못할 것이다.[137]

여자들, 원주민들, 유색인들, 퀴어들, 트랜스젠더들이 체계적으로 평가절하 되어 온 관계에 다시 가치를 부여하고 중심으로 가져오겠다고 고집하면 현상(現狀)은 두렵지만 동시에 끝내주는 방식으로 기울 수밖에 없다. 이것은 여성 친화적 도시를 향한 큰 도약이다. 그 도시는 여자들의 관계를 중요하게 여기고, 핵가족을 중심에 놓지 않으며, 여자들과 소녀들이 마음대로 공간을 차지하고 관계를 맺게 한다.

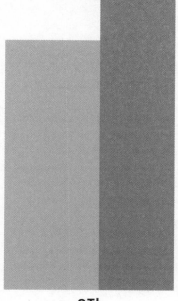

3장

혼자만의 도시

도시는 여자를 홀로 두지 않는다

휴대용 디지털 기기 중독을 개탄하는 사설이나 칼럼 또는 밈이 하루가 멀다 하고 올라온다. 마치 텔레비전이나 비디오 게임이 처음 등장했을 때처럼, 우리가 계속 이런 기기에 몰두한다면 아이들은 반사회적이 되고, 친밀한 관계들은 파국을 맞고, 사람들은 더욱 피상적이고 개인적으로 변할 것이며, 인간 사회를 하나로 결속해 주는 (예의와 사교를 바탕으로 한) 모든 유대가 끊길 거라 경고한다. 도시 사상가들도 이 공포의 열차에 편승했다. 일부 견해에 따르면 스마트폰과 디지털 음악 기기를 비롯한 여러 웨어러블 기기의 사용 때문에 도시 환경이 더욱더 적대적이고 파편화되면서 사람들의 사회생활 참여가 감소하고 있다.

이러한 미래 사회상에 등장하는 도시적 주체가 누구인지 혹은 어떤 신체의 소유자인지가 명확히 제시되는 경우는 없다. 비판자들은 과거에는 도시 거리가 개방적이고 친근했다며 낭만화하는 동시에, 지금도 사람들의 귀에서 이어폰을 잡아 빼기만 한다면 수많은 자발적 상호 작용이 도시 르네상스를 일으킬, 현대판 아고라가 생겨날 거라 믿는다. 어떤 마법의 주문 덕에 성차별, 인종 차별, 가난, 동성애 혐오가 이 시민 참여적 거리에서 완전히 사라졌는지에 대한 설명은 없다. 확실히 이 다채로운 환상은 어떤 사람에겐 휴대폰과 헤드폰이 도시 생존 도구라는 사실을 전혀 고려하지 않는다.

개체 공간

버지니아 울프는 런던의 〈거리 헤매기〉가 〈가장 큰 즐거움〉 가운데 하나였다고 말했다.[138] 조용히 편안하게 도시를 거니는 것, 매력적인 낯선 이들 사이를 부유하는 것은 소중한 취미였다. 그러나 여자들에게 있어서 소요객이 된다는 것은 대단히 걱정스러운 일이다. 홀로 있는 것을 즐기려면 개체 공간personal space을 타인들에게 존중받아야 하는데 그것은 여자들이 거의 누려 본 적 없는 특권이기 때문이다. 이상화된 소요객은, 도시와 한 몸과도 같지만 익명인 동시에 자율적인 도시 군중 속을 자유롭게 들락거린다.[139] 오늘날의 소요객은 도시 거리를 거닐 때 좋아하는 음악을 이어폰으로 크게 틀어서 자신만의 배경 음악을 즐길지도 모른다.

나 또한 도시에서 헤드폰으로 음악 듣기를 좋아하지만 나를 비롯한 많은 여자들에게 헤드폰의 용도는 단순히 즐기기 위한 것만은 아니다. 크기는 작아도 헤드폰은 너무나 일상적이고 거의 항상 달갑지 않은, 남자들의 난입을 차단하는 사회적 장벽을 만든다. 내가 헤드폰 덕에 피하거나 모르고 넘어간 불쾌한 대화나 성희롱이 얼마나 많은지는 영영 알 수 없겠지만 작은 이어폰 한 쌍이 모욕적이고 아주 성차별적인 대화로부터 구해 줬을 법한 경우는 몇 번 기억이 난다.

하루는 노스런던의 펍에서 낮 근무를 마치고 돌아가는데 차에 탄 남자가 나를 손짓해 불렀다. 그의 차가 애매한 곳에 서 있었기 때문에 (그리고 내가 친절한 캐나다인이기 때문에) 나는 그가 길을 물어보려 한다고 추측했다. 그러나 그는 나에게 구강성교를 해주고 싶다고 말했다. 물론 이렇게 점잖은 표현을 쓰진 않았다. 내가 그에게 대꾸를 했는지, 했다면 뭐라고 했는지는 기억나지 않지만 나는 집을 향해 걷는 동안 두려움에 떨며 계속 뒤를 돌아봤다. 그가 아무도 없는 우리 집까지 따라올 수도 있었기 때문이다.

자, 여기 선량한 도시민이 되려 하는 내가 있다. 나는 바텐더 일을 끝마치고 기분 좋게 집으로 돌아가다가 잠시 경로를 이탈했다. 바텐더란 몇 시간 동안 술 취한 남자들과 억지로 수다를 떨어야 하는 직업이다. 따라서 이런 일화는 길거리가 친절한 사람들로 가득했던, 존재한 적 없는 과거를 그리워하는 사람들을 향한 나의 동정심만 줄어들게 할 뿐이다. 많은 사람들은 그런 도시 경험 — 길거리가 친절한 사람들로 가득한 — 을 한 적이 한 번도 없다. 〈누구의 방해도 받지 않고 혼자 있을 수 있는가〉는 성공적인 도시의 중요한 지표다. 신체 접촉이나 말 걸기 등을 통해 여성의 개체 공간을 침해하는 것이 어디까지 용인, 심지어 장려 되는지는 우리가 우연한 만남으로 가득한 사교적인 (그리고 여성 친화적인) 도시로부터 실제로 얼마나 멀리 떨어져 있는지를 알려 주는, 아주 좋은 척도이다.

그리고 최근 「헤드폰 쓴 여자에게 말 거는 법」이라는 글이 SNS에서 화제가 되었을 때 나는 여성 친화적 도시까지 갈 길이 아직도 멀다는 사실에 큰 충격을 받았다.[140] 자칭 〈여자 꼬시기 전문가〉가 쓴 이 글은 2016년 8월부터 인터넷에서 공유되기 시작했고 페미니스트 위주인 내 트위터 타임라인에서는 난리가 났다. 이 사내는 〈정신 나간 페미니스트〉조차도 〈자신감 넘치는 남자가 다가가서 말을 걸면 즉시 마음이 풀려서 친절해질 것〉이니 남자들은 주저 말고 여자한테 헤드폰을 벗어 달라고 〈몇 번이고〉 요청하라고 주장한다. 그는 여자가 겉으로는 어떤 신호를 보내건 속으로는 항상 남자가 자신을 방해해 주길 바란다고 남자 독자들에게 장담한다. 심지어 여자가 그에게 관심 없음을 명확히 표현했을 때조차도 포기하지 말라고 제안한다.

이 글에 대한 SNS상의 즉각적인 비판은 에이미 엘리자베스 힐Amy Elizabeth Hill의 다음 트윗처럼 유머를 동반한 경우가 많았다. 〈나는 지금 한 남자 앞에 서 있는, 헤드폰을 쓴 여자다. 나는 그에게 대화하고 싶지 않으니 얼른 내 앞에서 꺼지라고 말하고 있다.〉(@amyandelizabeth, 2016년 8월 30일) 보다 전통적인 매체를 통해 이 충고가 어떻게 강간 문화를 공고화하는지 날카롭게 분석한 사람들도 있었다. 예를 들어 마사 밀스Martha Mills는 『가디언』에 기고한 글에서 남자가 반복적으로 접근할 때, 우리의 신호가 무시되거나 오독될 때, 우리의 경계가 침범당할 때 여자들이 느끼는 공포감이 증가한다는 사실을 환기했다. 〈이때 내 뇌는 싸우고 있거나 탈출로를 확인하면서 도망치고 있다. 결코 내가 자초하지 않은 상황에서 벗어나기 위해 지금부터 취할 행동에 당신이 얼마나 공격적으로 반응할지를 예측하려 애쓰고 있다.〉 밀스는 계속해서 이 이야기를 강간 문화와 연결 짓는다. 〈이 남자의 충고를 요약하면 이런 뜻이다. 여자들의 거절은 진짜 거절이 아니니까 네가 원하는 걸 얻을 때까지 계속해. 비명은 언젠가는 결국 멈출 거야. 그게 여자들이 원하는 거니까.〉[141]

「헤드폰 쓴 여자에게 말 거는 법」은 공공장소에 혼자서, 혼자 힘으로 존재할 욕구 내지 권리가 여자에게도 있음을 (일부) 남자들이 인정하지 못한다는 사실을 보여 준다. 그 글의 필자와 지지자들은 여자들이 겉으로뿐만 아니라 마음속으로도 남자들의 관심을 끊임없이 갈구하지 않는다는 것을 상상조차 하지 못한다. 이런 상호 작용 하나하나가 모순적이고도 성 편향적인 사회화와 강간 문화의 산물임을 이해할 능력이 그들에겐 없다. 낯선 사람을 조심해라. 하지만 낯선 남자는 늘 친절히 대해라.

이 모순이 드러난 가슴 아픈 사례가 바로 2018년 7월에 있었던 몰리 티베츠Mollie Tibbetts 살인 사건이다. 아이오와주 브루클린의 자택 근처에서 홀로 조깅하던 티베츠는 자기한테 계속해서 말을 거는 남자를 무시하다 살해당했다. 용의자에게는 자신의 접근을 거절하는 여자들을 반복적으로 괴롭힌 전적이 있었던 듯하다. 대부분의 언론 매체는 피고가 불법 체류자라는 사실에 초점을 맞췄지만 페미니스트들은 여자들이 매일같이 직면하는 괴롭힘에 대해 이야기했다. CNN이 〈깜짝 놀랄 만큼 많은 여성이 조깅 중에 괴롭힘을 당한 적이 있다고 말한다〉라는 헤드라인과 함께[142] 『러너스 월드Runner's World』잡지의 기사를[143] 인용 보도하자 여자들은 어이없다는 반응을 보였다. 배우 준 다이앤 레이필June Diane Raphael은 〈누구 기준에서 깜짝 놀랄 만하다는 건가?〉라고 트위터에 올렸다(@MsJuneDiane, 2018년 8월 23일). 자전거 타는 여자들도 네가 뭔데 감히 도로를 차지하냐는 협박에 따라오는 (혹은 그것과 뒤섞인) 성희롱을 증언한다.[144] 이런 유의 괴롭힘은 일상적일 뿐 아니라 위험하기도 하다. 사람들은 흔히 이런 불쾌한 행위를 무시하라고 충고하지만 실제로 그렇게

했을 때는 갑작스럽고 심지어 극단적인 수준의 폭력을 당할 위험에 처하게 된다.

이러한 문화적 환경에서 여자가 홀로 있다는 것은 오래 누려 본 적이 거의 없는 사치다. 우리는 늘 낯선 이가 다가오리란 걸 예상하고 있지만 그 만남이 무해한 것일지 위협적인 것일지 미리 알 방도는 없다. 헤드폰을 쓰는 행위는 여자들이 개체 공간을 주장할 수 있는 방법 중 하나지만 쉽게 무시된다. 여자들의 익명성과 비가시성은 늘 일시적이며 철저히 사수하지 않으면 안된다. 나 역시 친근하고 우연한 사교적 만남의 도시에서 살고 싶다. 그러나 남자들이 나의 자율성과 안전을 존중할 거라는 확신이 들기 전까지는 계속해서 반사회적 이어폰을 낄 것이다.

1인용 테이블

여자 혼자 도시의 공적, 사적 공간을 돌아다니려면 어마어마한 양의 정신 에너지가 필요하다. 「섹스 앤 더 시티」의 한 회차에서는 평소에 늘 당당하던 서맨사가 고급 레스토랑에서 바람맞는다. 그녀는 테이블에 혼자 앉아야 한다는 사실에 모욕감과 수치심을 느끼고 다른 손님들의 불쌍해하는 시선에 위축된다. 바람맞은 데 대한 분노보다 남들의 탐색하는 시선으로 인한 민망함이 더 크다. 혼자 식사하는 남자는 출장 중이거나 그냥 당당한 사람으로 인식될 수 있다. 그가 괴롭힘을 당하거나 동정받을 가능성은 매우 낮다. 반면에 혼자 식사하는 여자는 스스로 너무 튄다고, 구경거리가 되었다고, 불쌍하다고 느낀다. 「섹스 앤 더 시티」에서 작가인 캐리는 왜 이런 현상이 나타날까 생각한다. 그리고 책이나 신문 없이—이 드라마는 스마트폰이 나오기 전에 방송됐다—혼자 외식하기에 도전한다. 실제로는 아무 일도 일어나지 않았지만 그 전에 캐리가 느낀 두려움은 단순히 식사하기 위해 홀로 외출한다는 선택이 얼마나 걱정스러울 수 있는지 보여 준다.

혼자 외출하는 데 따르는 끊임없는 계산과 최종적인 〈다짐〉은 자신의 거주지에서도 충분히 어렵지만 여행을 가면 한층 더 어려워진다. 2015년에 나는 연구 때문에 시카고와 애틀랜타에서 대부분의 시간을 혼자 보내야 했다. 그곳에는 친구도 거의 없었고 연구 관련 회의가 하루 종일 걸리지는 않았기 때문이다. 그래서 하루에 한 번 이상 술집이나 식당에 홀로 들어가는 위험을 무릅써야 했다. 때로는 구글에서 사진과 방문 후기를 찾아보며 사전 준비를 했다. 물론 메뉴와 가격도 궁금했지만 그보다는 평범한 후기에 없는—하지만 어쩌면 있어야 마땅한?—분류에 대한 실마리를 찾고 있었다. 이곳은 여자 혼자 앉아 있기에 편안한 장소인가?

인터넷 검색 다음으로는 답사가 있었다. 그것은 밖을 돌아다니다가 〈우연히〉 좋은 곳을 발견하기 위한 습관이기도 했다. 한

번 답사한 곳에 서너 번 다시 가서 검은 유리나 커튼 너머로 안을 엿볼 때도 있었다. 사람이 많은가? 혼자 온 손님도 있나? 바텐더는 친절해 보이는가? 문을 열고 들어갈 때가 가장 스트레스가 높은 순간이다. 나는 분위기가 마음에 안 들 때 바로 돌아 나올 수 있을 만큼 용감한가? 또는 카운터에 앉을 수 있을 만큼 용감한가? 때로는 안에 들어갈 용기조차 없어서 패스트푸드와 넷플릭스로 만족한 적도 있다. 하지만 도시학자로서 (그리고 제대로 된 식사를 좋아하는 사람으로서) 연구차 혹은 콘퍼런스 참석차 다른 도시에 갈 때마다 호텔 방에 숨어 있을 수만은 없다. 여기서 고백한다. 나는 편안한 분위기의 동네 펍을 발견하면 그곳에 몇 번이고 다시 가는 편이다. 끼니때마다 새로운 곳을 찾아 나서기란 너무 힘들고 스트레스 받는 일이기 때문이다. 이것도 실패한 도시 모험 같긴 하다.

　나는 일과를 마친 뒤에 채식 버거를 어디서 먹을까 같은, 간단해 보이는 선택을 할 때도 불안을 느끼고 의구심을 갖는 사람이 나 혼자가 아니라고 확신한다. 이 불안은 남자나 물리적 폭력에 대한 두려움하고만 관련된 것도 아니다. 오히려 내 사적 경계가 어느 순간에나 존중받을 가능성이 얼마나 되는가에 대한 계산과 관계가 있다. 〈남한테 신경 안 써도 되는 것〉은 여자들이 거의 누리지 못하는 특권이다. 또 무해한 대화가 언제 위협으로 돌변할지 예측할 수 없기 때문에 알아서 스스로를 보호해야 한다. 이런 일상적 현실은 〈멋진〉 도시 생활에 대한 상상을 무너뜨리는, 도시살이의 음울한 단면을 보여 준다.

인기도 있고 영향력도 있는 도시 계획 비평가 제인 제이컵스는 1년 365일 활기차고 시민 공동체가 활발히 활동하기 때문에 사람들이 거리를 편안하게 느끼는 도시 동네에 대해 썼다.[145] 그녀는 낯선 사람 수백만 명 사이에 홀로 있을 때에도 안전하다고 느낄 수 있느냐가 살기 좋은 도시를 판가름하는 궁극적 지표라고 믿었다. 제이컵스는 이러한 시민 참여와 복합적 용도의 거리 사용을 뜻하는 〈거리를 지켜보는 눈eyes on the street〉에 관한 유명한 글을 남겼다. 그것은 국가 감시, CCTV, 순찰이나 괴롭힘을 뜻하지도 않고 성별 표현, 성적 지향, 소수 인종이나 젊은이의 행동을 검열하는 〈눈〉을 의미하지도 않는다. 그러나 〈거리를 지켜보는 눈〉은 낯선 이들 사이에 안전하게 혼자 있는 것을 불가능하게 만드는 감시와 괴롭힘의 강압적인 형태로 이어진 일이 너무나 잦았다.

흑인과 원주민을 비롯한 유색인들은 공공장소에서 일상적으로 의심스러운 눈빛을 받고 왜 그곳에 있냐고 심문당하거나 그보다 심한 일을 겪는 경우도 많다. 2018년 4월에는 필라델피아 스타벅스에서 흑인 남성 두 명이 아무것도 주문하지 않고 앉아 있었다는 이유로 경찰에 체포당했다. 그들은 친구를 기다리고 있었는데 친구가 약속 시간보다 몇 분 늦게 도착했을 때 그들은 이미 수갑을 찬 상태였다. 그들은 경찰서로 끌려가서 아홉 시간 동안 구금되어 있다가 무혐의로 풀려났다.[146] 이들의 체포 과정을 촬영한 동영상이 인터넷에서 공유되면서 대중의 비난이 쏟아지자 스타벅스는 사과했다. 곧이어 작가 테주 콜Teju Cole은 이 사건이 공공장소에 있는 흑인들에게 무엇을 의미하는지 반추하는 글을 페이스북에 올렸다.

우리는 가장 평범한 장소에서도 안전하지 않고, 가장 흔한 상황에서도 평등하지 않다. 우리는 하루아침에 나락으로 떨어질 위험에 늘 노출되어 있다. (……) 이것이 내가 흑인 소요객이 존재할 수 없다고 말하는 이유다. 소요는 백인의 전유물이다. 백인 구역에 있는 흑인은 어디를 가든 대가를 지불해야한다. 카페, 식당, 박물관, 가게. 심지어 자기 집 현관 앞에서도. 이것이 우리가 심리적 지리를 활용할 수밖에 없는 이유다. 우리는 정처 없이 돌아다닐 때도 경계를 늦춰선 안 되며 거기에는 정신적 비용이 따른다. 흑인은 결코 마음을 놓을 수 없다 (테주 콜, 페이스북, 2018년 4월 18일).

이 사건은 공공장소의 흑인들이 직면하는 미묘한 인종 차별의 극단적 형태다. 그렇기 때문에 혼자 있는 것은 끊임없는 경계와 자기 감시를 요구한다. 저널리스트 데즈먼드 콜Desmond Cole은 『토론토 라이프 *Toronto Life*』에 기고한, 경찰에게 〈불심 검문carding〉[147] 당한 경험에 대한 에세이에서 경찰과 일반 시민들의 일상적인 흑인 감시가 초래하는 〈정신적 비용〉에 관해 썼다.

나는 나를 봤을 때 공포나 의심의 반응을 보이는 사람이 늘 존재할 거라는 사실을 받아들이게 됐다. 설사 그것이 불합리한 반응이더라도 말이다. 수년간 경찰의 불필요한 조사에 시달리다 보니 스스로 내 행동을 검열하는 습관을 갖게 됐다. 나는 더 이상 「홀트 렌프루」나 「해리 로즌」 같은 고급 의상점 안을 돌아다니지 않는다. 조심성 많은 직원이 항상 내 뒤를 졸졸 따라다니기 때문이다. 식당에서 현금을 낼 때는 테이블 위에 놓고 가는 대신 직원에게 직접 준다. 그래야 아무도 내가 무전취식을 했다고 비난하지 않을 것이기 때문이다.[148]

이런 예들은 혼자 있는 것을 즐기는 특권이 백인의 특권 안에 포함된다는 사실을 보여 준다. 유색인들은 자기가 사는 도시에서도 침입자나 범죄자가 된 듯한 기분을 느끼고 스타벅스에 앉아 있거나 공중화장실을 이용하는 것 같은 간단한 일을 하려다가도 괴롭힘, 체포, 심지어는 살해당할 위험에 처하곤 한다. 테주 콜이 말했듯이 백인 우월주의하에서 흑인 소요객은 존재할 수 없다.

장애인은 또 다른 방식으로 혼자 있을 권리를 침해당한다. (대개) 선량하지만 무지한 낯선 이들이 동의도 구하지 않은 채 〈도와주겠다〉며 고집을 부리기 때문이다. 여기에는 열에 아홉은 원치 않는 신체 접촉이 따라온다. 예를 들면 멋대로 휠체어를 밀거나 시각 장애인을 안내한다며 팔을 붙잡는 것이다. 휠체어 사용자인 브론윈 버그Bronwyn Berg는 모르는 사람이 갑자기 뒤에서 휠체어를 잡았던 공포스러운 경험을 이야기한다. 그 낯선 사람은 너나이모시(市)의 번화가에서 갑자기 그녀의 휠체어를 밀기 시작했는데 그녀가 도와달라고 외쳤지만 응답한 행인은 아무도 없었다.[149] 시각 장애인 사회 운동가 에이미 캐버나Amy Kavanagh는 흰 지팡이를 사용하기 시작한 뒤로 통근 중에 사람들이 자꾸 자신을 붙잡자 #잡지말고물어보세요 캠페인을 시작했다. 이 행동은 무례할 뿐만 아니라 사고로 이어질 수도 있으며 친절이 아닌 조급함이나 숨겨진 적의의 표현일 수도 있다. 휠체어 사용자 개브리엘 피터스Gabrielle Peters는 택시 기사가 그녀의 휠체어를 급하게 택시 쪽으로 미는 바람에 보도블록 위로 떨어졌던 일을 떠올린다. 버그처럼 캐버나도 사람들이 장애인을 잡기 전에 동의를 구하길, 장애인의 신체 자율권을 존중해 주길 바란다. 버그는 말한다. 〈우리의 보조구는 신체의 일부다. 우리는 마음대로 옮겨도 되는 가구가 아니다.〉[150] 도시 환경이 물리적 장애물로 가득한 것도 이미 그들에겐 충분한 악조건이다. 버그는 낯선 사람이 자신의 휠체어를 잡은 후에 도움을 요청하고 싶었지만 계단 때문에 가게에 들어갈 수도 없었다고 지적한다. 기본적인 사적 경계를 존중해 주지 않으면 장애인이 자기가 원하는 혹은 필요로 하는 방식으로 도시의 공공장소를 마음껏 돌아다니기가 한층 더 어려워진다.

혼자 있을 권리

나는 어렸을 때도, 또 어른이 되고 나서도 친구들과 함께 도시에 있었기에 공간을 차지하고, 정체성을 시험하고, 유별나게 행동하고, 큰 소리로 말하고, 나 자신이 될 수 있었다. 이런 행동을 하는 데는 친구가 너무 중요하다. 여자들은 혼자 있을 때 자신의 몸과 행동을 향한, 원치 않는 관심과 적대적 감시를 피하기 위해 온갖 종류의 자기 검열을 하기 때문이다. 여자 혼자서 공간을 차지하는 것은 여전히 어렵다. 지하철에 탄 여자와 어디서나 볼 수 있는 〈쩍벌남〉의 보디랭귀지 및 자세의 차이를 생각해 봐라. 쩍 벌남이란 자리에 앉을 때 다리를 너무 벌려서 좌석을 한 자리 넘게 차지하거나 주위 사람들로 하여금 몸을 웅크리게 만드는 남자를 말한다. 여자들은, 특히 혼자 있을 때는, 최대한 공간을 차지하지 않도록 사회화된다. 우리의 바람은 눈에 띄지 않는 것이다.

그러나 혼자 있으려는 것의 목적이 괴롭힘을 피하기 위해서만은 아니다. 홀로 거리를 걷거나 사람 많은 카페에 앉아 있는 것은 특히 여자들에게 꿀맛 같은 시간이다. 나는 엄마가 되고 나서 가끔 혼자 외출했을 때 이것을 실감했다. 내 주위를 온통 사람들이 둘러싸고 있었지만 내게 감정 노동을 요구할 권리는 그중 누구에게도 없었다. 몇 명은 되레 나를 돌봐 주기까지 했다. 커피를 내오고, 테이블을 치워 줬다. 밖에 나가서 내가 어떤 방식으로든 아이의 칭얼거림이나 쉴 새 없는 질문에 대꾸하지 않아도 된다는 사실을 깨닫는 것은 즐거웠다. 도시에서 외출해서 혼자 있는 것은 여자들에게 너무나 소중한 시간인지도 모른다. 집에서는 늘 뭔가를 요구받기 때문이다.

육아, 가사, 살림, 인간관계, 반려동물 등과 관련된 성 역할은 가정이 여자들이 혼자 있을 수 있는 장소가 아니라는 사실을 의미한다. 다른 엄마들처럼 나도 화장실에서 볼일을 보거나 샤워를 하다 방해받은 적이 많다. 이렇게 가장 사적인 공간에서조차도 방해받는 것이 당연시된다. 그래서 온 가족이 잠든 후에 깨어 있느라 수면이 부족한 엄마들이 놀랄 만큼 많다. 어린 자녀 셋을 둔 어느 남자 블로거는 자기 아내가 필요 이상으로 피곤해하는 이유가 혼자 있을 수 있는 유일한 시간이 늦은 밤이기 때문임을 깨달았다는 이야기를 올렸다. 그녀는 남편에게, 자신은 아이들이 끊임없이 만지고 떠들고 요구해서 〈감각 과부하〉 상태라고 말한다. 아이들이 잠들고 나면 남편과 시간을 보내지만 남편이 잠들기 전까지는 완전히 혼자 있을 수 있는 시간이 전무하다. 그녀는 잠을 몇 시간 더 자느니 혼자 있는 시간을 즐기는 편을 택할 것이다.[151] 그리고 많은 엄마들은 혼자 있는 시간을 보장받을 수 있는 유일한 방법이 집에서 나가는 것임을 발견한다.

카페나 바, 혹은 공원 벤치에 앉아서 소설책이나 잡지를 꺼내는 것은 대단히 즐거운 일이다. 특히 집이나 직장에서 탈출했을 경우에는 더욱더 그렇다. 공공장소에서 혼자 일하는 것도 때로는 선물처럼 느껴진다. 장소와 배경 소음이 달라지는 것만으로도 글 쓰고 편집하고 연구 계획을 세울 때 생산성이 향상한다. 심지어 학생들 보고서에 점수를 매기는 일도 덜 지루하게 느껴질 수 있다. 내가 만약 도시에 살았다면 아마 좋아하는 카페를 전전하면서 이 책을 썼을 것이다.

가정의 요구에서 해방될 수 있는 시간이 거의 없고 가사 및 돌봄 노동이 여성에게만 편중되어 과부하가 일어나다 보면 방해받는 것이 더욱 짜증 나게 느껴진다. 나는 내가 공공장소에 앉아서 책을 읽으면 결국 내가 뭘 읽는지 궁금해하는 남자가 나타나리라는 걸 알고 있다. 물론 내가 남자와 함께 공부하거나 글을 쓰기 위해 앉아 있을 때는 아무도 방해하지 않는다. 문제는 이거다. 혼자 있는 여자는 남자들이 언제든 방해해도 되는 존재로 여겨진다. 이 사실은 여자가 남자의 소유물이라는 인식에서 기인한다. 공공장소에 있는 여자가 남성 동반자나 결혼반지 ─ 물론 동성

배우자의 존재를 상징할 수도 있는 — 같은 확실한 표지에 의해 임자 있는 재산임이 표시되지 않으면 만만한 대상이 된다. 여자들은 본능적으로 안다, 원치 않는 남자의 접근을 가장 빨리 차단하는 방법은 남자 친구나 남편이 있다고 말하는 거란 사실을. 남자들은 여자의 거절보다 다른 남자의 재산권을 훨씬 더 존중하기 때문이다.

앞서 도시가 〈돌로 쓴 가부장제〉라고 상정했던 제인 다크는 여자들이 도시에서는 자신이 기껏해야 〈방문객〉에 불과하다고 느낄 수밖에 없다고 말한다. 도시가 사실상 남자의 영역이라서 여자가 〈특정한 방식으로 행동〉하지 않으면 침입자처럼 보일 수 있다는 사실을 알기 때문이다. 다크는 행인들이 흔히 〈인상 좀 펴, 아가씨!〉라고 외치는 대상은 오직 여자뿐이라는 사실을, 말하기도 지친다는 듯 지적한다.[152] 나 또한 도시에서 볼일을 보다가 남자들로부터 〈웃어요!〉라는 명령(?)을 들은 적이 수없이 많다. 내가 남자들의 무례한 행동을 지적했을 때는 외려 더 〈조신하게〉 굴라는 꾸짖음을 당했다. 미소를 지음으로써 내가 친절하고 순종적이고 남자들의 비위를 맞추기 위해 열심임을 증명하지 않으면 나는 쌍년 아니면 재수 없는 년 아니면 레즈비언이 된다. 남자가 여자한테 웃으라고 말하는 것은 성차별이 아니라고 말하는 사람이 있을 수도 있다. 하지만 길거리에서 다른 남자한테 웃으라고 말하는 남자를 상상할 수 있는가?

에린 윙커는 『웃어넘기지 않는다』를 다음과 같은 선언으로 시작한다. 〈나는 밥맛없는 무표정의 소유자다.〉[153] 그녀는 웃으라는 말을 들을 때마다 자동 반사처럼 지어지는 자신의 썩소를 유감스럽게 생각한다. 그것은 가부장제하에서 연마되고, 강간 문화 안에서 다듬어진 반사 작용이다. 우리 중 다수의 이 〈미소〉 반사는 결국 진정한 갑분싸인 〈퍽큐〉 반사로 변하게 된다. 웃고 있지 않은 여자는 생각에 잠긴 여자, 자기만의 계획이 있는 여자, 순전히 남자들을 기쁘게 하기 위해 또는 남성적 시선의 대상이 되기 위해 있는 것이 아닌 여자다. 특정한 여성성의 기준을 따르지 않는, 여자 또는 논바이너리 또는 젠더플루이드*는 이성애자 남성을 기쁘게 하거나 그들의 요구를 들어주기 위해 있는 사람이 아니다. 그래서 그들은 위협이다. 그들은 소유물이 아니며 재산처럼 행동하지 않는다.

공공장소의 여자

여자는 재산이라는 인식과 도시의 공공장소에 혼자 있는 여자에게 가해지는 제재에는 기나긴 역사가 있다. 엘리자베스 윌슨이 빅토리아 시대 런던 거리에서 여자들의 가시성이 증가한 것을 둘러싼 도덕적 공황에 대해 이야기한다. 〈공공의 여자public woman〉라는 표현은 물론 성 노동자를 뜻하는 오랜 완곡어다. 지

* gender-fluid. 성별이 하나로 정해져 있지 않고 유동적인 사람.

체 높은 여자가 혹여 가난한 여자나 성 노동자로 오인될 수 있다는 생각은 많은 이의 불안과 초조를 불러일으켰고 여자가 남편, 남자 형제, 아버지, 나이 지긋한 여성 같은 보호자를 동반해야 할 필요성을 재천명하는 원인이 되었다.[154]

도시 여자들의 독립을 향한 열망이 증가하면서 1870년대에는 파리에서 백화점 시대가 막을 열었다. 백화점은 그야말로 여자들을 위해 설계된 품위 있는 공공장소였다. 여자들이 거리의 불미스러운 요소와 접촉하는 것을 제한하는 동시에 그들이 그토록 열심히 추구했던 자유를 어느 정도 허용했다. 에밀 졸라Émile Zola의 1883년 소설 『여인들의 행복 백화점Au Bonheur des dames』은 세계 최초의 백화점을 모델로 창조한 허구의 백화점 이면에서 일어나는 사건들을 엿본다.[155] 여자 판매원들의 작당 모의, 사장의 연애 사업, 소상공인들과의 경쟁 및 갈등 속에서 졸라의 책은 소비를 위한 구경거리가 어떻게 여자들의 감각을 즐겁게 하도록 고안되었는지 보여 준다. 즉 쇼핑의 공간은 (적어도 서양에서는) 여자들이 공공장소를 차지하는 것을 허락받은 최초의 공간 중 하나였다.

페미니스트 지리학자 리즈 본디와 모나 도모시Mona Domosh는 중산층 관광객인 소피 홀Sophie Hall의 일기를 토대로 19세기 중반 뉴욕의 도시 공간이 어떻게 성 편향적으로 패턴화되어 있었는지를 분석한다.[156] 비록 낮에 활동할 때도 늘 여자 친구를 동반하긴 했지만 소피의 자세한 방문 기록을 살펴보면 도시의 구역들이 백인 여성에게는 어느 정도의 자유를 허락하게끔 구획되어 있었음을 알 수 있다. 예를 들어 브로드웨이와 6로 사이, 웨스트 10가와 웨스트23가 사이를 중심으로 형성된 〈레이디스 마일〉은 〈뉴욕을 대표하는 새로운 상점가〉로서 〈적절하게 여성스러운〉 것으로 간주되는 공공장소였다. 또 박물관과 미술관이 위치한 구역들 역시 소피의 여행 코스에 포함되었다. 왜냐하면 이 모든 것이 〈빅토리아 시대의 사회적 기준에 부합하는〉 활동들이었고 〈여자들에게 안전하고 적절하게끔 패턴화된〉 장소들이었기 때문이다.[157]

19세기 말의 산업 질서는 생산 및 노동뿐 아니라 소비 가치에 대한 헌신도 요구했다. 〈별개 영역〉*이라는 성 규범에 따르면 생산은 남자들의 세계에, 소비는 여자들의 세계에 알맞았다. 그러나 여자가 소비 활동에 적극적으로 참여한다는 것은 여자에게 적절한 공간이 집으로 한정된다는 믿음에 위배되었고 남성적인 도시 공간에도 여성의 출입을 허용해야 함을 의미했다. 그리하여 결국은 빅토리아 시대의 규범을 지나치게 위반하지 않기 위해 〈19세기 도시 내에 《여성화된》 소비자 공간을 개발하는 것으로 중도 타협 되었다. 여자들이 남성적 도시의 거리로 나와야 한

---

* 남자는 공공장소, 정치, 유급 노동 같은 공적 영역에 속하고 여자는 집, 가사, 육아 같은 사적 영역에 속한다는 이분법.

다면 그 거리와 가게는 반드시 《여성적》으로 설계되어야만 했다).[158] 중요한 것은 부르주아 백인 여성들의 정체성이 이 적절히 여성적인 공간 안에서(라도) 가시성을 획득함으로써 안전하게 강화될 수 있었다는 것이다.

이 소비 공간들은 여러 면에서 집과 가정이라는 여성의 영역과 관련이 있었기 때문에 여자들에게 개방되었다. 여자들은 옷, 실내 장식품, 미술품을 구입함으로써 가정 돌보미라는 자신의 역할을 충족했다. 그래서 오늘날까지도 이런 공공장소에 혼자 있는 여자는 집에 제대로 〈매여 있다〉. 그녀가 자신을 위한 쇼핑을 하거나 〈자기 관리〉에 빠져 있더라도 그녀가 혼자 있다는 사실은 성 질서를 어지럽히지 않는다. 몸, 절친, 자기 관리, 예술은 여성의 영역에 속한다.

적절한 여성성에 대한 기준은 빅토리아 시대 이래 어느 정도 느슨해진 반면, 여자가 스스로 〈어울리지 않는다〉는 느낌 없이 편안하게 혼자 있을 수 있는 장소의 범위는 그리 달라지지 않았다. 오늘날의 여성들은 공공장소에서 먹거나 마실 수도 없었던 소피 홀만큼 제약을 받지는 않지만 여전히 소비, 문화, 오락과 관련된 공간들이 여자의 공생활에 가장 적절한 장소로 간주된다. 예전에 토론토의 아파트 개발에 관한 연구를 했을 때 성 편향적 이미지화의 관점에서 아파트 광고 수백 개를 분석했는데 출근하는 여자의 이미지보다 쇼핑하고 먹고 마시고 친구 만나는 여자의 이미지가 훨씬 많았다. 그리고 다수의 광고에서 「섹스 앤 더 시티」의 느낌이 강하게 났다. 여자가 도시 생활에서 느끼는 즐거움은 1년 365일 토론토 중심가나 그 밖의 〈한창 뜨는〉 동네에서 여가나 소비를 즐길 수 있는가와 관련된 것처럼 묘사되었다.[159]

본디와 도모시는 1879년에 소피 홀이 뉴욕 여행에서 경험한 자유와 제약을 1991년에 본디가 인터뷰한, 에딘버러 출신 백인 중산층 이혼 여성인 모이라 맥도널드Moira MacDonald의 경험과 비교한다. 모이라는 전문직에 종사하고, 집도 있고, 젠트리피케이션이 진행 중인 멋진 동네에 혼자 살지만 도시의 공공장소에 마음 편히 드나들 수 없다고 느낀다. 또 직장과 가정에서의 성평등은 강력히 이루어져야 한다고 믿으면서도 (공원처럼) 보안 인력이 없는 도시 공간들이 〈적대적 남성성으로 가득해서〉 여자 혼자 있기에 안전한 곳이 아니라는 성 편향적 규범에 대해서는 아무런 의문도 품지 않는다.[160] 모이라도 소피도 자신이 성 편향적 연약함의 기준에 맞춰 행동해야 한다고 믿는다.

오늘날 이런 공간 안에서 여자가 남자처럼 움직일 자유는 분명 늘어났지만 — 물론 사회 계급과 인종에 따라 차이는 있지만 — 이 〈허가받은〉 공간 밖에서 혼자 있었다간 원치 않는 관심과 폭력의 위협에 노출된다는 사실을 여자들은 똑똑히 알고 있다. 본디와 도모시가 지적하듯 〈20세기 말 서구 도시의 공공장소는〉 19세기의 쇼핑 공간이 그랬던 것처럼 〈중산층 여성의 정체성이 보호, 육성 되는 환경을 만들기 위해 관리되는 상업적 소비 행위의 공간이다〉.[161] 이 같은 사실들로 미루어 볼 때 현대 도시 생활이 여자들에게 제공하는 자유는 여전히 여성에게 적절한 도시 공간 및 역할에 대한 성 편향적 규범의 제약을 받는다는 것을 알 수 있다.

도시 공간의 여성화는 지금도 계속되고 있다. 북반구 도시들이 제조업 기반 경제에서 지식 산업 및 서비스업 기반 경제 —즉 후기 산업 경제 —로 이행함에 따라 도시의 남성적 특징들 또한 달라졌다. 한때 여성의 출입을 금하거나 남자석, 여자석이 분리되어 있던 펍 같은 공간들은 여성 손님을 끌기 위해 남성적 요소를 많이 〈완화〉했다. 캐나다의 「팀 호턴스」 같은 도넛 가게나 맥도날드 같은 패스트푸드점도 트럭 운전사보다는 가족 단위 고객에게 알맞은 아늑하고 카페 같은 분위기로 바꿨다.[162] 색채 구성, 실내 장식, 상호, 가구, 메뉴(여성을 위한 샐러드) 교체를 통해 여성들이 더 편안하고 안전하다고 느낄 법한 분위기로 바꾸는 것이다. 지리학자들은 이런 변화를 젠트리피케이션과 연관 짓는다. 노동 계급이 주로 이용하는 스포츠 바*와 싸구려 식당은 문을 닫고 〈더 힙하고〉 남성적 특성이 제거된, 백인 중산층을 겨냥한 공간들이 문을 열었기 때문이다.

예전에 살던 동네(더 정크션)에서 나는 한때 그 지역을 지배했

* 스포츠 경기를 보면서 술을 마시는 바.

던, 전통적으로 남성적인 공간과 극명한 대조를 이루는 여성적인 공간이 증가함에 따라 과거 노동 계급의 구역이었던 곳에서 젠트리피케이션이 일어나는 것을 직접 목격했다. 대부분이 남성인 노동 계급 손님의 취향에 맞는, 지저분한 싸구려 식당과 포르노 숍, 전당포, 술집이 차츰 요가 교실, 네일 살롱, 카페, 유기농 식품점으로 대체되었다.[163]

2000년대 초, 더 정크션에 처음 이사 왔을 때 던더스가(街)에는 내가 과감히 혼자 들어가서 커피나 술을 한잔할 수 있는 곳이 거의 없었다. 위험했기 때문이 아니라 젊은 여자의 취향에 맞지 않았기 때문이다. 그건 괜찮다. 동네가 꼭 내 구미에 맞아야 할 이유는 없으니까. 그런데 더 정크션은 도시와 동네가 어떻게 여자들의 편안, 즐거움, 안전을 성공적인 재활성화의 표지로 활용하는가의 흥미로운 예다. 사실 여자들이 어떤 장소에서 편안함을 느끼지 못한다는 말은 여러 가지 문제적 개입 — 중산층 백인 여성의 편안을 추구하다가, 이를테면 노숙자나 유색인을 더욱 위험하게 만드는 — 을 정당화하기 위한 핑계로 사용될 수 있다. 더 정크션에서 이런 여성화의 첫 번째 징후는 간단한 어린이 놀이 시설을 갖춘, 「더 눅」이라는 자그마한 커피숍의 개장이었다.

더 눅은 도시 사회학자들이 〈제3의 장소〉*라 부르는 것의 확실

* third place. 미국의 도시 사회학자 레이 올든버그Ray Oldenburg가 만든 개념으로 제1의 장소는 집, 제2의 장소는 직장과 학교다.

한 예였다.[164] 제3의 장소란 집도 아니고 직장도 아니지만 지역 사회에 반드시 필요한, 비공식적인 모임 공간을 말한다. 캐나다의 도시 거주자들이 스타벅스나 「세컨드 컵」 같은 스페셜티 커피 숍 체인을 도시 공간으로서 활용하는 방식에 대해 스스로 어떻게 생각하는가에 관한 논문에서 사회학자 소니아 북먼Sonia Bookman은, 어떤 소비자들은 이 카페들을 〈집 밖의 집〉이라 부른다고 말한다.[165] 여러 가지 푹신한 가구, 벽난로, 책꽂이, 은밀한 대화를 위한 작은 테이블, 전반적으로 환대하는 분위기를 갖춘 이 카페들은 많은 이에게 준공공의 집 같은 장소다. 그렇다면 이런 카페들이 여자 혼자 가도 환영받고, 편안하고, 상당히 안전하다고 느끼는 장소라는 사실은 놀랍지 않을지도 모른다. 〈제3의 장소〉로서 카페들은 사람들이 혼자면서 동시에 함께 있을 수 있는 환경(과 브랜드)을 세심하게 조성한다. 여성이 공공장소에 혼자 있는 것에 오랫동안 제재가 가해져 왔음을 고려할 때 커피 숍은 여자들이 상대적으로 안전하게 군중 속에 익명으로 있기, 사람 구경하기, 공간 차지하기, 사람들에게 둘러싸인 채 홀로 생각에 잠기기와 같은, 도시 생활의 정신적 즐거움을 체험할 수 있는 곳이다.

더 눅처럼 〈여성화된〉, 반은 공공장소 같고 반은 집 같은 공간의 증가와 (피할 수 없는?) 스타벅스의 상륙은 젠트리피케이션의 명백한 징후였다. 내가 피했던 공간들 ─ 차 위에 걸터앉아서 담배 피우는 남자들이 주차장을 가득 메웠던 도넛 가게, 지저분한 싸구려 식당, 스포츠 바 — 도 하나둘 문을 닫기 시작했다. 값비싼 유모차를 미는 부모들이 더러운 인도 위를 느긋하게 걸어다녔고 부동산 개발업자들이 성숙된 시장을 새로이 발견하면서 동네가 공사 소음으로 가득 찼다. 이러한 변화는 나 같은 여자들의 취향과 바람에 맞게 이루어졌다. 그리고 도시 공간의 계급 변동과 도시 공간을 여자들에게 더 안전하게 만드는 것 사이에 연관성이 있다는 사실은 부동산 개발업자, 도시 계획가를 비롯한 〈재활성화〉 지지자들에게 이미 상식이 된 듯했다. 물론 그 중심에 위치한 여성의 이미지는 모든 여성이 아니라 백인 비장애인 중산층 시스젠더 여성으로 한정되었다.

이러한 비전의 한계는 구세군의 「이밴절린 여성 보호 센터 Evangeline Women's Shelter」에 단기간 혹은 그보다 오래 머물렀던 여자들의 경험을 통해 분명해졌다. 이 여자들은 해당 구역이 재활성화되는 도중에도 심각하고 만성적인 가난을 겪는다.[166] 젠트리피케이션이 잠식해 들어올수록 그들의 존재는 이 동네의 거리에 점점 더 어울리지 않게 된다. 센터 규칙상 하루 종일 안에 머물 수 없어 자주 바깥에 혼자 있어야 하는 이 여자들은 군중 속에 홀로 있는 즐거움을 쉬이 경험하지 못한다. 사람 구경을 즐기는 것이 아니라 본인이 끊임없이 관찰당하기 때문이다. 그들의 겉모습, 습관, 가끔씩 보이는 정신 질환의 표출에 의해 그들에게는

〈타자〉라는 표지가 붙는다. 이벤절린 여성 보호 센터가 수년 전부터 그곳에 있었고 더 정크션이 빈민, 노동자, 장애인을 비롯한 〈남들과는 좀 다른〉 사람들의 동네였던 세월이 그토록 긴데도 말이다.

보호 센터 거주자가 공공장소에 혼자 있는 단순한 행위를 더욱 어렵게 만든 사례 중 하나는 센터와 이웃한 카페가 바깥에 두었던 벤치를 철거한 일이었다. 센터 거주자들이 거기에 앉아서 담배를 피운다고 고객들이 항의했기 때문이다. 카페 사장은 명절에 음식을 나눠 줄 정도로 센터에 우호적인 사람이었지만 공간을 〈깨끗이 치워 달라〉는 단골들의 압력을 견디지 못했다.[167] 그 결과 여자들이 공공장소에서 안전하게 혼자 있을 수 있는 장소 하나가 사라졌다. 또 다른 사례들을 보면 젠트리피케이션을 통한 이득을 논하는 온라인 토론방에서는 센터 거주자들의 트라우마나 정신 질환의 징후가 고약한 공격의 대상이 되었다. 〈괴물 쇼freak show〉 같은 표현에는 늘 사회 규범에 맞게 행동하지는 않는 여자들을 향한 적개심이 담겨 있다. 이 사례들은 일부 여자들이 공공장소에 혼자 있을 수 있는 자유가 늘어난 만큼 나머지 여자들에 대한 감시와 안전한 공간의 제거가 동시에 증가했음을 상기시킨다.

화장실 이야기

극심한 감시 및 사용 제한이 존재해 온 공간 중 하나는 공중화장실 또는 민간 개방 화장실이다. 도시의 공공장소라고 했을 때 화장실을 떠올리는 경우는 드물지만 사실은 이것이야말로 문제의 핵심이다. 우리가 가장 절박하게, 때로는 급박하게 혼자 있고 싶고 또 자주 혼자 있어야만 하는 공간인 화장실은—또는 화장실의 부재는—안전, 접근성, 젠더, 성적 지향, 계급, 노숙, 인종 등과 관련된 각종 문제를 초래한다.

다른 많은 문제들이 그랬던 것처럼 내가 화장실 접근성을 도시 문제로 인식하게 된 계기는 아기를, 나중에는 배변 훈련을 시작한 아이를 데리고 외출했을 때였다. 나는 급하게 기저귀를 갈아야 하거나 수유를 해야 할 때 위생이나 시설의 수준으로 보아 백화점이 가장 좋은 곳임을 금방 깨달았다. 매번 엄마들에게 가장 편리하게 짓지는 않지만 적어도 여자들의 편안을 염두에 두고 지은 공간인 백화점은 화장실이 넓고, 칸이 많고, 엘리베이터나 에스컬레이터로 갈 수 있고, 수유할 수 있는 의자가 있고, 기저귀 교환대가 있고, 유모차를 밖에 놔둬도 안전한 곳일 가능성이 높은 공간이다. 특히 갑자기 아기 옷이 더러워졌을 때 똥 묻은 우주복을 갈아입힐 옷을 금방 살 수 있는 곳이기도 하다. 사실 백화점은 내가 아이와 함께 있든 있지 않든 언제나 안심하고 〈갈〉수 있는 곳이다. 그런데 불행히도 도시의 백화점과 백화점의 편안하고 접근성 높은 화장실은 사라져 가고 있다.

　백화점이라는 상당히 편안한 세계 밖에서 갈 만한 곳을 찾는 것은 암울한 일이다. 『갈 데가 없다 *No Place to Go: How Public Toilets Fail Our Private Needs*』에서 저널리스트 겸 작가인 레즐리 로Lezlie Lowe는 묻는다. 〈공중화장실은 왜 그렇게 거지 같은가?〉[168] 자신이 직접 가 본 문 잠긴, 가파른 계단 밑에 있는, 더러운, 위험한, 중심가와 번화가에서 멀리 떨어진 〈공중〉화장실들을 회상하며 로는 도시가 공중화장실을 우선시해 온 또는 우선시하지 않아 온 역사와 그 이유를 조사한다. 빅토리아 시대에 급성장한 도시들은 공중화장실의 필요성을 인식했다고 로는 지적한다. 그러나 여성, 아동, 장애인에게 필요한 바를 배려하지는 않았다. 시간이 흐를수록 도시는 화장실을 백화점, 정부 부설 기관, 카페 등 민간 혹은 준민간 주체에 점점 더 의지하게 되었다. 그러나 다들 알다시피 이런 공간은 누구나에게 개방된 경우가 거의 없고 보안원이나 정산 기계, 비밀번호를 통해, 출입 가능한 사람과 허용되는 행위를 제한할 수 있다. 흑인 고객 두 명이 스타벅스에서 겪은 시련은 분명 그들이 아무런 주문도 하지 않은 상태에서 화장실 열쇠를 달라고 했을 때 시작되었음이 틀림없다. 가장 기본적이고 보편적인 인간 욕구 중 하나를 해소하기 위한 공간에 들어가는 데 허락을 구해야만 한다는 사실이 하마터면 두 사람이 죽거나 다칠 뻔한 상황을 초래했다.

화장실의 필요성 및 접근성 역시 대단히 성 편향적인 문제다. 이 문제들 중 일부는 서로 다른 성별을 가진 사람들의 화장실 사용법이 여러 가지 생물학적, 문화적 요소에 의해 복합적으로 결정되기 때문에 일어난다. 대부분의 여성은 용변을 보는 데 남성보다 오래 걸리고, 정기적으로 생리를 하며, 옷을 아예 벗어서 걸어 놓거나 옷매무시를 대대적으로 손봐야 한다. 우리는 휴지, 외투와 핸드백을 걸 자리, 문 달린 칸을 남자보다 더 많이 필요로 하고 아기, 아이, 장애인, 노인의 화장실 사용을 도울 가능성이 높다. 그러나 로가 지적하듯 대부분의 공중화장실은 이러한 필요들을 인식하지도 충족하지도 못한다.

이 문제의 원인 중 하나는 대부분의 건축가와 도시 계획가가 남자 — 여자들이 화장실에서 무엇을 원하는지 혹은 필요로 하는지 고려하지 않는 — 라는 사실이다. 또 〈화장실 문제〉, 특히 생리에 관해 이야기하는 것과 관련된 터부 때문이기도 하다. 〈(대부분이) 시스젠더 남성인, 공공건물과 공공장소에 공중화장실을 설계해서 설치하는 사람들은〉 생리에 대해 〈거의 완벽하게 무지하다〉라고 로는 말한다.[169] 하지만 피, 생리용품, 생리와 관련된 기본적인 처리를 위한 깨끗하고 편안한 장소의 필요성에 대해 이야기하고 싶어 하는 사람은 아무도 없다. 생리 중에는 화장실 사용이 더 오래 걸리고, 소변이 더 자주 마렵고, 생리통 때문에 갑자기 큰 볼일을 봐야 할 수도 있고, 생리혈이 새면 즉시 해결해야 한다는 사실을 인정하고 싶어 하는 사람도 아무도 없다. 트랜스젠더 남성 중 일부도 생리 관련 용품 및 시설을 필요로 할 수 있다는 사실을 인정하고 싶어 하는 사람도 아무도 없다. 생리대 및 탐폰 구입비뿐 아니라 도시에서 자유롭게 출입할 수 있는 화장실 부족을 언급함으로써 노숙인 여성을 돕고 싶어 하는 사람도 아무도 없다(그러나 캐나다의 한 대형 드러그스토어 체인은 곧 어려운 여성들을 위한 무료 생리용품을 제공하기 시작할 예정이다).

전 세계 여성들은 공평하고 적절한 화장실 접근권을 요구해 왔다. 영국의 클래라 그리드Clara Greed와 수전 커닝햄Susan Cunningham, 캐나다의 조앤 커엑Joan Kuyek은 정부, 도시 계획가들, 건축업자들, 건축가들이 화장실 접근권을 안건으로 삼게끔 압력을 가한 공로로 〈화장실 아가씨들〉이라는 별명을 얻었다. 인도 뉴델리시(市) 빈민촌의 여성 지도자들은 위생 시설이 지역 정부의 우선 과제가 되어야 한다고 주장하며 여자들이 유일하게 사용 가능한 시설인 공중화장실을 이용하기 위해 줄을 설 때마다 20분 이상 기다려야 한다는 사실을 지적한다. 인도 전국으로 범위를 넓혀 봐도 화장실 접근권은 성폭력과 싸우는 여성 운동의 핵심 과제다. 2014년 밤에 용변을 보러 들판에 나갔던 두 소녀가 잔인하게 강간 살해 당한 사건은 전국적인 시위를 촉발했고 오랫동안 지속되어 온 문제에 세계적 관심을 불러일으켰다. 여성을 위한 안전한 시설이 부족하기 때문에 그들이 더 큰 폭력의 위험에 노출된다는 것이다. 샤밀라 머시Sharmila Murthy가 설명한다.

전 세계적으로 적절한 위생 시설에 대한 접근권이 없는 사람은 약 25억 명에 달하는데 이 중 최다수가 인도인이다. (……) 시골 마을이나 도시 빈민가에 거주하는 가난한 여자들은 해가 질 때까지 기다리고, 화장실 가는 횟수를 줄이기 위해 음식과 음료의 섭취를 줄인다. 여학생들은 특히 생리가 시작된 후일수록 화장실이 없다는 이유로 학교에 가지 않는 경우가 많다. 매일 2,200여 명의 아이들이 위생 시설 부족과 열악한 위생 수준 때문에 설사병으로 사망하는데 이는 아이의 어머니이자 양육자인 여성들에게도 영향을 끼친다. 마지막으로 소변이나 대변을 보기 위해 밤이 될 때까지 기다리는 것은 비인간적일 뿐 아니라 여성을 성폭력에 취약하게 만든다.[170]

국제 연합은 위생 시설을 여권 문제이자 인권 문제로 인식해 왔지만 이 특정한 발전 목표에서 진척된 바는 거의 없다.

트랜스젠더들은 직장, 학교, 공공건물의 위생 시설을 사용할 때 배제, 위험, 폭력을 자주 직면한다는 이유로 화장실 개선 운동의 최전선으로 떠밀려 왔다.[171] 〈만약 지금 공중화장실에서 혁명이 일어나고 있다면 그 주체는 트랜스젠더 집단이다〉라고 로는 말한다.[172] 장애인권 운동가들은 화장실의 물리적 형태를 변화시키는 데 성공하여 모든 신축 건물에 장애인용 화장실, 세면대, 문을 의무적으로 설치하게 된 반면 트랜스젠더들은 여전히 싸움의 최전선에 서 있다. 그들이 요구하는 것은 남녀 분리 화장실의 부분적 통합과 모든 젠더가 사용 가능한/성 중립 1인용 화장실의 증가다.

1990년대 우리 대학교 기숙사는 모든 화장실과 샤워실이 남녀 공용이었다. 남학생이 팬티 차림으로 어슬렁거리며 세면대 앞에 나타나거나 샤워실에서 나오는 광경에 익숙해지는 데는 하루 이틀이면 충분했다. 실제로 발생했던 몇 안 되는 문제는 성차 때문이라고 보기 어려웠다. 예를 들어 연휴 긴 주말에 변기 〈바로 옆〉 바닥에 똥을 싼 범인의 성별은 영영 밝혀지지 않았다. 그러나 이런 유의 완전 통합 시설은 지금도 극히 드물다. 남녀로 분리된 화장실이 표준이며 각 공간에 들어오는 사람에 대한 공식적, 비공식적 검열은 트랜스젠더뿐 아니라 논바이너리, 젠더플루이드가 기본적인 욕구를 해소하려 할 때도 스트레스, 공포, 괴롭힘과 폭력의 위험을 느껴야 함을 의미한다. 여자들을 훔쳐보거나 공격하기 위해 여자 화장실에 들어가려고 여자 옷을 입는 시스젠더 남자의 유령은 남녀 분리 화장실을 사용하는 사람의 성기를 검열하는 행위를 정당화하기 위한 변태적 핑계로 이용되어 왔다. 만약 여자를 성폭행하려는 시스젠더 남성들이 남들 눈에 여자로 보일 만큼 공들여 여장을 해야만 했다면 성폭행이 지금보다 훨씬 적었을 것이다. 나는 실재하는 폭력을 축소하려는 것이 아니다. 더 정확히 말하면 〈가짜〉 트랜스젠더 여성에 대한 공포는 순전히 트랜스젠더 혐오에서 기원하며 (시스젠더든 트랜스젠더든) 여자들이 일상적으로 경험하는 실제 폭력에 대한 우려에서 기원하지는 않는다고 생각한다.

대학교 캠퍼스 같은 일부 공공 기관이나 민간 개방 화장실을 가진 상점들이 한 칸짜리 성 중립 화장실을 만들기 시작한 것은 확실히 타당한 움직임이며 새로운 표지판과 생리용품 쓰레기통 설치에 필요한 비용 외에는 별다른 재원을 필요로 하지 않는다. 반면에 모든 화장실을 1인용으로 바꾸는 것은 많은 비용이 들 뿐 아니라 공간 관점에서 비효율적이다. 만약 그렇게 바꾼다면 대기 줄이 길어질 뿐 아니라 비장애인보다 빨리 화장실에 들어가야 하는 장애인에게 불리해질 것이다. 모든 화장실을 성 중립으로 바꾸는 것은 종교적 제약이 있는 사람들에게도 문제가 될 수 있다. 한마디로 화장실의 물리적 형태를 바꾸는 데 있어서 완벽한 한 가지 해결책은 없다. 다른 많은 문제의 경우처럼 사회적 변화 또한 필요하다. 1인용 화장실을 설치한다고 해서 트랜스젠더 혐오나 젠더 기반 폭력이 사라지진 않기 때문이다. 그러나 다른 한편으로는 모든 젠더, 장애, 계급의 사람들을 아우르는 화장실 접근성을 보장하는 것은 여성 친화적 도시를 만드는 데 반드시 필요한 과정이다.

공간을 차지하는 여자

오늘날의 도시에서도 화장실 접근권이 보장되지 않기 때문에 행동에 제약이 따른다는 사실은 애초부터 존재한 적 없는 또는 소수의 특권층만이 누렸던 이상적인 도시 거리 생활을 내가 그리워하지 않는 또 하나의 이유다. 나는 이어폰과 스마트폰과 스마트워치 등장 이전 시대를 낭만화하기보다 여자가 방해받으리란 두려움 없이 헤드폰을 쓸 수 있거나 헤드폰을 안 써도 아무도 방해하지 않는 도시를 상상하는 편을 선호한다. 휴대용 전자 기기는 때때로 여자들이 도시 공간에서 자기 존재를 주장하게 해주는 혁신적인 도구다. 페미니스트 지리학자 아요나 다타Ayona Datta는 인도 델리시(市) 외곽의 빈민 재정착지에 거주하는 여성 피조사자들이 〈열정적인 셀카 장인〉임을 발견했다. 다타의 이론은 이러하다.

셀카는 여자들이 도시에서 자유로워진다는 사실을 보여 준다. 셀카가 여자들이 집 밖에서 전통적 성 역할의 제약을 벗어나 새로이 발견한 자유를 상징하기 때문이다. 여자들은 셀카를 찍을 때 다양한 공공장소에 자신이 출현한 모습을 연출하면서 도시의 구성 요소를 마음대로 재배치하여 자신을 화면 한가운데에 놓는다.[173]

나는 모든 사람이 (휴대용 전자 기기가 있든 없든) 일종의 차단막으로 자신을 감싼 채 돌아다니면서 셀카를 찍고 다른 사람이나 생물, 환경과는 최소한의 교감만 하는 도시를 꿈꾸진 않는다. 오히려 그런 행위를 편안하고 안전하고 자율적으로 할 수 있는 자유가 밑바탕이 되어야 사람들이 서로 사귀거나 환경과 완전히 교감하고 〈싶어 하는〉 도시가 될 거라고 생각한다. 그리고 여자들에게 이런 자유가 필요함을 인정한다면 공공장소에 존재할 권리가 일상적으로 유린당하고 공격적으로 검열당하는 다른 집단들에게도 관심을 가져야 할 것이다.

공간을 차지할 권리는 혼자 있는 즐거움이 젠더와 권력의 정치를 만나는 곳이다. 사회화 과정에서 눈에 띄지 말라는 교육을 받는 것은 (정계에 진출해서든, 교수가 되어서든, 인터넷 논객으로 활동해서든 간에) 공적인 역할을 맡고 자신의 의견을 개진하려는 여자들의 성향 또는 성향의 결여에 영향을 미친다. 이러한 사회화는 용감하게 개인으로서 우뚝 선 여자들에게 가해지는 여성 혐오적 담화에 의해 더욱 강화된다. 캐나다 앨버타주의 전 주지사인 레이철 노틀리Rachel Notley는 정책보다 성별 — 혹은 그 둘의 복합. 그녀의 〈형편없는〉 정책은 그녀가 여자이기 때문이다—때문에 자주 괴롭힘의 대상이 되었다. 힐러리 클린턴Hillary Clinton의 대통령 선거 운동에서도 여성 혐오는 부정적 언론 보도 및 저조한 지지율의 원인 중 하나였다. 이 여자들은 감히 눈에 띄는 행동을 했기 때문에 그런 공격을 받아도 싸다고 간주된다. 페미니스트로서 자신의 의견을 소셜 미디어에 게재한 어니타 사키지언Anita Sarkeesian과 린디 웨스트Lindy West 같은 여자들은 폭력적인 모욕, 강간 협박, 심지어 오프라인상의 괴롭힘을, 자신의 생각을 말하고 가상 공간을 차지한 데 대한 〈자연스러운〉 반응으로 예상하고 받아들여야 한다는 말을 들었다.[174] 이런 경향은 지역 단위, 도시 단위까지도 이어져서 자신들도 공적 공간을 사용해야 한다고 주장하는 평범한 여자들 역시 괴롭힘뿐 아니라 폭력을 당해도 싸다고 간주된다. 이런 식으로 공공장소의 여자들에게 가해지는 (자발적인 또는 자발적이지 않은) 제약은 지대한 영향력을 가지고 있으며 다른 형태의 성 편향적 억압 및 불평등과도 관련돼 있다.

앞서 나는 스타벅스에서 친구를 기다리다 체포되었던 필라델피아의 두 남자 이야기를 했다. 그 단락을 썼을 때와 이 문장을 적고 있는 지금 사이의 2~3주 동안 다음과 같은 일들이 있었다. 한 학부모는 대학교 캠퍼스 투어 도중에 원주민 남자 두 명이 〈너무 조용하다〉는 이유로 경찰을 불렀다. 예일 대학교의 한 백인 여학생은 기숙사 휴게실에서 잠든 흑인 여학생을 보고 경찰을 불렀다. 한 주민은 자기 이웃집에서 나오는 흑인 여자들이 도둑인 줄 알고 경찰을 불렀다(사실 그들은 에어비앤비 숙소에서 나온 것이었다). 지난 2~3주간 이와 비슷한 사건은 이것 말고도 더 있었다. 그러므로 도시에서 유색인이 일상적으로 침입자로 간주된다는 것은 너무나 명백한 사실이다. 도시 환경에서 가부 장제가 숭앙되듯 백인 우월주의 또한 도처에 있다.

누군가가 도시 공간에 〈있을〉 수 있는 정도의 차이는 권력을 가진 자가 누구고, 도시와 관련된 자신의 권리가 생득권이라고 생각하는 자는 누구고, 항상 그곳에 어울리지 않는다고 생각되는 자는 누구인지를 말해 준다. 그것은 기존 사회의 차별 구조를 그대로 반영하기에 계급 간 격차의 좋은 지표다. 시스젠더 백인 여성인 나는 공공장소에서 나가 달라는 요청을 받거나 누가 나를 보고 경찰을 부르거나 백화점에서 보안원이 내 뒤를 졸졸 따라다닐 가능성이 거의 없다. 그러나 그와 동시에 남자들의 괴롭힘과 원치 않는 관심을 피하기 위해 내 옷과 자세와 표정 등을 스스로 검열한다. 강간 문화는 공공장소에서 홀로 있는 것은 스스로를 성폭력의 위협에 노출하는 행위이므로 도시에서 혼자 있는 여자는 주위를 경계해야 한다고 우리에게 가르친다. 하지만 그것이 달라질 순 없는 걸까? 그렇게 되려면 우리는 어떻게 싸워야 할까?

4장

시위의 도시

때로는 그냥 거리에 나가야 한다

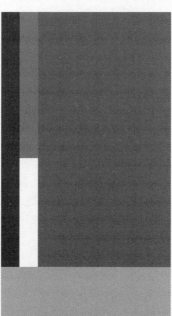

내가 처음 체포를 당한 것은 시위에 나가기 시작한 지 얼마 안 됐을 때였다. 그날 시위에 대해 어디서 들었는지는 기억나지 않지만 아마 토론토 대학교 여성 센터에서였을 것이다. 당시 나는 2학년이었고, 처음 들은 여성학 수업에 심취해 있었으며, 교내 페미니스트 단체와 사회 운동에 발을 담그기 시작한 참이었다. 그런데 최근 선출된 보수당 지방 정부가 가정 폭력 및 성폭력 생존자들과 관련된 예산을 대폭 삭감하고 있었다. 「토론토 강간 위기 센터Toronto Rape Crisis Centre」 같은 반폭력 단체에서 나온 여자들은 온타리오주 의회가 위치한 퀸스 공원 앞 교차로를 차단하고 싶어 했다. 나는 도시를 혼란에 빠뜨릴 행동에 직접 관여할, 자매들과 함께 체포될 준비가 되어 있었다.

1990년대 중반부터 말까지 온타리오에는 강력한 시위 정신이 팽배했다. 1995년 말부터 시작된 대규모 1일 총파업인 〈행동의 날Days of Action〉 행사가 성공을 거두었기 때문이다. 내가 처음으로 참가한 대규모 시위는 아마 1996년 10월 25일에 열린 〈토론토 행동의 날〉이었을 것이다. 온타리오 사상 최대 규모인 25만여 명의 참가자들이 온타리오호(湖)부터 의회까지 5킬로미터 거리를 행진했다.[175] 한나절이 지나서야 행렬의 맨 끝과 맨 앞이 퀸스 공원에서 만날 수 있었다. 짜릿한 경험이었다. 그렇게 크고 그렇게 에너지 넘치는 집단의 일부가 된 것은 난생처음이었다. 우리 도시를 그런 식으로 — 거리를 점령하고, 낯선 사람들과 팔짱을 끼고, 분노와 기쁨과 연대를 표현하면서 — 경험한 것도 처음이었다. 나는 그 순간이 영원히 끝나지 않길 바랐다.

그래서 페미니스트 운동가들이 정부의 예산 삭감에 반대하는 직접 행동 시위를 조직한다는 소식을 들었을 때 내 친구이자 페미니즘 멘토인 테리사와 나는 더 자세히 알고 싶었다. 그 생각을 할 때마다 마음이 간질간질했다. 페미니스트로서 나의 견해를 강의실에서 거리 — 우연이었지만 내가 태어난 곳에서 한 블록 떨어진 곳이었던 — 로 가지고 나가고 싶어서 견딜 수가 없었다. 바로 이거라고 생각했다.

어느 날 밤 우리는 준비를 위해 「토론토 대학교 여성 센터Women's Centre at University of Toronto」에서 만났다. 시위 기획자들은 이것이 허가받은 시위가 아니라는 점을 분명히 하고 싶어 했다. 우리는 허가를 받지 않았으므로 경찰의 보호도 없을 것이었다. 사실 경찰이 도착하면 우리는 체포될 각오를 해야 했다. 그 모임의 진짜 목적은 체포 불응으로 기소될 위험 없이 안전하게 거리에서 끌려 나오는 법을 우리에게 가르치는 것이었다.

돌이켜 보면 채 서른 명도 안 되는 인원으로 평일에 대형 교차로를 막는다는 계획이 얼마나 터무니없는지 몰랐던 이유는 오직 나의 젊음, 순진, 특권 때문이었다. 두렵거나 의구심이 들거나 기획자들의 전략에 의문을 품은 기억은 없다. 그저 자신의 믿음을 위해 몸을 내던질 준비가 된, 경외심을 불러일으키는 이 운동가 무리의 일부가 되어 기뻤을 따름이다. 그들은 우리에게 시위 당일 일어날 일에 대한 만반의 준비를 시켰다. 실제로 모든 것은 그들의 예상대로 흘러갔다.

시위와 관련된 나의 가장 생생한 시각적 기억은 우리가 들었던 거대한 흰색 플래카드와 거기에 적힌, 흑인 페미니스트 학자이자 운동가인 오드리 로드의 유명한 문장 〈침묵이 당신을 보호해 주진 않을 것이다〉이다.[176] 우리는 다 같이 사거리에 진입해서 커다란 원형으로 둘러앉았다. 구호를 외치긴 했는데 뭐라고 외쳤는지는 기억나지 않는다. 시간이 얼마나 흐른 후에 경찰이 왔는지 모르겠다. 경찰관들이 한 명 한 명에게 다가와서, 비키지 않으면 체포하겠다고 말했다. 아무도 일어나지 않았다. 기획자들은 경찰이 거칠게 나오거나 우리를 비웃을 수도 있다고 미리 경고했다. 하지만 그런 경찰관은 없었다. 그들은 침착했고 경찰관 두 명이 우리를 한 명씩 양팔을 잡고 일으켜 세웠을 때 우리 역시 마찬가지였다. 모든 절차가 사무적이었다. 그들은 우리를 들어 올려서 경찰 호송차까지 데려갔고, 사진을 찍었고, 정식으로 체포했고, 몸수색을 했고, 호송차에 실었다. 수갑을 채우진 않았다. 곧 스물네 명 남짓이 밴에 태워졌고 우리가 알아차리기도 전에 52구 경찰서로 이동하여 반나절 동안 유치장에 갇혔다. 시위는 끝났다.

도시에 대한 권리

지난 2세기 동안 도시는 대부분의 사회적, 정치적 변화를 위한 운동의 중심지였다. 권력 기관 — 정부, 기업, 월가, 국제기구 등 — 에 메시지를 직접 전달할 수 있는 능력, 통신 수단 및 언론 매체에의 접근성, 비판적 집단이 결합할 때 도시는 눈에 띄고 효과적인 시위를 만드는 데 필요한 자원을 제공한다. 추진력을 만드는 데 있어서 소셜 미디어가 하는 역할이 #BlackLivesMatter(흑인 목숨도 소중하다) 같은 해시태그를 통해 커진 것은 사실이지만 대부분의 운동은 여전히 중요한 순간에 〈거리로 나간다〉. 지금껏 시위에 참가해 본 적이 한 번도 없는 사람도 도시에 산다면 어떤 형태로든 정치적 행동을 목격했을 가능성이 높다.

사회 운동, 그중에서도 시위운동은 아주 중요한 방식으로 나를 도시에, 페미니즘 정치에 연결해 주었다. 나는 〈도시에 대한 권리〉라는 좌파 개념을 배우기 한참 전에도 시위에 참가하면 도시에 대한 소속감이 살아났고 나뿐만이 아니라 수백만 명의 인생에 영향을 미친, 만연한 불의에 대한 나의 분노가 정당함을 확신하게 되었다. 시위 행사는 항상 활기 넘치는 학자이자 스승으로 있겠다는 나의 결의와 분노에 매번 다시 불을 붙였다. 시위는 지금까지도 연대 같은 개념에 대해, 페미니즘과 다른 사회 운동의 관계에 대해, 교차성과 그 성패에 대해 너무 많은 것을 가르쳐 준다. 시위는 여성 친화적 도시가 무엇이 될 수 있고 또 되어야 하는가에 관해 내가 생각하는 모든 것에 생명을 불어넣는다.

　도시의 거리에 나선 전투적인 여자들의 이미지는 얼마든지 떠올릴 수 있다. 하이드 파크를 행진하는 서프러제트들. 뉴욕의 스톤월 앞에서 경찰과 대치하는 유색인 트랜스젠더 여성들과 드래그 퀸들.* 2016년 프라이드 퍼레이드를 중단시킨 「블랙 라이브스 매터 토론토Black Lives Matter Toronto, BLM-TO」의 퀴어 여성 리더들. 사원에 입장할 권리를 찾기 위해 인도 케랄라주(州)를 가로지르는 인간 사슬을 만든 약 500만 명의 여자들. 프랑스의 마르크스주의 철학자 앙리 르페브르Henri Lefebvre가 말했듯이 역사

* 1969년의 스톤월 폭동을 가리킨다. 당시 게이 바였던 「스톤월 인」에서 단속을 나온 경찰과 군중이 충돌한 것을 시작으로 여러 차례 시위가 이어졌다. 이 사건은 오늘날 LGBT 인권 운동의 분수령으로 평가된다.

적으로 여자들은 도시를 투쟁의 현장이자 전리품으로 이용해 왔다.[177] 바꿔 말하면 도시는 여자들의 목소리가 들리는 장소이자 우리가 쟁취하기 위해 싸우는 장소이기도 하다. 그곳에 속하기 위해, 안전해지기 위해, 먹고살기 위해, 지역 사회를 대표하기 위해 등등, 싸우는 이유는 많다.[178]

여성 친화적 도시를 구상하려면 사회 운동의 역할을 반드시 고려해야 한다. 주변화된 집단에게 투쟁 없이 뭔가 — 자유, 권리, 인정, 자원 — 가 〈주어지는〉 경우는 아예 없거나 매우 드물다. 투표권이든, 버스에 탈 권리든, 권력의 공간에 들어갈 권리든 간에 사람들은 항상 변화를 요구해야 했다. 그 요구는 때때로 시위운동의 형태를 띠는데 페미니스트들의 요구 또한 다르지 않다. 나는 (여전히 불완전할지언정) 내가 즐기는 자유가, 매기 넬슨Maggie Nelson의 표현을 빌리면, 〈다양한 젠더를 가진 엄마들〉의 대담한 행동에 의해 생겨났음을 안다. 그 엄마들은 도시와 거기에 수반되는 모든 것, 즉 직장, 교육, 문화, 정치 등에 대한 접근권을 요구하기 위해 머리와 가슴과 몸으로 싸웠다. 현재와 미래의 여성 친화적 도시에 관한 나의 생각 한가운데에는 이 역사의 되새김과 그 안에서 내가 있었던 곳 찾기가 있다. 우리가 가진 것 중에 싸우지 않고 얻은 것은 없다. 우리가 앞으로 얻을 것 중에도 싸우지 않고 주어지는 것은 없을 것이다.

여자들의 도시 운동은 여러 형태를 띤다. 19세기 말의 제인 애덤스나 아이다 B. 웰스 같은 여자들은 여성, 특히 이민자 여성과 흑인 여성의 권리를 주장했을 뿐 아니라 헐 하우스 같은 새로운 주거 및 교육 모델 그리고 여자들의 도시 생활을 연구하고 이해하는 새로운 방법을 처음으로 만들었다. 20세기 말에는 여성 도시 계획가들이 젠더 문제를 안건에 포함시키기 위해 「여자들이 토론토를 계획한다Women Plan Tronto」 같은 단체를 통해 지역 운동에 참여했다.[179] 앞 장에서 언급했던 〈화장실 아가씨들〉 또한 길고 인상적인, 이 운동의 역사의 일부다. 나는 여기서 더 구체적으로 들어가서 집단 시위의 형태를 취하는 운동, 도시라는 물리적 공간을 이용해서 여자들을 비롯한 주변화된 집단의 삶을 좌우하는 강력한 힘 ― 정부, 기업, 고용주, 경찰 등 ― 과 대결하는 운동에 대해 생각하고 싶다. 내부 갈등과 모순이 존재하지 않는 시위는 없다. 그 모든 갈등과 모순 때문에 나는 무엇이 페미니즘이고 여성 친화적 공간은 어떤 모습이어야 하는가에 대해 다시 한번 생각해 보게 되었다.[180]

내가 TBTN 행진에 처음 참가한 것은 퀸스 공원 시위 직후였다. 토론토 강간 위기 센터와 토론토 대학교 여성 센터 멤버 등 반폭력 시위에 나왔던 익숙한 얼굴이 많이 보였다. 촛불, 코코아, 점점 쉬어 가는 목소리와 함께 여자들만의 행렬은 중심가에서 이스트엔드를 향해 나아갔다. 일찍부터 젠트리피케이션이 시작된 웨스트엔드에 살던 가난한 노동자들, 노숙자들이 이주한 곳이 바로 영가(街)의 동쪽이었다. 그 동네는 범죄율 높은 곳이라는 낙인이 찍힌 데다 길거리 성 노동이 여전히 남아 있었다. 바꿔 말하면, 사람들이 상상하는 중심가의 동쪽은 두렵고 낙후된 곳, 여자들에게는 무섭고 위험한 곳이었다.

TBTN 운동의 기원은 1970년대 중반 북아메리카로 거슬러 올라간다. 당시 급진적 페미니스트들이 필라델피아, 뉴욕, 샌프란시스코 같은 도시에서 여성 대상 폭력에 대한 관심을 고취하기 위해 시위를 열었다. TBTN 운동은 밤 시간만 되찾기 위한 것이 아니라 공간에 대한 것이기도 하다. 그것은 여자들이 도시의 모든 공간을 시간에 관계없이 안전하고 당당하게 드나들 권리가 있다고 주장한다. 캐나다에서는 밴쿠버가 최초로 「밴쿠버 강간 피해자 구조단 Vancouver Rape Relief」이라는 조직의 지도하에 정기 행진을 기획했다. 그러자 전국의 성폭력 위기 센터들이 9월의 세 번째 금요일에 연례 행진을 기획하기 시작했다.[181] 전 세계의 수많은 크고 작은 도시들이 ─ 심지어 그 작은 색빌까지도 ─ 정기적으로 또는 공공장소에서 여성을 대상으로 한 사건이 발생했을 때 TBTN 행사를 개최했다.

웨스트엔드 출신인 나는 처치가(街)의 게이 동네보다 더 동쪽의 토론토에 대해서는 거의 아는 게 없었다. 그래서 행렬과 함께 동쪽을 탐험하는 것이 몹시 신났다. 혼자서는 그 동네를 돌아다닐 생각조차 하지 않았을 것이다. 당시의 나에게는 낯선 지역이었기 때문에 우리가 그날 정확히 어디를 갔는지는 기억나지 않지만 토론토의 상징적인 스트립 바 중 하나 앞에서 잠깐 쉬었던 것은 기억난다. 아마 퀸가(街)와 브로드뷰로(路)의 교차로에 있었던 「질리스」였을 것이다(지금은 부티크 호텔로 바뀌었다). 그때는 이 행진이 성 노동자를 배제하는지 아니면 우리가 밤을 〈돌려주려〉 하는 여자들에 성 노동자도 포함되는지 물어봐야겠다는 생각이 미처 떠오르지 않았다. 1990년대의 TBTN 운동을 둘러싼 정치적 배경을 완전히 이해하기엔 나는 너무 풋내기였고 너무 염치없이 신나 있었다. 그때는 앤드리아 드워킨Andrea Dworkin과 캐서린 매키넌Catherine MacKinnon 같은 반(反)포르노/반폭력 운동가들과 〈성 긍정주의pro-sex feminism〉를 주장하는 제3물결 페미니스트들 간에 소위 페미니즘 〈성 전쟁sex wars〉이 한창이었다. 그래서 어떤 이들에게 TBTN 운동은 성 부정 페미니즘과 그것의 맹점— 매춘, 성적인 춤, 포르노를 포함한 성 노동에 종사하는 여자들의 행위성을 감안하지 못한—을 증명하는 좋은 예였다. 실제로 1980년의 유명한 반포르노 텍스트의 제목은 「밤 되찾기— 포르노그라피 속의 여자들」이었다.[182] 그러나 우리가 질리스 앞에서 소란을 피웠을 때 불행히도 내 안에는 아무런 갈등도 없었다.

게다가 나는 여성 전용 공간으로서 그 행사가 갖는 정치적 함의에 대해서도 생각하지 않았다. 내가 들었던 여성학 수업에서 〈여성〉과 역사적으로 이 부류에서 제외되어 온 집단들을 정의하기가 어렵다는 이야기는 다뤘지만 솔직히 말하면 트랜스젠더 여성에 대해서는 별로 얘기하지 않았고 젠더플루이드와 논바이너리는 거의 고려조차 하지 않았다. (1990년대 중반에는 확실히 사용되지 않았던 개념인!) 시스젠더 여성인 나에게 TBTN 운동의 〈여성만 허용〉이라는 특징은 흥분과 우월감의 요소였을 뿐이다. 트랜스젠더 여성이 환영받을지 환영받지 못할지에 대해서는 생각해 보지 않았다. 마치 내가 우리의 소음 때문에 영업을 방해받았을 성 노동자에 대해 생각하지 않은 것처럼, 또 그 동네 여자들과 그들이 이 〈되찾기〉 행위를 어떻게 받아들일지에 대해 생각하지 않은 것처럼 말이다.

나이가 들면서 시야가 넓어지고 흑인과 원주민, 유색인, 장애인, 트랜스젠더의 비판을 더 많이 접하게 됨에 따라 나는 시위 공간이 특권과 억압의 체제뿐 아니라 폭력적 관행까지도 재생산할수 있고 실제로 재생산하고 있음을 더 제대로 인식하게 됐다. 이제 나는 〈돌려준다〉는 행위에 내포된 식민주의적 태도에 대해서도, 행진이 중심가의 동쪽을 향하게 만드는 인종과 계급의 역학에 대해서도 치를 떨 만큼 잘 알고 있다. TBTN 운동의 뿌리가급진적 페미니즘이고 일부 급진적 페미니스트들이 트랜스젠더 여성에게 가진 적대감을 고려할 때 TBTN 행진은 트랜스젠더 여성에게 안전하고 우호적인 공간이 아니었을 것이다. 젠더 기반 폭력의 피해자 가운데 트랜스젠더 여성이 큰 비중을 차지함에도 불구하고 그들은 페미니스트 행사와 공간에 포함되기 위해 싸우는 동시에 자신들의 운동을 위한 공간까지 만들어야 했다.[183] 최근 반(反)트럼프 여성 행진에서 모든 참가자가 분홍색 〈푸시햇 pussyhat〉을 쓰기로 했던 건 여성의 범주에 대한 좁은 생물학적 이해*가 페미니스트 행사에 침투하여 트랜스젠더, 간성(間性), 논바이너리를 상징적으로 배제한 사례로 지적되었다.

또 행진과 시위는 특정한 동작이나 공간 점거력, 물리적 대치 가능성을 강조함으로써 암묵적으로 비장애인을 정상으로 규정한다. 장애인들은 최근 장애인법 개정에 항의하기 위해 상원 의원 사무실을 점거한 것을 포함, 수십 년째 대단히 눈에 띄고 공권력과 대치하기까지 하는 시위에 참가해 왔지만 장애가 주제가 아닌 시위는 대부분 접근성이 현저히 떨어진다. 접근 불가능한 경로와 집합소, 이동 속도, 시각 장애인이나 청각 장애인을 위한 준비 부족에서부터 구호와 플래카드에서 장애인 차별적 언어의 사용에 이르기까지 도시의 시위는 대체로 장애인을 배제해 왔다.

장애인과 트랜스젠더는 사회 운동 단체를 책려하여 뚜렷한 증거를 남겼다. 토론토 같은 도시의 TBTN 운동은 이제 그 목표와 계획에서 교차성이 명백히 드러난다. 웹 사이트에는 TBTN 운

* 여기서는 분홍색 〈보지 모자〉가 여성의 상징으로 사용됐다는 점이 문제가 되었다. 보지 없는 트랜스젠더, 보지가 분홍색이 아닌 유색인 여성이 배제됐다는 것이다.

동이 다음과 같이 정의되어 있다.

> 성폭행, 아동 성폭력, 가정 폭력 같은 성폭력 생존자들의 경험 그리고 경찰 가혹 행위, 인종 차별, 성차별 같은 국가 폭력 및 기타 제도화된 폭력의 생존자들의 경험을 기리는 민중 행사 (……) 이 행사는 트랜스젠더를 포함한 모든 젠더를 환영한다.[184]

또한 이 행사는 휠체어가 접근 가능하고 수어 통역, 도우미, 아이 돌봄 서비스가 제공된다.

DIY 안전

그러나 1990년대 초에 TBTN 운동은 많은 여자들이 도시 거리에서 경험하는 공포에 더 관심을 두었다. 당시는 수년에 걸친 〈스카버러 강간범〉 폴 버나도Paul Bernardo의 끔찍한 공격, 납치 및 살인이 겨우 막을 내린 참이었다. 그리고 1980년대 중반에 토론토 동부의 웰즐리가와 셔본가 근처에서 1층 발코니를 통해 아파트에 침입해 다섯 명의 여성을 강간한 〈발코니 강간범〉 폴 캘로Paul Callow의 기억도 여전히 생생했다. 그의 다섯 번째 피해자인 〈제인 도〉*는 토론토 경찰이 앞선 네 건의 강간을 고의로 여성들에게 알리지 않았다는 이유로 그들을 고소했다. 사실 경찰은

* Jane Doe. 신원 미상의 여성에게 편의상 붙이는 이름.

강간범을 잡기 위해 여자들을 미끼로 사용했다.[185] 제인 도는 1998년 승소했으나 그 뒤로도 비슷한 사례가 계속 언론에 보도된 것을 보면 경찰은 여성 대상 폭력에 있어서 믿을 만한 아군이 아니었다. 〈각자도생〉이 불가피해 보였다. 이런 상황에서 TBTN 행진은 여자들이 공공장소에서 폭력을 접했던 곳, 경찰 보호에 의지할 수 없는 지역을 방문함으로써 자신들의 주장을 천명했다.

도시 여자들의 반폭력 운동은 경찰이 기껏해야 무관심한 방관자에 불과한 세계에서 일어난다. 다운타운 이스트사이드에서 여러 명의 여자—그중 다수가 원주민 그리고/혹은 성 노동자였던—가 실종된 사건이 연쇄 살인범의 소행일지도 모른다는 가설을 밴쿠버 경찰과 왕립 캐나다 기마경찰이 오랫동안 부인했던 일은 유명하다. 결국 범인이 여섯 건의 살인 사건에 대해 유죄 판결을 받았음을 고려할 때—그가 자백한 건수는 50건에 가까웠다고 한다—경찰의 행동과 태도는 명백한 인종주의와 성차별주의뿐 아니라 성 노동자에 대한 깊은 멸시를 드러냈다. 「다운타운 이스트사이드 여성 센터Downtown Eastside Women's Centre」가 작성한 『레드 위민 라이징Red Women Rising』 보고서는 여자들의 계속되는 경찰 불신을 조명한다.

다운타운 이스트사이드는 가난이 범죄시되는 곳이자 경찰

이 과잉 순찰을 돌고 원주민 여자들을 과잉 감시 하는 곳이다. 이는 결국 여자들이 법원과 교도소를 들락거림으로써 사법 제도와 기나긴 악연을 맺는 시발점이 된다. 사법 제도는 본질적으로 사회적, 경제적 문제를 해결하기 위한 부적절하고 억압적인 도구이며 캐나다 법률 제도는 원주민에게 부과된 외국의 식민지 제도다.

보고서는 경찰의 책임성 확보 강화, 불심 검문 중단, 성매매 여성을 처벌하거나 피해를 가중하는 법의 폐지 등을 해결책으로 제안한다. 다운타운 이스트사이드의 여자들은 1992년부터 매년 2월 14일에, 실종되거나 살해된 여자들과 그곳에서 사망한 모든 여자들의 넋을 기리는 추모 행진을 개최해 왔다.[186]

2011년 시작된 잡년 행진Slutwalk 시위는 경찰의 태도에 의해 직접적으로 촉발된 행동 중 하나다. 요크 대학교 오스구드 홀 법학 전문 대학원에서 열린 캠퍼스 안전 정보 회의에서 한 토론토 경찰관은 참석자들에게 여자가 성폭행당하고 싶지 않다면 〈잡년처럼 옷을 입지〉 말아야 한다고 말했다.[187] 분노한 여자들과 그 동지들은 캐나다 전국의 도시에서, 나아가 전 세계에서 잡년 행진이라는 일련의 행사를 기획했다. 잡년 행진은 도시 거리와 대학교 캠퍼스에서 열렸다. 참가자들은 〈잡년스럽게든〉 다른 방식으로든 다양한 종류의 도발적인 옷을 입음으로써 성폭행이 피해자의 옷차림에 따른 〈자업자득〉이라는 생각에 이의를 제기했다. 이는 강간 문화가 일상생활에 얼마나 만연하며 경찰이 강간 문화를 척결하기보다 유지하는 역할을 주로 해왔음을 상기시킨다.[188]

도시에 따라 〈잡년 행진〉이라는 이름을 빼고 참가자들에게 평범한 옷을 입으라고 권장하는 경우도 있긴 하지만 괴롭힘과 폭력을 정상 취급 하는 데 반발해야 한다는 메시지는 비슷했다. 여성학 및 젠더학 학자 두르바 미트라Durba Mitra는 2011년 잡년 행진에서 영감을 얻어 인도 전역에서 열린 행사들을 논평하며 〈당당하게 걷기〉 또는 힌디어로 베샤르미 모르차(부끄럼 없는 집회)가 경찰의 격렬한 반대에 부딪혔다고 지적한다. 그 결과 보팔시와 델리시의 행사는 속행된 반면 벵갈루루시의 시위는 취소되었다. 미트라는 〈여자들이 《유행하는 옷차림》으로 남자들을 자극한다고 비난한〉 경찰청장의 말을 인용함으로써 경찰이 피해자 비난에 적극적으로 동참한다는 사실을 보여 준다.[189] 인도의 〈당당하게 걷기Pride Strides〉가 토론토 같은 도시만큼 많은 인원을 불러 모으지는 못했지만 — 부분적으로는 〈잡년〉 같은 용어와 개념을 되찾으려는 서양 페미니스트들의 전략을 채택하지 않았기 때문에 — 그래도 여성에 대한 사회적 규제와 폭력의 정상화에 관한 중요한 담론에 기여했다고 미트라는 주장한다.

미투 운동이 온라인상의 자기 고백과 유명인들에 의해 주도되는 동안 전 세계 여자들은 이를 기회 삼아 괴롭힘과 성 편향적 폭력에 반대하는 세력을 규합하고 경찰, 사법 제도 및 여타 기관의 대응 실패에 항의했다. 2018년 6월 스페인 팜플로나에서 강간 혐의로 구속되었던 남자 다섯 명이 무죄 판결을 받자 생겨난 #Cuéntalo(네이야기를들려줘)라는 해시태그는 라틴 아메리카까지 퍼져 나가 여자들로 하여금 페미사이드* 발생률이 그렇게 높은데도 가해자들이 무죄 방면 되는 것을 규탄하게 만들었다. 2018년 봄여름 칠레에서는 학생들이 〈대학 내 성희롱 및 성차별에 반대하는 수업 거부, 점거, 시위를 실행에 옮겼다〉. 그들은 이런 대학가 이슈들과 전국 차원의 폭력 및 재생산권 문제와의 연관성을 지적하면서 고등 교육 체계를 마비시켰고 이것이 사회의 다른 부문으로까지 뻗어 나가는 더 폭넓은 운동의 시작이 될 것임을 약속했다.[190]

이 모든 운동들은 강간 문화의 〈정착된〉 지리학, 즉 특정 장소(대학 캠퍼스나 〈안 좋은〉 동네)에서는 성폭행을 피할 수 없고 여자처럼 〈취약한〉 사람들은 이런 장소를 피하거나 옷을 보수적으로 입는 등의 예방 조치를 취해야 한다는 생각에 반발한다. 1990년대에 막 성인이 되었을 때 TBTN 같은 행사는 내가 느끼는 감정 — 수백만 개의 이중 잣대에 대한 도덕적 분노 — 이 타당함을 확인해 줬다. 그것은 여전히 성장 중인 10대였던 나의 뇌가 세상을 향해 화나 있기 때문이 아니었다. 그것은 시스템에 대

* femicide. 여성이라는 이유로 살해당하는 것.

한 정당한 반응이었다. 도시의 젊은 여자인 나에게만 다른 규칙을 적용하는 시스템. 그 규칙을 따르지 않으면 성폭력으로 벌하겠다고 위협하는 시스템. 그런데 행진과 시위는 나에게 받아쳐도 된다고, 받아치는 게 좋다고, 받아쳐야 한다고 가르쳤다. 그것은 내가 페미니스트로서 도시에 요구하는 사항을 말로 표현할 수 있는 수단이었다. 또 그것은 특정한 행동, 감정, 심지어는 〈잡년〉 같은 폄훼하는 말을 되찾는 것이 나에게는 가능한데 어떤 사람들에게는 가능하지 않은 이유를 생각해 보라고 나를 압박했다. 바꿔 말하면 나는 도시의 페미니즘 정치가 얽히고설킨 권력 관계로 점철되어 있다는 사실을 배웠다.

운동권의 성 편향적 노동

나는 이런 초기 경험들을 통해 다른 운동권에도 만연한 역학 관계와 위계질서를 잘 파악하게 됐어야 마땅했다. 그러나 실제로는 다른 공간들, 특히 노동 운동의 공간에서 목격한 성차별, 인종 차별, 장애인 차별, 트랜스젠더 혐오에 적잖이 당황했음을 인정한다. 이런 균열은 파업 현장에서 더욱 뚜렷이 드러났다. 2008년에 요크 대학교에서 막 박사 학위를 받은 나는 아직 노조에 가입된 시간 강사였는데 우리 조합은 11월 초부터 파업에 들어가서 1월 말까지도 여전히 파업 중이었다. 우리는 석 달 동안 캠퍼스 주변의 주요 교차로에서 추위에 떨며 교통을 방해하고 대부분의 대학 운영을 중단시켰다. 사람들이 자신의 운전권이 헌장에 보장되어 있다고 믿는 도시에서 교통을 막는 것은 스트레스 받고 위험한 일이었다. 그로부터 사회 운동, 돌봄, 노동에서의 성 편향적 분업이 피켓 라인*에 나타나기까지는 그리 오래 걸리지 않았다.

평소 나긋나긋한 말씨의 책벌레였던 남자 동료들이 갑자기 자기 안의 〈자연인〉과 교신하더니 모닥불에 집어넣을 장작을 패고 불 피우기 기술을 뽐내기 시작했다. 게다가 차량이나 운전자와 대치할 때마다 떼로 덤벼들어서 순식간에 상황을 악화시켰다. 한편 여자들과 퀴어들은 조용히 감정 노동과 내무를 맡았다. 우리는 성난 운전자를 진정시켰고, 다친 파업자를 위로했으며, 코코아를 탔고, 춤과 음악으로 분위기를 띄웠다. 이 역학 관계를 알아차렸을 때는 이미 다들 자신의 〈파업 역할〉에 익숙해져 있어서 패턴을 바꾸기가 어려웠다. 전통적인 이성애적, 가부장적 가족이 도시 교차로에서 실체화된 셈이었다.

나도 머리로는 사회 운동이 자주 이런 식으로 성 편향 된다는 것을 알고 있었다. 남자들은 카리스마와 비전이 있는 공식적인 지도자가 된다. 그들은 마치 운동의 방향을 제시하고 모든 사람과 관련된 주요 결정을 내리는 것처럼 보인다. 반면에 여성 지도자들은 곧잘 공식 기록에서 지워지거나 언론 매체에 무시당한다.

---

* picket line. 노동 쟁의 때 파업 이탈자들의 출근을 막기 위해 파업 노동자들이 늘어선 줄.

1969년에 「아메리칸 인디언 운동American Indian Movement」이라는 단체가 19개월 동안 앨커트래즈섬을 점거했던 사건에 대해 당시 주동자 중 한 명이었던 여성 운동가 러네이다 워 잭LaNada War Jack 의 지적에 따르면 남자들은 〈앨커트래즈를 점령한〉 장본인으로 알려졌으나 여자들의 지도력은 저평가되었다.[191] 여자들은 대개 현장에서 물리적 노동, 감정 노동, 내무를 맡는다. 여자들은 가가호호 방문하여 의식을 고취하고, 전단을 인쇄하고, 샌드위치를 만들고, 허가를 얻고, 보도 자료를 쓴다. 앨커트래즈에서 여자들이 지은 부엌과 학교와 의무실은 기나긴 점거 기간을 버티게 해줬고, 특히 해안 경비대가 대부분의 물자 공급을 차단한 후에는 생존에 필수적인 역할을 했다. 여자들은 사람들의 감정을 어루만지고 멤버들 간의 관계를 조정한다.[192] 〈에드먼턴을 점령하라 Occupy Edmonton〉 시위*에 참여했던 첼시 테일러Chelsea Taylor는 남자들이 〈자아도취적인 가식을 떨었고, 남의 말에 귀 기울이지 않았으며, 하찮은 일은 회피했다〉라고 말했다.[193] 더욱 실망스러운 것은 여자들이 동료 운동가 때문에 위험에 처하는 경우가 잦다는 점이다. 많은 운동 현장에서 성희롱과 성 학대는 공공연한 비밀이며 피해자는 대의를 위해 침묵하라고 회유당한다.[194]

다시 요크 대학교로 돌아와서, 이 역학 관계는 본부 안에서 파

* 2011년 캐나다 전역으로 퍼져 나간 〈월가를 점령하라Occupy Wall Street〉 시위 중 앨버타주의 주도인 에드먼턴에서 열린 시위.

업에 참여했던, 장애나 만성 질병이나 자녀가 있는 노조원들이 자신들의 기여도가 여덟 개의 실외 피켓 라인에 서 있는 동료들에게 인정받지 못하고 있음을 지적했을 때 위기에 처했다. 행정 업무나 조직 관리는 필수적인 일이긴 하지만 피켓 라인에 서는 것처럼 거칠고 위험하고 춥진 않았다. 그것은 서류 작업이고 따뜻하고 안전했다. 한마디로 여성스러운 일이었다. 스스로를 〈아홉 번째 라인〉이라고 명명한 행정 파업자들은 파업 행위의 가치를 평가하는 기준이 성차별적이고 장애인 차별적임을 인식하고 자신들의 노동 가치를 인정하라고 다른 노조원들을 압박했다.

시위자와 파업자의 요건에 관한 암묵적 가정은 내가 사회 운동과 육아를 병행하려 애쓸 때 다시 한번 확실해졌다. 매디가 어렸을 때 참여한 대행진 중에는 프라이드 퍼레이드도 있었는데 2000년대 초까지 프라이드 퍼레이드는 시위라기보다 축하 행사에 가까웠다. 대학원 친구들과 나는 매년 3월 8일 국제 여성의 날에도 애들 옷을 따뜻하게 입히고 유모차를 끌고 나왔다. 그날은 대개 토론토 대학교 캠퍼스에서의 집회로 시작해서 중심가를 지나 시청까지 가는 행진으로 이어졌다. 우리 아이들은 놀라운 용사들이었다. 3월 초는 아직 춥고 솔직히 두 살에서 여섯 살 아이들에게 집회는 지루했을 텐데 말이다. 하지만 매디는 여러 번 추운 행진에 참여해 봐서 단련이 되었던지 요크 대학교 파업 때 퀸스 공원 집회에 데려갔는데 1월의 추위 속에서도 너무 즐거워

했다. 그 애한테는 처음부터 무정부주의자 기질이 있었던 듯하다. 매디는 자기 집 안방에 있는 것처럼 정치인들에게 소리를 질렀고 경찰과 눈싸움을 했다. 하지만 대부분의 경우 육아와 시위 또는 사회 운동을 병행하긴 어렵다.

2010년 6월 토론토에서는 G20 정상 회담이, 토론토 북쪽의 헌츠빌에서는 G8 정상 회담이 열렸다. 토론토는 몇 주 전부터 경계가 삼엄했다. 회담장 주변에 벽을 세우고 평상시라면 불법에 해당하는 권한을 경찰에게 부여해서 논란이 됐다. 당시 나는 색빌에서 첫해를 보내고 토론토 집에 돌아와서 뉴브런즈윅으로 완전히 이사 가기 전까지 몇 달 동안 머물고 있었다. 내게 G20 시위는 당연히 놓칠 수 없는 행사였다. 토론토 정상 회담은 주말인 6월 26~27일에 예정되어 있었지만 일주일 전부터 열리기 시작한 행진들이 점차 대규모 시위로 발전했다. 나는 25일 금요일에 앨런가든스 공원으로 가서 「불체자는 없다No One is Illegal」라는 이민자 권익 단체의 주도로 토론토 경찰청까지 행진하려고 대기 중인 수천 명의 무리에 합류했다. 공원 안으로 들어갈 때 경찰에게 불법 수색을 당했지만 행진에 꼭 참여하고 싶어서 경찰관이 내 가방을 뒤지는 동안 입을 꾹 다물었다. 최루탄 마스크 대용으로 쓸 스카프는 머리에 예쁘게 묶여 있었으므로 압수당할 위험이 없었다.

행렬이 거리에 들어서자 경찰은 오토바이를 바리케이드 삼아

양옆에 저지선을 쳤다. 복장은 평범한 여름 제복이었지만 오토바이 핸들에는 방석모(防石帽)가 걸려 있었다. 행렬은 천천히 서쪽으로 움직이기 시작했다. 우리가 경찰청 앞에서 잠시 멈춰 섰을 때 나는 선두에서 멀지 않은 곳에 있었는데 몇 블록 뒤에서 무슨 일인가가 일어나고 있었다. 경찰이 몇몇 시위자에게 덤벼들었다. 그러자 대오 안에 빈자리가 생겼고 무슨 일인지 보려고 남들을 밀치고 뒤로 가는 사람들이 생겨났다. M.I.A.의 노래 「종이비행기Paper Planes」가 휴대용 오디오에서 큰 소리로 울려 퍼졌다. 나는 방석모와 진압복을 착용하라는 신호가 내려졌음을 깨달았을 때 갑자기 눈이 휘둥그레진 여자 경찰관의 표정을 잊을 수가 없다. 경찰이 아까보다 공격적인 태도를 취하자 그녀는 긴장한 듯 핸들에 걸린 방석모를 더듬거리더니 집어 들어서 머리에 썼다. 분위기가 고조되어 갔다.

이날은 악명 높은 케틀링*과 대대적인 연행이 있었던 주말 전날이었다. 6월 27일 일요일에 경찰은 퀸가와 스퍼다이나로(路)의 교차로에서 300명이 넘는 사람들 — 일부는 시위자, 일부는 그냥 행인 — 을 둘러싸고 폭우 속에서 네 시간 동안 억류했다. 이는 케틀링이라 불리는 전술이었다. 이날에만 수백 명이 체포돼서 주말 동안 체포된 사람은 무려 1,100여 명에 달했다.[195] 시위자들은 음식도 의료진도 없고 아무런 의사소통도 되지 않는

* kettling. 경찰이 저지선으로 시위대를 포위한 뒤 차츰 죄어들면서 진압하는 전술.

완전히 부적절한 시설에 감금되었다. 나중에는 더 끔찍한 일들까지 있었음이 밝혀졌는데 그중에는 여자들과 논바이너리들에 대한 성희롱 및 성폭행도 포함되었다.[196] 금요일 행진 당시에는 경찰과 시위자들 간의 분위기가 어디까지 나빠질지 예상할 수 없었다. 금요일에는 모든 것이 〈정상〉인 것처럼 보였다. 몇 명이 체포되었지만 나중에 닥칠 일에 비하면 새 발의 피였다. 나는 전에도 체포당해 본 적이 있었기에 또 그런 일을 겪어도 상관없었다. 하지만 전과 달라진 점이 한 가지 있었다. 열 살 먹은 딸이 내가 데리러 오기를 기다리고 있었다는 것이다.

행렬은 서쪽으로 나아가다가 퀸스 공원과 지하철역 근처에서 중심가 쪽으로 꺾을 예정이었기 때문에 나는 빨리 결정을 내려야 했다. 계속 걸어서 행렬이 정상 회담장 근처의 경비가 삼엄한 구역 ─지금보다 확실히 더 위험해질─ 으로 다가갈 때 시위의 중심으로 들어갈 것인지, 아니면 대형을 벗어나서 지하철역으로 들어가 딸을 제시간에 데리러 갈 수 있도록 웨스트엔드로 돌아갈 것인지를. 이것이 오랜 역사 속에서 여자들이 늘 마주했던 선택임을 깨달았을 때 열이 확 올라왔던 것이 기억난다. 모든 위험을 감수하고 정치 활동을 하느냐, 아니면 정치색이 없는 사적 공간인 집에서 육아자로서 책임을 다하느냐. 이것은 여자들이 자기 목소리를 낼 기회를 뺏는 제도적 방법일 뿐만 아니라 시위 계획자들도 여자들의 독박 육아에 무관심하다는 증거이기도 하다.

행렬이 모퉁이를 돌기 시작할 때 나와 내 파트너는 짧은 대화를 나눴다. 누가 남고 누가 갈 것인가? 결국 책임감을 느낀 내가 가기로 했다. 나는 처음에는 분노를, 곧이어 대오를 흩뜨리면서 지하철역으로 향할 때는 수치심을 느꼈다. 중요한 순간에 동지들을 버리는 듯한 기분이 들었다. 다른 사람들이 내가 겁을 먹거나 진지하지 않아서 도망치는 줄 알 거라 생각하니 창피했다. 그러고는 지하철 안에 앉아서 내 정치적 견해에 대해 알지도 못하고 관심도 없는 낯선 이들에게 둘러싸여 있노라니 나는 어느새 급진적 시위자에서 딸을 데리러 가는 평범한 엄마로 돌아갔다. 그 두 개의 정체성은 하나가 될 수 없는 것만 같았다.

G20 시위가 모두 끝난 뒤에, 경찰이 토론토 시민들에게 한 짓이 낱낱이 까발려지자 더 많은 시위가 일어났다. 나는 캐나다 연방 성립 기념일에, 이번에는 매디와 함께 퀸스 공원에 가서 민주주의 집회와 행진에 참여했다. 무지개 평화 깃발을 몸에 두른 채 친구들에게 둘러싸인 매디가 자기 도시의 거리에서 열린 대규모 시위를 제대로 맛본 것은 그때가 처음이었다. 행진하는 동안 내가 계속 〈이게 진짜 민주주의의 모습이야!〉라고 외쳤던 게 기억난다. 그때 매디는 지금 무슨 일이 벌어지고 있는지는 이해할 수 있는 나이였지만 경찰이 왜 그런 짓을 했는지 이해하기에는 경험이 부족했다. 「경찰이 지켜야 하는 규칙이 있지 않아?」 「맞아,

그런데…….」「사람들한테는 시위할 권리가 있지 않아?」「맞아, 그런데…….」G20 이후의 날들 동안 매디는 민주주의 사회에서 살려면 자신의 권리를 적극적으로 행사해야 함을 이해하기 시작했다. 그것은 때때로 권력자들에게 그들의 책임과 의무를 상기시키기 위해 거리로 나가야 한다는 뜻이기도 했다. 그래서 나는 8년 뒤 맥길 대학교에서 열린 미투 운동 집회의 선두에 매디가 서 있는 영상을 봤을 때 전혀 놀라지 않았다.

여자들은 가능할 때 아이들을 동반함으로써 육아와 정치 운동 간의 균형을 맞춰 왔지만 그럴 때마다 비난을 받았고 항상 아이들의 안전을 걱정해야 했다. 사람들은 묻는다. 「애들한테 위험하지 않아요?」「애들이 스스로 판단하는 게 아니라 당신 생각을 그대로 주입하는 거 아닌가요?」정치와 육아의 엄격한 분리는 사회 운동의 영역 너머까지 확대된다. 2018년에는 재임 중에 임신한 여자들이 각국 머리기사를 장식했다. 뉴질랜드 총리 저신다 아던Jacinda Ardern은 재임 중에 임신한 극소수의 여성 국가 원수 중 한 명이다. 그녀는 편집증적인 언론 매체들에게 자신이 직무를 정상적으로 수행할 수 있음을 알리기 위해 〈나는 임신한 것이지, 병에 걸린 게 아니다〉라고 선언해야 했다.[197] 미국 상원이 표결할 때 회의장에 아기를 동반할 수 있도록 규칙을 개정한 다음날 태미 더크워스Tammy Duckworth 의원은 최초로 아기를 안은 채 투표한 의원이 되었다.[198] 그리고 캐나다에서는 커리나 굴드

Karina Gould가 재임 중에 출산한 최초의 연방 장관이 되었다.[199] 이 〈최초들〉이 21세기가 시작되고 나서도 20년 가까이 흐른 뒤에야 비로소 생겨나고 있다는 사실이 황당하기 그지없다. 지금도 육아, 특히 만삭의 몸, 수유, 아기, 아이는 전문 정치인의 활동과 병행할 수 없다고 간주된다. 운동가의 길을 택한 사람들이 보기에 우리는 여전히 엄마로서 또 운동가로서 스스로에게 의구심을 품어야 한다. 우리는 양쪽에 충분히 헌신하고 있는가? 그게 가능하긴 한가?

운동가의 관광

엄마가 되면서 내가 시위 현장에서 어떤 행동을 할 수 있고 실제로 어떻게 행동할 것인지가 달라지긴 했지만 결과적으로는 전보다 더 열심히 하게 되었다. 내 딸에게 시위운동의 중요성을 가르치는 것이 나에게는 중요했기 때문에 색빌 같은 시골에서도 가능한 한 자주 그 정신을 되새겼다. 어떤 면에서는 작은 마을의 행사가 더 중요하다. 프라이드 퍼레이드나 TBTN 행진 같은 행사들이 지역민들에게 상대적으로 더 낯설기 때문이다.

시위에 참가할 기회는 도시 생활에서 가장 그리운 것 중 하나지만 가끔은 여행 중에 우연히 맞닥뜨리기도 한다. 몇 년 전 콘퍼런스 참석차 뉴욕에 갔다가 중간에 잠깐 빠져나왔던 적이 있는데 친구가 이스트빌리지에 있는 세인트마크스 서점(현재는 폐업)에 가볼 것을 추천했다. 계산을 하고 나오려는데 바로 그날 톰프킨스스퀘어 공원에서 〈도심 광장을 점령하라Occupy Town Square〉 행사를 한다는 작은 전단이 눈에 띄었다. 횡재한 기분이었다. 톰프킨스스퀘어 공원은 20여 년 전 급진적인 반(反)젠트리피케이션 시위가 열렸던 곳이라 늘 가보고 싶었기 때문이다. 젠트리피케이션에 관한 글에서 이름은 너무나 많이 봤는데 막상 방문할 기회는 그때껏 한 번도 없었다. 나는 책값을 지불하고 공원이 위치한 이스트 7가를 향해 애비뉴 A를 따라 걷기 시작했다.

그때는 2012년 2월로, 〈월가를 점령하라〉 시위가 시작된 2011년 9월로부터 6개월이 지난 시점이었다. 〈도심 광장을 점령하라〉 행사는 곳곳에서 불쑥불쑥 나타나 임시 야영지를 제공하기도 하고 다른 대도시에 〈점령하라〉 운동의 정신을 퍼뜨리기도 했다. 그날 톰프킨스스퀘어 공원의 행사는 당일치기였는데도 아주 오래전부터 그곳에 있었던 것처럼 보였다. 요리하는 곳, 책 빌려주는 곳, 뜨개질하는 사람들, 북 치는 사람들, 죽마 타는 사람들, 예술가들, 티셔츠 만드는 사람들 옆에서 몇 명 안 되는 경찰관이 완전히 차분하고 평화로운 이 모임을 주시하고 있었다. 나는 노숙을 체험 중인 예술가 데이비드에게 말을 걸기 위해 걸음을 멈췄다. 그는 재치 있는 문구를 적은 판지 여러 개를 계속 바꿔 가며 구걸을 했는데 그중 하나에는 〈나 지금 너무 추운데 우리 함께 스타벅스를 점령하러 가면 안 될까요?〉라고 적혀 있었다. 이 무리에서 저 무리로, 때로는 말을 걸기도 하고 때로는 그냥 보기만 하면서 돌아다녔더니 그제야 (아주 조금이나마) 〈점령하라〉 운동과 연결된 듯한 기분이 들었다.

시간이 흘러 해가 뉘엿뉘엿 넘어가기 시작하자 시위자들은 하루를 마무리하기 전에 육성으로 시위를 하기 위해 한자리에 모여들었다. 확성기가 등장했고 작은 무리가 길을 따라 늘어섰다. 경찰이 갑자기 경계 태세에 들어갔다. 그들은 자기들끼리 한군데로 모이는 동시에 시위자들에게 가까이 다가갔다. 분위기는 여전히 차분했고 대치가 시작될 것 같진 않았다. 그런데 시위자들 근처를 서성이다가 나는 문득 이곳이 우리 나라가 아님을 깨달았다. 나는 미국인이 아니었다. 여권도 갖고 있지 않았다. 천진한 캐나다인의 안이함과 백인 여성으로서의 특권으로 인해 나는 뉴욕 시위에서 나의 지위가 안전하지 않다는 사실을 잊어버렸다. 많은 사람들은 경찰을 비롯한 공권력이 언제든 자신을 노릴 수 있다는 사실을 잊어버리는 사치를 누려 본 적이 없다. 대부분의 경우 나는 그 특권을 이용하여 나보다 안전하지 않은 사람들을 대신해 시위에 참여할 수 있다. 그러나 그날은 콘퍼런스 배지와 뉴브런즈윅주 운전면허증 외엔 아무런 신분증도 없는 상태에서 〈점령하라〉 시위에 참가했다가 경찰이 내게 다가오거나 나를 체포했을 때 무슨 일이 일어날지 알고 싶지 않았다. 그래서 유감스럽게도 그 무리로부터 떨어져 나와 지하철을 타고 미드타운과

컨벤션 센터의 단조로운 안전 속으로 되돌아왔다.

　내가 톰프킨스스퀘어 공원을 보고 싶었던 이유는 그곳이 젠트리피케이션으로 인해 퇴거하게 된 빈민, 노동자, 이민자가 도시에 대한 권리를 부르짖은 투쟁의 현장으로서 역사가 깊기 때문이었다. 톰프킨스스퀘어 공원이 짧은 시간 동안일지언정 아직도 운동가들이 모이는 장소라는 사실이 놀라웠다. 그 동네는 이미 젠트리피케이션이 끝났지만 도시 운동의 역사적 현장으로서 톰프킨스스퀘어 공원의 의미는 여전히 중요했다.

　긴 저항의 역사가 지역 사회와 함께해 온 장소들은 주민 구성이 달라진 이후에도 그 안에 저항 정신이 깊숙이 뿌리박혀 있는 듯하다. 내가 환경 정의 운동과 젠트리피케이션 저항 운동에 관한 연구를 위해 필신과 리틀빌리지를 방문했을 때 그곳 주민들은 시카고의 로어웨스트사이드를 그렇게 묘사했다. 시카고 서부 지역은 19세기 말부터 20세기 초에 일어난 헤이마켓 사건, 홀스테드가(街) 고가교 전투, 의류 노조 파업, 여성 노조 파업으로 대표되는 급진적 노동 운동의 발생지다. 그곳의 이주 노동자들 —처음에는 동유럽인, 20세기 중반에는 멕시코인— 은 안전한 근무 환경과 정당한 임금을 위해 투쟁했다.[200] 그리고 대규모 도시 재개발 프로젝트가 수천 명을 더욱 서쪽의, 지금은 〈미국 중서부의 멕시코〉라 불리는 지역으로 몰아내기 시작하면서 그들은 자신의 집과 동네를 지키기 위해서도 싸워야 했다.

내가 필신과 리틀빌리지에 대해 알게 된 2015년에는 대다수가 히스패닉인 지역민들이 환경 인종주의*와 젠트리피케이션의 점진적 공격 — 다른 지역의 높은 부동산 가격 때문에 백인 젊은 이들이 낮은 임대료를 찾아 서쪽으로 몰려오는 데 따른 — 을 상대로 새로운 전투를 벌이고 있었다. 필신과 리틀빌리지는 오래전부터 다양한 공장, 토양 오염, 수로 그리고 석탄 화력 발전소처럼 지금도 계속되고 있는 환경 오염의 본산이었다. 그런데 리틀빌리지의 환경 정의 운동가들과 필신의 지역 사회 지도자들은 이 동네의 오랜 정치 운동의 역사, 멕시코인을 비롯한 남미 이주자들이 도착하기 이전의 역사에 의지하고 있었다. 시위는 로어웨스트사이드의 본능이라고 그들은 말했다. 그것이 강제 이주, 인종 차별, 외국인 혐오적인 이민 정책과 싸워 온 중남미 이주자들의 경험과 결합하면서 강력한 저항의 브랜드가 이곳에서 태어나 발달했다.[201]

그것은 동네 곳곳에서 눈에 띄었다. 문화적으로 중요한 사건들과 동네 영웅들을 그린 거대하고 강렬한 벽화에서부터 급히 갈겨쓴 반젠트리피케이션 구호(〈필신은 파는 게 아니다!Pilsen no se vende!〉)에 이르기까지 그곳에서는 지역민들을 쫓아내고 더욱

---

* environmental racism. 빈촌-유색인, 부촌-백인으로 인종에 따라 거주지가 나뉘기 때문에 나타나는 현상. 예를 들어 땅값이 싼 유색인 거주지는 유해물 폐기장 부지로 선정될 가능성이 높지만 그곳 주민들은 정부 정책에 영향력을 행사하거나 법적 조치를 취할 능력이 없다.

주변화하려는 힘을 상대로 한 투쟁이 생생히 느껴졌다. 그들의 투쟁이나 동네 자체를 낭만화하려는 건 아니지만 저항 정신이 자신들의 혈관 속을 흐를 뿐 아니라 동네의 벽돌 하나하나에도 스며 있다고 생각한다는 운동가들의 말은 믿었다.

동시에 나는 이미 몇 년 전부터 젠트리피케이션이 진행되어 온 필신에 백인, 중산층 세입자, 자택 소유자, 상점이 유입되면서 이 저항의 역사가 희석되었고 어떤 경우에는 반대파를 흡수하기까지 했음을 잘 알고 있었다. 그리고 인상된 임대료를 내고 에어비앤비를 빌린 백인 연구자인 내가 바로 문제의 일부라는 사실 또한 잘 알았다. 오랫동안 히스패닉 동네였던 곳에 백인이 있는 것이 이미 정상으로 받아들여지고 있음을 나의 존재가 증명했다. 그렇다. 나는 강제 이주에 저항하는 지역 단체들의 노력을 연구하고 돕기 위해 그곳에 갔지만 내 존재를 통해 젠트리피케이션에 기여했고 어쩌면 그들에게 해까지 입혔는지도 모른다.

시위의 교훈

나는 학생, 운동가, 스승, 연구자로 살아오는 동안 페미니즘 운동과 도시 운동 내의 갈등 및 모순에 대해 많은 교훈을 얻었다. 반폭력 시위에서 체포되겠다고 자원했을 때는 시위에 대해 아무것도 알지 못했다. 단순히 〈페미니스트라는 사실〉만으로 연대할 수 있다고 생각했다. 운동권 내의 분열이 얼마나 뿌리 깊은지 알게 된 것은 체포된 후였다. 불구속 기소 된 우리 20여 명은 다음 조치를 상의하기 위해 만나야 했고 그러기 위해서는 장소가 필요했다. 테리사와 나는 우리가 살고 있는 토론토 대학교 기숙사의 널찍한 휴게실을 제안했다. 우리에게는 그저 냄새나는 카펫과 스프링 소파가 있는, 낡고 허름한 방에 불과했기 때문이다. 그러나 어떤 운동가들에게 장식적 외형의 석조 건물 안에 위치한, 거대한 벽난로가 있고 단단한 마루가 깔린 휴게실은 그야말로 특권의 상징이었다. 그들은 틀리지 않았다. 내가 그 전까지는 그런 식으로 생각하지 못했을 뿐이다. 테리사와 나는 우리가 더 이상 전적인 신뢰를 받지 못하게 되었음을 깨달았다.

이와 더불어 나이, 계급, 인종에 따른 분열은 결국 협상 난항을 가져왔다. 어떤 사람들은 사법 제도 자체가 계급 차별적, 인종 차별적, 가부장적이므로 최대한 엮이지 말아야 한다고 주장했다. 어떤 사람들은 아직 미성년자라서 부모님의 의사를 고려해야 했다. 또 어떤 사람들은 다음 행사를 계획하는 데 필요한 시간을 벌기 위해 최소한의 에너지를 사용해서 이 일을 처리하길 원했다. 모두의 입장에 타당한 이유가 있었지만 우리가 시위를 계획하고 실행할 때 느꼈던 자부심과 연대감은 깜짝 놀랄 만큼 빠른 속도로 무너져 내렸다. 그때 내가 여성학 수업을 듣는 학생이기 때문에 다른 운동가들이 나를 자신들만큼 진지한 동지로 보는 것이 아니라 오히려 믿지 않는다는 사실을 처음으로 깨달았다. 그 전까지는 내가 받은 교육이 페미니즘 운동의 현장에서 자산이 아닐 수도 있다는 생각을 한 번도 해본 적이 없었다. 나는 충격을 받았지만 그것이 바로 교차성의 교훈이었다.

토론토는 2016년 BLM-TO가 프라이드 퍼레이드를 30분 동안 중단하게 만들었을 때 그야말로 머리를 망치로 얻어맞는 듯한 경험을 했다. BLM은 현재 교차적 도시 운동 계획이 가장 치열하게 진행 중인 예 중 하나다. 트레이번 마틴Trayvon Martin이 살해당한 뒤 세 여자에 의해 시작된 BLM은 성 편향적 주거 불안, 젠트리피케이션, 가정 폭력, 가난, 인종 차별, 경찰 가혹 행위 같은 문제들 사이에 존재하는 뿌리 깊은 교차성을 다룬다. 미국과 캐나다의 BLM 지부들은 과거의 차별적인 유산이 여전히 남아 있음을 인정하고 지금까지와는 다른 도시 미래를 상상하라고 각 도시에 압력을 가하는 최전선에 있다. 7월의 어느 무더운 일요일에 BLM-TO는 프라이드 토론토에 (흑인 퀴어 학자이자 운동가인 리날도 월컷Rinaldo Walcott의 표현에 따르면) 〈토론토의 퀴어 공동체를 내전에〉 빠뜨리고 〈선량한 토론토〉와 프라이드의 밀월 관계를 몇 년 후까지도 뒤흔들어 놓을 일련의 요구를 제시했다.[202]

그 주말에 우연히 토론토에 있었던 나는 퍼레이드를 보러 가기로 결심했다. 쥐스탱 트뤼도Justin Trudeau 총리가 분홍색 셔츠를 입고 집결지로 가기 위해 검은 SUV에 올라타는 모습도 이미

본 참이었다. 첫 번째 그룹의 꽃수레들이 영가(街)로 진입할 때 태양은 빛났고, 분위기는 들떠 있었고, 댄스 뮤직은 쾅쾅 울렸고, 웃통 벗은 사람들이 춤을 췄고, 군중은 서로 물총을 쏴댔다. 원주민 드러머들과 BLM-TO가 퍼레이드 선두에 있었다. 트뤼도는 열렬한 환호를 받으며 그 뒤를 따랐다. 그때 내가 내 파트너에게, 경찰이 제복 차림으로 행진하는 게 프라이드 퍼레이드에서 제일 별로인 부분이라고 말했던 것이 기억난다. 사람들이 무장 경찰을 향해 환호성을 지를 때마다 나는 소름이 끼치곤 했다. 그러나 그해에는 그런 일이 일어나기도 전에 퍼레이드가 멈췄다. 우리한테는 우리 앞에 멈춰 선 거대한 기업 홍보용 꽃수레밖에 안 보였다. 몇 블록 남쪽에서 무슨 일이 있었는지 알게 된 것은 나중의 일이었다. 원주민 드러머들에게 둘러싸인 BLM-TO 운동가들이 영가와 칼리지가의 교차로에 눌러앉아서 프라이드의 리더가 그들의 요구 사항을 들어줄 때까지 움직이길 거부했던 것이다. 그중에서 가장 논란이 됐을 법한 요구 사항은 〈제복이나 예복을 입고 총을 든 경찰 행진 금지〉였다.[203]

　BLM-TO를 이끄는 흑인 퀴어 운동가들이 봤을 때 경찰이 유색인 퀴어, 원주민 젊은이, 성 노동자, 트랜스젠더, 가난한 퀴어를 범죄자 취급 하고 표적화한다는 사실을 프라이드가 묵인하는 것은 프라이드가 상업적이고 백인화된 공간이자 시 당국과 기업, 경찰과 군대 같은 주류 단체들의 지지를 받는 대신 가장 취약한 지역 사회 구성원들의 주변화를 무시하는 공간이라는 증거였다. 이 연좌 농성에 참가했던 월컷이 지적한다.

BLM-TO와 원주민 사회 간의 조화는 현대 정치에 새로운 관계의 출현을 알렸다. 흑인 운동가와 사상가, 원주민 운동가와 사상가가 함께 일할 방법을 찾고 있음을 알린 것이다. (……) 흑인 퀴어와 원주민 투스피릿*이 경찰 가혹 행위의 영향을 받지 않았다고 믿는다면 그것은 거짓이다. 왜냐하면 실제로 영향을 받았기 때문이다.[204]

정복 경찰 금지 요청은 퀴어 사회 내의 소통 부재를 드러냈다. 주류 퀴어 사회에 속하는 많은 이들은 프라이드를 순수한 축제의 시간으로 생각하며 그들에게 퍼레이드의 경찰 행진은 진보, 포용, 용인을 의미한다. 반면에 BLM-TO와 그 지지자들은 경찰이 〈그들에게 현존하는 명백한 위험〉을 상징하며 이를 인정하지 않는 것은 흑인과 원주민, 유색인, 트랜스젠더, 성 노동자, 빈민을 프라이드에서 배제하는 것이라고 주장한다. 또한 그것은 프라이드가 1969년 뉴욕의 스톤월 폭동과 1981년 찜방 단속에 이은 토론토 폭동에서 시작된 반(反)경찰 시위에서 유래했다는 사실을 서서히 지우는 행위이기도 하다. BLM-TO의 개입으로

* Two-Spirit. 북아메리카 원주민 문화에 존재하는 제3의 젠더.

변화의 물결이 시작되었다. 2019년에 프라이드 이사회가 경찰을 다시 퍼레이드에 포함시키려 했지만 해당 안건은 부결되었다. 많은 멤버들이 BLM-TO의 메시지를 받아들였을 뿐만 아니라 환영하기까지 했다는 뜻이다.

내가 체포되었던 시위로부터 벌써 20여 년이 흘렀다. 모든 운동가와 정치 참여 학자가 그렇듯 이 일에서는 해답보다 모순을 더 많이 만난다는 사실을—특히 내가 가진 특권이 거기에서 중요한 역할을 할 때는—나는 시행착오를 통해 어렵게 배웠다(사실 그 방법 외엔 없다). 내가 학생에서 교수가 되면서, 페미니즘 정치의 교차성과 도시 운동에 대한 권리를 널리 알리기 위한 나의 정치 운동은 새로운 표현 수단을 찾아야 했다. 나는 이제 강의실 앞에 서서 경찰 폭력, 성희롱, 강간 문화, LGBTQ2S+ 공간, 장애인 차별, 정착민 식민주의를 비롯한 수십 개의 정치적 주제에 관한 대화를 촉발한다. 또 기회가 닿는 대로 학생 운동을 장려하고 응원한다. 노조 연대에도 참여한다. 하지만 이런 말을 하는 사람은 내가 최초일 것이다. 때로는 그냥 거리로 나가야 한다! 권리란 강의실이나 소셜 미디어에서 혹은 선거 정치를 통해서도 쟁취하거나 지킬 수 없다. 모든 일은 현장에서 일어난다.

역사는 명백하다. 사회 변화는 어떤 형태로든 저항 없이는 일어나지 않는다. 그리고 여성의 도시 생활에서 이루어진 개선은 대부분 사회 운동에서 그 뿌리를 찾을 수 있다. 모든 여자가 시위에 참여하지는 않을 것이다. 사실 한 번도 안 하는 사람이 대부분일 것이다. 그러나 시위는 모두의 삶에 영향을 미쳐 왔다. 그리고 나에게 사회 운동의 공간은 가장 훌륭한 스승이다. 그 경험이 없었다면 여성 친화적 도시가 무엇을 갈망하는지 표현할 수 없었을 것이다. 나는 오랜 세월에 걸쳐 저항하는 법에 대해 배웠다. 그러나 그보다 더 중요한 것은 우리가 여성 친화적 도시를 쟁취하기 위해 기꺼이 싸워야 한다는 사실을 배웠다는 점이다.

5장

공포의 도시

그럼에도 불구하고 대담하며 현명한 여자들

내가 태어난 1975년은 어렸을 때 낯선 이에 의한 위험이라는 유령에 시달리기에 딱 맞는 시점이었다. 그때는 경찰관이 매년 학교에 찾아와서 유괴범을 피하는 최신 기술을 가르쳐 주곤 했다. 모르는 사람의 전화를 받았을 때 집에 혼자 있다고 말하지 마라. 너랑 부모님만 아는 암호를 만들어라. 잃어버린 강아지 찾는다는 사람을 절대 도와주지 마라. 사탕을 받지 마라. 전 세계 뉴스를 24시간 방송하는 곳이 늘어나면서 우리는 실종 아동의 이야기에 주목했고 그때마다 조심해야 한다는 사실을 상기했다. 1985년에 우리 집에서 멀지 않은 토론토 웨스트엔드에서 여덟 살 소녀 니콜 모린Nicole Morin이 실종됐을 때는 정말 무서웠다. 그때 나는 열 번째 생일을 앞두고 있었다. 니콜은 아파트 수영장에 가려고 엘리베이터를 탔다가 흔적도 없이 사라졌다. 사방에서 그 아이의 사진을 볼 수 있었다. 나처럼 머리가 갈색인, 평범한 인상의 아이. 그로부터 30년이 넘게 지났는데도 여전히 실종상태다. 빨간 줄무늬 수영복을 입은 어린 소녀가 잠깐 사이에 사라져 버린 이미지는 여전히 우리 뇌리 깊이 남아 있다.

낯선 이에 의한 위험이라는 포괄적인 위협이 나에게 특정 성별의 형태를 띠기 시작한 것은 아마 모린의 유괴(추정)로부터 얼마 지나지 않아서였을 것이다. 보다 넓은 범주에 속했던 유괴범이 소녀와 성인 여자를 노리는 약탈자라는 구체적 형질을 서서히 획득했다. 나는 내가 단지 어린애이기 때문이 아니라 여자애이기 때문에 취약하다는 사실을 인식하게 되었다. 그 사실을 깨닫게 된 하나의 특정한 계기는 없었다. 오히려 종합하면 위험이 어디에 있고 그것을 피할 수 있는 방법이 무엇인지를 알려 주는 미묘한 힌트가 천천히 쌓인 결과라 보면 되겠다.

내가 어렸을 때 우리 가족은 교외 노동자 동네의 테러스트 하우스*에 살았는데 가장 가까운 이웃은 남동생과 나보다 몇 살 많은 아들들이 있는 집이었다. 첫 두어 해 동안은 아무런 걱정 없이 모두 같이 놀았다. 송전탑 아래서 야구도 하고, 자동차 진입로에서 하키도 하고, 세발자전거를 타고 거리를 달리기도 했다. 그러나 세월이 흐르자 내 동생과 나는 여전히 꼬맹이인데 그 소년들은 10대가 되었다. 그리고 부모님이, 특히 내가 여자 친구들과

* terraced house. 옆집과 벽을 공유하는 주택.

나가 놀 때, 그들을 경계하기 시작했다. 대놓고 말한 적은 없었다. 단지 뭔가가 달라졌고 우리가 〈조심해야 한다〉는 느낌이었다. 하루는 그 소년들이 내 친구와 나를 자기네 차고 안의 하키 골대에 몰아넣고는 집에 못 가게 할 거라고 말했다. 물론 그들은 우리를 풀어 줬지만 어렸을 때와 달리 그 농담은 어딘지 모르게 꺼림칙했다. 불현듯 엄마가 걱정할 만했다는 생각이 들었다. 그게 무엇 때문인지는 명확지 않았다.

여름 캠프에서 밤늦게 수다 떠는 동안에도 나의 배움은 계속됐다. 남자애들에 관한 이야기는 항상 위험한 분위기를 풍겼다. 여름 캠프 하면 생각나는 〈팬티 습격〉에 대해서는 대놓고 얘기할 수 있었지만 〈남자애들은 위험하다〉는 말이 속옷 훔치기를 뜻하는 게 아님을 모두가 알았다. 강간이나 성추행이라고 콕 집어 말하고 싶어 하는 사람이 없었을 뿐이다. 우리는 혼자 있을 때와 밤에 외출할 때 그 위협이 현실이 될 수 있음을 알았다. 그리고 절대 여자 혼자 남자애(들)와 있어서는 안 되고 스스로의 안전을 위한 계획을 준비해야 함을 이해하기 시작했다.

내가 청소년기에 대해 공정하게 서술하고 소녀들이 자신의 몸, 옷차림, 머리 모양, 화장, 몸무게, 위생 상태, 행동에 대해 받는 모든 메시지 ─ 안전을 위해 자신을 통제해야 한다는 더 큰 메시지가 숨겨진 ─ 를 묘사하기란 불가능하다. 청소년기는 여자가 성별 때문에 취약할 수밖에 없다는, 성적 발달이 그 위험을 현실로 만들 거라는 메시지가 피부로 느껴지기 시작하는 시기다. (앉는 법, 말하는 법, 걷는 법, 가만있는 법과 같은) 올바른 행동에 관한 지시 또한 단순히 예의에 관한 것이 아님을 뜻하는 절박성을 띤다. 어떤 여자들은 뭔가가 달라졌음을 인식하게 된 순간을 정확히 지목하기도 한다. 그것은 엄마가 당신에게 잠옷 위에 가운을 입고 벨트를 꼭 매라고 말한 날일 수도 있고, 당신이 엄마 화장품을 바르고 하이힐을 신는 것이 귀여운 장난에서 부적절한 행동으로 바뀐 밤일 수도 있다. 그러나 많은 여자들에게 그 메시지는 링거액처럼 흘러들어 우리 몸 안에 아주 천천히 쌓이기 시작해서 알아차렸을 때에는 혈액에 완전히 녹아 있다. 이미 자연스럽고 상식적이고 타고난 부분이 되어 있는 것이다.

여성의 공포

사회화는 너무나 강력하고 뿌리 깊어서 〈여성의 공포〉 자체가 여자들이 타고난 특성으로 간주되어 왔다. 〈여성의 공포〉의 편재성(遍在性)은 인간 행동을 이해하고자 하는 심리학자, 범죄학자, 사회학자를 비롯한 수많은 사람을 매혹했다. 나는 여자가 도시 공간과 교외 공간에서 느끼는 안전감과 공포감을 주제로 석사 논문을 쓰기 위해 조사를 시작했을 때 여자의 공포를 설명하려는 연구들의 분량에 압도당했다. 진화 생물학에서부터 인류학을 거쳐 여성학과 젠더학에 이르기까지 이 주제에 대해 한마디 하지 않은 학문은 거의 없다.[205] 범죄 공포와 폭력 공포에 대한 조사는 1980~1990년대 사회 과학자들에게 무척 인기 있어서 여자가 언제, 어디서, 누구에게 공포를 느끼는가에 대한 데이터가 상당히 많이 수집되었다. 연구가 계속되자 비슷한 패턴이 발견되기 시작했다. 여자들은 도시, 밤 시간, 낯선 사람을 주 위협원으로 지목했다. 1990년대 초부터 캐나다와 미국에서 이루어진 연구들에 따르면 여자가 공포를 느낀다고 보고된 비율은 남자가 공포를 느낀다고 보고된 비율의 세 배에 달했다.[206]

가정 폭력과 여성을 대상으로 한 범죄 전반에 있어서는 여자가 집이나 직장 같은 사적 공간에서 지인에게 폭력을 당할 가능성이 훨씬 높다는 사실을 사회 과학자들이 알기에 충분한 데이터가 모였다. 반면에 남자는 폭행이나 강도 등 공적 공간에서 (신고된) 범죄의 피해자가 될 가능성이 더 높았다. 그러나 여자들은 계속 공적 공간에서 낯선 사람이 무섭다는 이야기를 한다. 일부 연구자가 여자들의 감정을 〈비이성적〉이고 증거로 〈설명되지 않는다〉고 단정하자 일견 모순되어 보이는 이 현상에는 〈여자들의 공포라는 역설〉이라는 꼬리표가 붙었다. 캐럴린 휘츠먼이 지적하듯 우리는 〈도대체 이 여자들은 어디가 잘못된 건가?〉라는 말을 지겹게 들어야 했다.[207] 물론 이 연구들은 사람들이 자기 집에서 안전하다고 느끼는지는 묻지 않았다. 범죄 공포가 공적인 현상이라는 전제 자체가 처음부터 성별별 분석이 결여되어 있었음을 암시한다.

페미니스트 지리학자들, 사회학자들, 심리학자들은 〈놀랍게도〉 여자들이 비이성적이라는 결론이 마음에 들지 않았다. 그것은 지긋지긋한 고정 관념을 강화했을 뿐 아니라 학문적으로도 옳지 않을 것이 틀림없었다. 만약 굉장히 큰 어떤 집단에 공통된 감정과 행동이 비이성적이라고 주장하는 것이 당신이 제시할 수 있는 최선의 설명이라면 당신은 그 현상을 충분히 깊이 파지 않았을 가능성이 높다. 사회화, 권력, 이성애 가부장제, 외상(外傷)을 고려한, 보다 폭넓은 분석을 실시했더니 소위 여자들의 공포라는 역설은 성 편향적 권력관계를 무시하는 관점에서 봤을 때에만 역설적이라는 사실이 드러났다.[208] 여자들이 살아가는 현실을 진지하게 고려하는 페미니스트의 관점에서 봤을 때 그것은 전혀 역설이 아니었고 여자들 또한 전혀 비이성적이지 않았다. 여자들의 공포가 비이성적이라고 하는 사람들은 몇 가지 필수적인 ── 페미니스트들에게는 당연한 ── 사실을 무시했다고 휘츠먼은 주장한다. 그 필수적 사실 가운데 첫 번째는 이거다. 〈여자들이 가장 두려워하는 범죄는 강간이다. 남자들이 가장 두려워하는 범죄는 강도다. 강도를 당하는 것도 나쁘긴 하지만 강간당하는 것은 더 나쁘다.〉[209]

성폭력이 공포감을 증폭한다는 사실은 누구에게나 명백할 것 같지만 범죄 공포 조사에서는 지금껏 숨겨져 왔다. 게다가 페미니스트 학자들은 성폭행 신고율이 대단히 낮다는 점을 지적한다. 여성 대상 폭력의 발생률은 신고된 범죄만을 바탕으로 한 통계를 사용하기 때문에 대단히 낮게 나타난다는 것이다. 과거에 폭행당했던 경험 또한 미래의 폭행에 대한 공포를 강화한다. 매일같이 겪는 캣콜링과 성희롱도 여자들을 끊임없이 성적 대상화하고 공적 공간에서 불편함을 느끼게 만들어 공포를 강화한다.[210] 지리학자 힐레 코스켈라Hille Koskela는 말한다. 〈성희롱은 매일 여자들에게 어떤 공간에 있어서는 안 된다는 사실을 상기시킨다.〉[211]

아동기 사회화의 장기적 효과 역시 고려되어야 한다. 우리는 낯선 사람과 야간의 공적 공간을 두려워하라는 굉장히 직접적인 지시를 받는다. 언론 매체 또한 낯선 사람에 의한 여성 대상 폭력은 선정적으로 보도하고 부부나 연인 간의 폭력은 상대적으로 적게 보도함으로써 고정 관념을 강화하는 데 기여한다. 또 경찰 드라마는 장르 전체가 여성을 대상으로 한 끔찍한 폭력 행위를 중점적으로 묘사하며 회차를 거듭할수록 허구의 범죄와 자극적인 장면이 강도를 더해 간다(「크리미널 마인드Criminal Minds」와 「로 앤 오더 성범죄전담반Law & Order: Special Victims Unit」, 당신들 말이다). 성폭행은 영화, 책, 텔레비전 드라마의 흔한 테마이자 작가가 여성 인물의 캐릭터 발달에서 중요한 순간을 그릴 때 자주 사용된다. 종합하면 이런 묘사들은 낯선 사람에 의한 폭력과 성폭행이 늘 지척에 있음을 암시한다. 코미디언 티그 노타로Tig Notaro가 그 효과를 자신의 개그 안에 완벽하게 담아낸다. 공공장소에서 남자가 자신을 불편하게 만들 때마다 그녀는 속으로 생각한다. 〈이번엔 내가 강간당할 차렌가?〉 이 농담을 듣고 우리는 불편한 웃음을 짓는다. 거기에 진실이 담겨 있기 때문이다. 우리는 〈우리가 강간당할 차례〉가 저 바깥 어딘가에 있다고, 어둠 속에서 기다리고 있기에 피할 수 없다고 믿는다.

반면에 가정 폭력, 지인에 의한 성폭행, 근친상간, 아동 학대, 그 밖의 〈사적인〉 그러나 훨씬 만연한 범죄들은 대단히 적은 관심을 받는다. 페미니스트의 관점에서 봤을 때 이러한 관심도의 차이는 여자들의 공포를 바깥으로, 집과 가족에게서 멀리 떨어진 곳으로 향하게 함으로써 핵가족 같은 가부장적 제도를 강화하고 여자들이 안전해 보이는 겉모습 때문에 이성애적 관계에 의존하게끔 만든다. 여기서 생기는 악순환이 무엇이냐 하면 집이라는 〈안전한〉 공간에서 경험된 폭력을 예외적인 일인 것처럼 보이게 만들어서 더욱 관심 밖으로 몰아낸다는 것이다.

이 모든 요소 — 낮은 신고율, 성희롱, 사회화, 언론 — 를 고려하면 여자들의 공포라는 역설은 사라지기 시작한다. 휘츠먼은 〈여자들의 공포는 대단히 이성적이다〉라고 결론짓는다.[212] 페미니스트들은 여자들의 공포에 대한 내적 원인이나 설명을 찾으려 애쓰는 대신 더 넓은 구조, 시스템, 제도 안에서 그것의 위치를 찾는 데 더 관심이 많다. 그러한 노력은 결국 이 질문에 다다른다. 〈여자들의 공포는 왜 사회적으로, 문화적으로 그토록 깊이 각인되어 있는가?〉 이 질문에 대한 유일한 대답은 그것이 특정한 사회적 기능을 하기 때문이라는 것이다.

「여성학 개론」에 나올 법한 이야기지만 그래도 반복해야 한다. 여자들의 공포가 가진 사회적 기능은 여성에 대한 통제다. 공포는 여성의 삶을 제한한다. 그것은 우리의 공적 공간 사용을 제한하고, 직장을 비롯한 경제적 기회의 선택에 영향을 미치고, 우리를 — 이것이야말로 〈진짜〉 모순인데 — 남성 보호자에게 의존하게 만든다. 이 모든 것은, 여자들이 집이라는 사적 공간에 묶여 있고 핵가족이라는 제도 안에서 가사 노동을 책임지는 이성애 가부장적 자본주의 시스템을 지탱한다. 그것은 남자라는 집단에게 이익을 가져다주고 현상(現狀)을 효과적으로 유지하는 시스템이다.

위험 지도 만들기

이 모든 것은 어디에서 공간과 연결되는가? 도시와는 무슨 관계가 있나? 사회 통제와 지리는 어떻게 상호 협력 하는가? 이 질문들은 정확하게 나의 여성학적 배경지식이 지리학을 만나 학자로서의 내 관점과 진로가 영원히 바뀐 지점을 나타낸다. 왜냐하면 지리학은 〈어떻게〉라는 질문에 대한 해답을 찾도록 도와주기 때문이다. 성 편향적 사회 통제는 실제로 어떻게 작용하는가? 그것은 지상에 어떻게 표현되며 어떻게 집행되는가?

범죄 공포 조사에서 여자들에게 누가 두렵냐고 물으면 대답은 항상 남자다. 그러나 모든 남자를 피하기란 실질적으로 불가능하다. 그래서 남자에 대한 여자들의 공포는 지리적 논리를 따른다. 우리는 누구를 피할지가 아니라 어떤 〈장소〉를 피해야 할지를 알아낸다. 페미니스트 지리학자 질 밸런타인은 이것이 지속적인 공포 상태에 대처하는 한 가지 방법이라고 설명한다. 〈여자들이 모든 남자를 늘 두려워할 수는 없다. 따라서 그들은 자신의 안전에 대한 통제력을 자기가 갖고 있다는 환상을 유지하기 위해 언제 어디서 《위험한 남자》를 만날 가능성이 있는지 알아야 할 필요가 있다.〉[213]

물론 〈위험한 남자〉라는 개념이 순수하게 지리적이진 않다. 한편에서는 유색인 남성과 노숙자 같은 집단을 위협으로 인식하는 고정 관념과 여론 몰이가 작동하기 시작한다. 반면에 백인 여성보다 높은 수준의 괴롭힘과 폭력을 당한다고 보고되는 유색인 여자들에게는 경찰관처럼 권위를 가진 남성과 백인 남성이 특히 우려스러울 수 있다.[214] 그러나 우리 주변에 남자들이 존재하는 것을 막을 수 있는 통제권은 없고 지속적인 공포 상태에서는 우리가 정상적으로 기능할 수 없으므로 우리는 공포의 일부를 도시 거리, 골목길, 지하철 플랫폼, 어두운 인도 같은 공간에 옮겨

놓는다.

이 공간들은 안전과 공포를 주제로 한, 우리의 마음속 지도를 구성한다. 이 지도는 우리가 지나다니는 동네와 경로 위에 이미지와 말과 감정을 덧씌운, 살아 있는 콜라주다. 무엇을 덧씌울 것인가는 위험 및 괴롭힘과 관련된 우리의 경험에서 유래하기도 하지만 미디어, 소문, 도시 전설, 어떤 문화권에나 넘치도록 많은 〈상식〉에서 유래하기도 한다. 지도는 밤이냐 낮이냐에 따라, 평일이냐 주말이냐에 따라, 계절에 따라 달라진다. 지리학자 레이철 페인Rachel Pain의 연구에 따르면 이 공포의 지리학은 평생에 걸쳐 변하는데 특히 우리가 부모가 되었을 때 그리고 나이가 듦에 따라 달라진다.[215] 이 지도는 역동적이다. 불편한 혹은 무서운 한순간이 지도를 영원히 바꿔 놓을 수도 있다.

〈본질적으로 취약한〉 여자들이 위협과 안전이라는 관점에서 환경을 암호화하는 것은 〈당연하다〉는 상식적 개념에 대해 왈가왈부하긴 힘들다. 누군가는 틀림없이 이것을 일종의 진화적 특징이라고 말할 것이다. 그러나 나는 위험 지도에 의존하는 행위의 〈효과〉와 그것이 여자들의 삶에서 무엇을 의미하는가에 더 관심이 많다. 진화학계는 다음 문장에 대해 한동안 곱씹고 있어도 좋겠다. 이 지도에 여자들이 가장 많이 폭력을 접하는 장소들, 즉 집을 포함한 사적 공간이 위험한 곳으로 표시되는 경우는 드물다. 그 대신 위협은 도시 공간, 공원과 한적한 길과 주차 빌딩으로 실체화된다. 그리고 이 공간들은 인종별로 암호화되거나 분류되는 경우가 많다. 다시 한번 말하건대, 여자들이 비이성적이거나 잘못된 선택을 하는 것이 아니다. 우리는 사회가 우리에게 주입한 메시지를 정확히 반영할 뿐이다. 그러나 그것의 장기적, 일상적 효과는 상당하다.

나는 학부 졸업을 앞두고 토론토 이스트엔드에서 임시 접수원으로 일하게 됐다. 전혀 모르는 지역이었는데 알고 보니 간단한 제조 공장과 창고로 가득한 공장 지대였다. 인도가 없어서 유리와 못이 마구 떨어져 있는 거친 길을 따라 출퇴근해야 했다. 나의 예쁜 사무실용 구두에는 적합하지 않은 길이었다. 행인은 나 혼자뿐이었다. 말쑥하게 차려입은 젊은 여자는 이곳에 어울리지 않는다는 느낌을 받았다. 며칠 뒤 사장님이 직업소개소에 전화해서 나를 더 오래 고용할 수 있느냐고 물었다. 나는 여름내 여러 개의 임시직을 전전하지 않게 되어 기뻤다. 불편한 점도 있었지만 적어도 여름이라 낮이 길어서 어둠 속을 걷지 않아도 됐기 때문이다. 그러나 내가 이 제안을 가을에 받았거나 장기적으로 일하고 싶었다면 안전을 고려해야 했을 것이고 그랬다면 아마 이 좋은 제안을 거절했을 것이다.

공포의 비용

이것은 공포의 숨은 비용, 여자들이 도시에서 충만하고 자유롭고 독립적인 삶을 사는 것을 방해하는 비용이다. 이 비용이 초래하는 사회적, 심리적, 경제적 결과는 상당하다. 그것은 이미 과부하 상태인 여자들의 생활에 엄청난 부담을 덧었다. 왜냐하면 우리는 유급 노동과 무급 노동이라는 〈투잡〉을 뛰면서 거기에 성차별과 인종 차별, 동성애 혐오, 장애인 차별 등을 더해 〈스리 잡〉, 거기다가 끊임없는 스스로의 안전 관리까지 더해 〈포 잡〉을 뛰어야 하기 때문이다.

끝없는 예방 조치는 귀중한 시간과 에너지를 잡아먹는다. 모든 여자는 누가 따라오는 것 같아 일부러 엉뚱한 정거장에서 내리거나 혼자라는 게 확실해질 때까지 멀리 돌아서 집에 가본 경험이 있다. 우리는 한적한 길이나 공원을 지나는 지름길을 피한다. 우리는 이동 경로를 다양화하고 열쇠를 무기 삼아 쥐고 다닌다. 우리는 전화 통화를 하는 척한다. 어떤 장소는 완전히 피한다. 이 모든 것은 일상적이거나 즉흥적인 안전 결정, 그리고 안전 관련 이슈에 대한 계속적인 인지와 관심이라는 피곤한 의례가 된다.

일상적인 환경에서 대개 그 강도가 약하더라도 지속적인 불편에 의해 유발되는 스트레스는 건강에 해로울 뿐 아니라 장기적인 영향을 미칠 수 있다. 최근 연구에 따르면 강도 높은 스트레스는 수명에 영향을 주며 DNA 손상을 가져오기도 한다. 게다가 안전하고 저렴한 귀가 수단이 없다는 이유로 일찍 귀가하거나 아예 행사에 참석하지 않는 것은 우울한 일이다. 또 뭔가 나쁜 일이 일어나면 우리가 비난받지 않을까 고민하며 자신의 선택에 매번 의구심을 품는 것은 심리적으로 지치게 만든다.[216] 그러나 유감스럽게도 우리가 이런 걱정을 하는 것은 타당한 행동이다. 여성 대상 폭력 — 공적 장소와 사적 장소를 모두 합친 — 에 대한 언론 보도를 연구한 논문에 따르면 미디어는 암묵적으로 피해자의 행동, 정신 건강, 과거, 습관에 의문을 제기하는데 특히 피해자가 흑인, 원주민 등 주변화된 집단에 속할 경우에는 더더욱 그러하다.[217]

경제적 관점에서 보면 공포는 물질적인 결과를 낳는다. 예를 들어 보수가 좋더라도 위험해 보이는 지역에 위치한 직장의 밤 근무는 거절해야 할지도 모른다. 직업 훈련과 관련이 있어서 이 수업을 수료하면 보수가 더 좋은 직업을 가질 수 있더라도 야간 수업은 피해야 할지도 모른다. 세가 저렴하더라도 위험한 지역에 위치한 집에는 살지 말아야 할지도 모른다. 그런데 이런 비용들은 〈핑크 택스〉 같은 주제에 대해 논의할 때조차도 거의 언급되지 않는다. 게다가 이보다 더 명백한데도 누락되는 것은 여자들이 괴롭힘을 피하기 위해 자전거나 걷기 같은 저렴한 이동 수단을 포기함으로써 발생하는 비용이다. 연구 결과에 따르면 대부분의 나라에서 여자들이 하루에 걷는 걸음 수는 남자보다 훨씬 적다. 게을러서가 아니다. 저널리스트 탈리아 섀드웰Talia Shadwell

이 자카르타, 인도네시아 세마랑, 브리스톨, 워싱턴 같은 도시들을 조사했더니 여자들이 학교나 직장까지 걸어가는 도중에 괴롭힘을 당하는 경우가 너무 많아서 짧은 거리를 갈 때도 택시나 우버, 버스를 타지 않을 수 없었다.[218] 자가용, 휴대폰, 보안 시설이 잘된 건물에 지출되는 비용 또한 재정적 부담이다. 남자들에게는 사치품처럼 보일지 몰라도 많은 여자들에게는 필수품이다. 그리고 물론 이 필수품에 대한 접근성은 수입, 인종, 장애, 시민권에 따라 큰 차이가 난다.

결과적으로 이러한 제약과 비용과 스트레스는 간접적이지만 굉장히 효과적인 사회 통제 프로그램이 된다. 사회에 의해 강화된 공포는 우리가 도시 생활을, 인생의 매일매일을 최대한 즐기지 못하게끔 방해한다.

이 모든 것에서 이득을 보는 사람은 누구인가? 사회가 여자들을 이토록 심하게 제재하는 것이 얼토당토않고 비논리적으로 보이지 않나? 손실은 개인에게만 부과되는 것이 아니다. 공포를 기반으로 한 선택 때문에 손실된 여자들의 생산성과 그것이 사회에 미치는 영향을 계산할 수도 있다. 그러나 사회는 그렇게 순수한 경제 논리로 돌아가지 않는다. 적어도 모두에게 평등한 운동장을 가정하거나 바라는 논리로 돌아가지는 않는다. 성차별적, 인종 차별적, 트랜스젠더 혐오적, 동성애 혐오적, 장애인 차별적 사회의 경제 논리는 경제력을 포함한 여러 형태의 권력이 우선 백인 이성애자 시스젠더 비장애인 남자에게 최대화되어야 한다는 암묵적 전제를 바탕으로 작동한다.

이게 좀 추상적이라고 생각된다면 도널드 트럼프Donald Trump를 지지하는 백인 노동자 남성을 괴롭히는 〈경제적 불안〉에 대한 언론 매체의 반복적 보도에 대해 생각해 보자. 이 집단의 분노 ─ 그리고 그들을 달래거나 그들의 바람을 충족해 주기 위해 존재한 적도 없는 영광의 과거를 복원해 주려는 계속적인 움직임 ─ 는 그들이 백인 남성이기 때문에 적어도 여성과 유색인보다는 사회 경제적으로 한두 단계 위에 있어야 한다는 생각을 전제로 한다. 이 위계질서가 무너지고 있다는 그들의 믿음은 타 집단에 대한 폭력으로 자주 나타나며 그 결과 많은 사람들의 삶에 공포가 또 한 겹 더해진다.

반격

여자들이 실제로 직면하는 폭력과 여자들만 경험하는 공포의 사회적 효과를 모두 인식한 페미니스트들은 다양한 방법으로 반격하기 시작했다. TBTN, 당당하게 걷기, 잡년 행진, #네이야기를들려줘 같은 운동은 여성을 포함한 주변화된 집단들이 도시 공간에 대한 권리를 주장하는 직접적인 행동 캠페인이다. 도시 건축물에 대한 간단한 변화 요구에서부터 도시 계획 분야 전체를 재정비해야 한다는 주장에 이르기까지 페미니스트 지리학자들, 도시 계획가들, 반폭력 운동가들은 더 안전하고 덜 무서운 도시를 만들기 위해 불완전할지언정 실질적인 진보를 이루어 냈다.

도시 설계 변화의 예에는 거리 조명 개선, 깨끗한 시야 확보, 주택 단지를 지나는 통행량 많은 길이 포함된다. 주차 빌딩, 공원, 대학교 캠퍼스에 비상 공중전화와 호출 버튼을 설치하면 안전감을 높일 수 있다. 일부 도시에서는 CCTV가 범죄를 감소하기 위한 — 그것이 공포를 감소하는지는 의문이지만 — 수단으로 채택되어 왔다.[219]

인공 환경을 바꾸기가 어려울 수도 있다. 바르셀로나처럼 오래된 도시에서는 좁은 길, 어두운 모퉁이, 돌담, 가려진 시야, 웃자란 식물이 사람이 숨을 수 있는 공간을 만들어 공포감을 증폭한다. 페미니스트 건축가, 사회학자, 도시 계획가로 이루어진 협동조합은 여자들이 공간을 더 많이 사용하고 즐길 수 있도록 가시성을 높이고 공공장소의 장애물을 제거하기 위해 노력해 왔다. 르완다 키갈리에서 행상인으로 일하던 여성들은 수유실을 갖춘 안전하고 영구적인 시장 건물이 생기자 자신들의 안전과 경제 사정이 개선되었다고 말했다.[220]

전 세계적으로 대중교통은 여자들에게 괴롭힘과 폭행의 온상이다. 비정부 기구 「플랜 인터내셔널Plan International」은 페루 리마, 마드리드, 캄팔라, 델리, 시드니의 여성들을 조사한 결과 대중교통이 성추행, 성희롱, 미행이 빈번히 발생하는 〈문제 공간〉임을 발견했다.[221] 많은 대중교통 시스템에 비상벨 버튼이 있고 지하철 플랫폼에는 호출 버튼, 환한 조명, CCTV가 설치된 안전구역이 있지만 익명의 사람들로 붐비는 공간이라는 대중교통의 특성상 문제가 사라지진 않는다. 그래서 어떤 도시들은 여성 전용 칸을 만들기도 했다. 도쿄와 오사카의 어떤 노선에서는 특정 시간대에 여성, 장애인, 아동과 보호자를 위한 열차 칸이 지정된다. 멕시코시티, 카이로, 테헤란에도 비슷한 제도가 있다. 물론 비판자들은 남자들이 행동과 태도를 고쳐야 하는데 여자들을 분리하는 것은 진정한 해결책이 아니라고 지적한다.

첨단 기술도 대중교통에서 괴롭힘을 쉽게 신고하게 해주는 앱의 형태로 활용되고 있다. 밴쿠버의 〈전 지구적 보호자 프로젝트〉 앱은 승객이 경찰과 역무원에게 직접 문자를 보낼 수 있게 해준다. 멜버른에서는 대중교통을 이용하는 여성들의 의견을 수렴하여 안전 앱이 개발 중이다. 스톡홀름이나 제네바 같은 도시는 부정적 고정 관념의 폐해와 그것이 성희롱하기 쉬운 환경을 만든다는 사실을 인지하고 대중교통에 성차별적 광고나 여성을 성적 대상화 하는 이미지를 게재하는 것을 금지했다.

이런 변화들이 저절로 일어나지는 않았다. 여성의 안전 문제를 심각하게 받아들이라고 여자들이 시에 압력을 가한 덕이었다. 그러나 시 당국, 특히 도시 계획가들이 여성을 포함한 취약

계층의 경험에 귀 기울이게 만드는 것은 힘겨운 싸움이었다. 그들은 도시 계획이 연구와 실무로 이루어진, 객관적이고 이성적이고 과학적인 분야라고 생각한다. 그것은 성장 및 개발을 관리하고 촉진하거나 얼굴 없는 가상의 〈시민〉에게 서비스를 제공하는 데 치우쳐 있다. 그래서 1980~1990년대에 「여자들이 토론토를 계획한다」 같은 페미니스트 단체들과 도시 계획가들이 젠더 문제를 들고나왔을 때 젠더, 인종, 성적 지향 같은 사회적 차이를 고려할 수 있고 또 고려해야 한다는 생각은 말 그대로 비웃음을 샀다.[222] 지금도 시 당국이 행동에 나서게 만들려면 공공장소에서 세간의 이목을 끄는 여성 대상 범죄가 일어나야 하는 경우가 많다.

2012년 델리의 버스에서 대학생 조티 싱Jyoti Singh이 끔찍하게 강간 살해 당한 사건은 전 세계 머리기사를 장식했고 여자들은 거리로 뛰쳐나와 여성의 안전에 관심을 촉구하는 시위를 열었다. 토론토의 여성 단체들은 1980년대에 공공장소에서 일어난 여성 대상 폭행 몇 건이 시 당국의 관심을 끈 후에야 어느 정도 발언권을 얻을 수 있었지만 시 의원 크리스틴 웡탬Kristyn Wong-Tam의 지적에 따르면 토론토시의 안전 관련 지침은 1990년대 말 이후로 한 번도 업데이트된 적이 없다.[223] 아직도 대부분의 경우 변화를 만들려면 여성 단체들이 직접 나서야 한다. 델리에서는 칼파나 비스와나트Kalpana Viswanath가 세이프티핀이라는 앱을 만들었다. 그것은 여성 사용자들에게서 안전 데이터를 수집하는 동시에 믿을 만한 친구에게 그들의 위치 정보를 전달해 준다. 이 앱은 많은 도시에 전파되어 하노이와 보고타 같은 곳에서는 시 당국과도 협력하고 있다.[224]

세이프티핀은 〈안전 검사〉의 최첨단 버전과도 같다. 안전 검사는 도시 계획가들과 관료들이 여자들의 경험에 귀 기울이게 만들기 위해 「여성 및 아동 대상 폭력에 대한 토론토 행동 위원회Metro Toronto Action Committee on Violence Against Women and Children, METRAC」가 만든 도구다. 안전 검사는 이 공간에서 살고 일하고 공부하고 노는 사람들이야말로 안전과 위험의 전문가라고 주장한다. 지역 사회 구성원들은 〈시찰〉을 나가서 조명이나 시야 등에 대한 정보를 수집한다. 또 언제, 어디서, 어떻게 위험하다는 느낌이 증가하는지와 같은 실험적 요소들도 기록한다. 이제 안전 검사는 개선안 추천 권한을 지역 사회 구성원들에게 주는 것을 목표로 전 세계에서 사용되고 있다.[225]

우리는 이러한 인공 환경 변화와 신기술 도입을 통해 과연 어디까지 도달할 수 있을까? 범죄 예방 환경 설계crime prevention through environmental design, CPTED는 대부분의 범죄가 기회주의적이므로 범죄 기회를 줄이는 것이 중요하다고 주장한다. 오스카 뉴먼Oscar Newman의 CPTED는 그의 〈방어 공간defensible space〉이라는 개념 —건축물이나 부지 설계 같은 물리적 특징이 주민들에게 통제성과 영역성이라는 감각을 부여해서 그들로 하여금 범죄 예방에 적극적으로 나서게 만든다는 생각 — 으로 잘 알려져 있다.[226] 이런 종류의 접근법은 물리적 환경과 인간 행동과 (설계 변화를 통해 감소할 수 있는) 범죄 행동의 예측성 사이에 밀접한 관계가 있다고 가정한다. 하지만 설계가 해답이었다면 지금쯤 범죄가 완전히 사라졌어야 하는 거 아닌가?

불행히도 CPTED는 공간과 공포에 대한 다소 기계적인 이해에 의존한다. 안전 개선이 이루어지면 공포가 당연히 줄어들 것이라고 가정한다. 그러나 공포란 훨씬 더 복잡하며 대부분의 인간 감정은 쉽게 예측할 수 없다. 페미니스트들은 CPTED에 대해 〈관련인들의 물리적 환경과 일상생활에 영향을 미치는 사회적, 정치적 관계를 고려하지 않은 채 특정 환경에서 일어나는 범죄 위협에 대한 반응을 이야기하기란 불가능하다〉라고 비판했다.[227] 바꿔 말하면 사회 세계와 인공 환경을 분리할 수는 없다는 것이다.

도시 설계가들은 이 복잡성이라는 벽에 가로막힌 듯하다. 여자들이 도시에서 느끼는 공포에 대한 페미니스트들의 질적 연구는 모순적이고 해결 불가능한 주장처럼 보이는 것을 드러낸다. 여자들은 공포를 느낀다. 폐쇄된 공간에서도 열린 공간에서도, 붐비는 공간에서도 텅 빈 공간에서도, 대중교통을 타고 있을 때도 도보 중일 때도, 밝은 조명 아래 혼자 있을 때도 어둠 속에 있을 때도.[228] 그렇다면 범죄학자나 도시 계획가는 어떻게 해야 할까?

휘츠먼은 여자들이 도시 녹지 공간에 공포를 느낀다는 연구 결과를 발표했을 때 도시 설계가들에게 무시당했던 경험을 술회한다. 「그래서 어쩌라는 겁니까? 공원 녹지를 콘크리트로 다 덮어 버릴까요?」[229] 힐레 코스켈라와 레이철 페인의 연구에 따르면 인도의 폭을 넓히고 조명을 개선했는데도 안전감이 현저히 증가하지 않자 도시 계획가들은 당황했다. 「도대체 무슨 방법이 더 남았죠?」[230]

학교에서 수업을 하면 지리학과 학생들이 이 부분에서 정말 낙담하거나 짜증을 낸다. 환경적, 설계적 해결책을 상상하며 희망에 부풀어 있었는데 아무리 조명을 밝혀도 가부장제를 없앨 수는 없다는 사실을 깨달았기 때문이다. 「그래서 해결책은 뭔가요?」 그들은 학자들 역시 자신들의 연구 결과에 우리만큼이나 실망할 때가 많음을 알고는 토라지고 절망한다. 사실 간단한 해결책은 없다. 도시 안전을 개선하기 위해서는 인공 환경의 형태뿐만 아니라 사회적, 문화적, 경제적 요소와도 씨름해야 한다.

새로운 해결책을 내놓지 못하는 이유는 전형적인 범죄 공포 조사의 결과와 여자들이 실제로 경험하는 현실 사이에 괴리가 존재하기 때문이다. 범죄 공포 조사는 좁은 의미의 단순화된 〈범죄 공포〉를 다루고 (명시적으로 또는 암묵적으로) 범죄가 공적 공간에서만 일어난다고 상정하는 경향이 있다. 그러나 우리가 이미 알다시피 여자들의 범죄 공포는 훨씬 더 넓고 깊은 공포와 경험 —— 길거리 괴롭힘, 아동 학대, 가정 폭력, 사회화, 언론 매체, 성범죄 특유의 성질로 인한 —— 으로부터 생겨난다. 또한 공포는 나이, 인종, 계급, 성적 지향, 성 정체성, 장애에 따라 다른 형태를 띤다. 페미니스트들은 분명 인공 환경의 변화를 위한 운동을 해 왔으나 여자들의 안전 부족이 여성을 비롯한 주변화된 집단에 대한 사회적 통제를 용이하게 하는 지배의 네트워크 안에 존재 한다는 사실을 한 번도 잊어 본 적이 없다. 이런 상황에서 공포는 절대 〈설계로 없앨〉 수 없다.

대담한 여자들

일상적 공포의 효과를 과대평가하기란 어려운 일이다. 가시 적인 공포의 원인이 존재하지 않을 때도 일상화된 예방 조치로 인한 부담이 상존하기 때문이다. 그게 너무 자연스러워져서 스 스로 인식하지 못하더라도 말이다. 대개 간과되는 놀라운 사실 은 여자들이 끊임없이 자신의 공포에 저항하면서 용감하고 패기 만만하고 자유로운 방식으로 행동한다는 것이다.

여자들은 여전히 센트럴파크에서 조깅을 한다. 밤에 버스를 탄다. 술집이 문 닫는 새벽 3시에 혼자 집까지 걸어온다. 더운 여 름밤에 창문을 연다. 그러나 사람들은 여성의 공포가 너무 깊이 각인되어 있다고 믿은 나머지 여자들의 용기, 지혜, 양식(良識)에 관해 논하는 경우가 드물며 보여 주기식 허세라고 쉽게 일축해 버리곤 한다. 게다가 여자들 본인이, 믿을 수 없을 만큼 자신의 용기와 판단력을 인정하기 힘들어한다.

힐레 코스켈라는 〈여성의 대담과 저항〉에 관한 글에서 〈여자들의 용기와 공간 점유 능력을 분석함으로써 얻을 수 있는 것은 무엇인가?〉를 질문한다.[231] 헬싱키 거주 여성을 대상으로 한 코스켈라의 연구에 따르면 여자들은 대담하게 또는 두려움 없이 행동할 수 있다. 하지만 겁 없는 여자들조차도, 위험이나 위협의 징후가 없을 때에도, 마음속 한구석에서 〈이번에는 네가 정말 무서워해야 할지도 몰라〉라고 말하는 목소리를 자주 듣곤 한다.

코스켈라는 흥미로운 현상 하나를 더 지적한다. 여자들의 용감한 행동이 좋은 결과를 낳았을 때 — 예를 들면 아무런 피해도 입지 않았을 때 — 조차도 그들은 이 순간을 자신이 경험과 데이터와 육감을 근거로 현명하고 이성적인 선택을 했다는 증거로 해석하지 않는다. 오히려 그들이 〈멍청한〉 짓을 했는데도 〈용케 살아남은〉 순간으로 재해석한다.

우아, 내 얘기를 하는 줄 알았다. 나는 단순하지만 정확한 코스켈라의 통찰에 사회가 여자들의 선택을 어떻게 바라보는지, 그리고 우리가 자신의 능력, 지성, 육감에 대해 어떻게 생각하는지가 함축되어 있다는 사실에 큰 충격을 받았다. 내가 나의 도시 모험 ─ 밤새도록 친구와 단둘이 도시를 돌아다녔던 것, 2003년 대정전 때 집까지 히치하이크했던 것 ─ 을 이야기할 때 마지막에는 매번 이런 식으로 끝났다. 「정말 멍청한 짓이었어! 내가 시체가 돼서 배수로에 누워 있지 않은 게 천만다행이라니까?」 석사 논문을 쓸 때 인터뷰했던 여자들도 자신이 도시 공간을 〈점유했던〉 이야기를 들려주고 나서는 곧바로 자신의 능력을 〈운〉으로 치부하고 자기가 왜 그런 위험을 무릅썼는지 모르겠다며 고개를 내저었다.

이 경험들을, 우리가 활용 가능한 모든 정보를 제대로 이해해서 현명하고 이로운 선택을 한 순간으로 재해석해 보면 어떨까? 여자들은 자신들에게 적대적이고 가부장적인 사회에 살면서 연마한 육감과 아주 민감한 감정적, 이성적 처리 능력을 사용할 줄 안다. 남성 지배적 세계에서 살아 나가려면 이런 기술이 저절로 연마될 수밖에 없다. 생각하는 관점을 이렇게 바꾸면 모든 것이 달라진다. 여자들은 대개 운이 좋은 것이 아니다. 우리는 똑똑하고 대담하고 노련하고 현명하다. 여자들이 용감하다는 주장을 거부하거나 묵살한다면 여자들의 행위성과 자아 성찰 능력까지 부인할 위험이 있는데 그것은 페미니스트적인 태도라 볼 수 없다.

이는 폭력이나 피해를 경험하는 사람이 〈나쁜 선택을 했다〉고 말하기 위해서가 아니다. 전혀 그렇지 않다. 책임은 피해를 초래한 가해자에게만 있다. 그리고 여자들은 너무 많은 경우에 자신의 육감과 마음과 생각을 무시하도록 사회화된다. 우리는 타인을 친절하게 대하라고, 분란을 일으키지 말라고 배운다. 그리고 친절이 우리를 위협으로부터 보호해 줄 거라고 믿을 때가 많다. 왜냐하면 여자들이 거절했을 때, 남자를 무시했을 때, 불편한 상황을 피했을 때 폭력이 순식간에 증폭하는 것을 목격했기 때문이다. 그 결과 우리의 지식, 사회적 훈련, (〈편집증〉 같은) 너무 두려워하는 것에 대한 두려움, 과거의 폭력에 대한 수많은 기억과 우리의 육감 사이에서 내적 갈등이 일어난다. 지금껏 아무리 좋은 결정을 내려 왔더라도 이렇게 많은 메시지가 상충할 때는 자기 자신을 믿기 어려운 법이다.

또한 나는 여자들이 자신의 육감을 더 잘 따르게 되면 범죄 공포가 해결된다고 말하려는 것이 아니다. 외려 여자들이 직면하는 가장 큰 위협 — 집, 학교, 직장의 남자 지인으로부터 당하는 폭력 — 을 감소하는 데에는 거의 효과가 없을 것이다. 실제로 이것은 여성 안전을 개선하려는 사람들에게 주요한 장애물이다. 공적 공간에의 개입과 설계적 개입은 사적 공간에서 일어나는 폭력을 거의 다루지 않는다. 공적 공간과 사적 공간이라는 구분 자체가 (사회적, 공간적 범주를 지나치게 단순화한 것인 데다) 이런 문제는 개인이 각자 알아서 해결하는 경향이 있으며 그 둘이 서로 어떤 영향을 미치는지에 대한 생각이 별로 없음을 의미하기도 한다.[232] 페미니스트 지리학자들이 이 문제에 있어서 몇 가지 중대한 변화를 이끌어 내긴 했지만 여성 대상 폭력은 그 규모와 복잡성 때문에 다루기 어렵다. 물론 그렇다고 두 손 들어도 된다는 뜻은 아니다. 확실한 것은 어떤 방식으로 개입하든 공간적인 것과 사회적인 것, 공적인 것과 사적인 것 그리고 무엇보다 교차성을 고려해야 한다는 점이다.

교차성과 폭력

여성 대상 폭력은 젠더 기반 폭력이라는 점을 공통분모로 갖고 있지만 사회적 위치를 나타내는 나머지 지표에 따라 폭력, 괴롭힘, 위험의 종류가 달라진다. 그리고 이 각각의 지표는 서로 분리해서 생각할 수 없다. 예를 들어 히잡을 빼앗긴 여성에게 그 행위가 성차별인지 이슬람 혐오인지 고르라고 할 수는 없는 것이다. 마찬가지로 엄청난 규모와 오랜 역사를 가진 원주민 여성 대상 폭력 또한 인종 차별, 식민주의, 성차별 중 하나로 축소할 수 없다. 원주민 여성들이 오랫동안 주장해 왔듯이 성 편향적 폭력은 정착민 식민주의의 주요 도구로서 해당 국가의 정부와 개인에 의해 지금껏 남용되어 왔다.[233]

2018년 말부터 2019년까지 이민 아동 억류 정책은 국가가 불법 이민자, 그중에서도 특히 여자들의 망명 요청을 단념시키기 위해 공포를 어떻게 활용하는지 보여 줌으로써 우리의 관심을 끄는 데 성공했다. 또 장애인 여성은 언제 어디서나 가장 심각한 신체적 학대와 성폭력을 경험한다. 그리고 유색인 트랜스젠더 여성, 특히 성 노동에 종사하는 사람들은 살해당할 확률이 엄청나게 높다. 이 모든 사례에서 성별과 성 정체성이 중요하긴 하지만 성 편향적 폭력은 항상 다른 형태의 폭력과 연관돼 있다.

도시에서 공공장소의 폭력과 범죄 공포는 곧잘 한 가지 문제, 이를테면 〈여성 문제〉로 다뤄지곤 하는데 그러면 개입의 형태가 제한되고 그중 일부는 실패할 수밖에 없다. 왜냐하면 여성이 가진 다양한 사회적 위치를 고려하지 않기 때문이다. 순찰을 늘리고 조명을 추가하고 CCTV를 설치하는 것은 거리의 성 노동자들을 오히려 더 위험하게 만들 가능성이 높다. 경찰에게 단속 및 폭력을 당할 위험이 증가하는 데다 일하기 위해 더 위험한 곳으로 자리를 옮겨야 하기 때문이다. 불법 체류 중이거나 그 나라 말을 잘 못하는 외국인은 여성의 안전을 위해 만든 서비스나 공간에 접근하기가 어려울 수도 있다.[234] 버스 정류장과 정류장 사이에서 내려 달라고 말하는 것도 그들에게는 넘기 힘든 장애물일 수 있는 것이다. 그리고 장애인이 물리적으로 접근 가능한 공간은 늘 부족하기 때문에 장애인 여성이 안전과 관련해서 선택할 수 있는 것 또한 대단히 제한되어 있다. 따라서 안전을 강화하기 위한 정책이나 관행, 설계 변경을 실시할 때는 다양한 사회 구성원이 어떤 영향을 받게 될지 사전에 잘 살펴야 한다. 모두에게 맞는 한 가지 해결책을 찾는 것은 불가능할지 모르나 가능한 한 교차적 접근법을 채택해야 한다.

지금껏 도시에 해결을 맡겼던 여성 문제들이 좋지 않은 결과를 보인 것 또한 사실이다. 나는 지금 여성 대상 범죄, 특히 성폭행을 감추기 위해 경찰 통계를 조작하는 관례가 충격적일 만큼 만연하다는 점에 대해 생각하고 있다. 1990년대에 필라델피아가 — 그중에서도 특히 젠트리피케이션이 빠르게 진행 중이던 도심이 — 실제보다 안전해 보이게 만들기 위해 경찰이 범죄 데이터를 조작해 왔음이 밝혀졌다. 지리학자 앨릭 브라운로Alec Brownlow는 경찰이 수십 년간 고의적으로 성폭력, 특히 강간 신고를 〈허위 신고〉나 단순 〈인물 조사〉로 분류함으로써 조작해 왔음을 폭로했다.[235] 최대 3분의 1에 달하는 범죄가 잘못 분류되었다. 위니프리드 커런이 젠트리피케이션과 성폭력 간의 상관관계를 지적한다. 필라델피아는 강간을 보이지 않게 만듦으로써 스스로가 (여성을 포함한) 젊은 전문직 독신자들에게 가장 안전한 최고의 도시라고 광고할 수 있었다.[236]

2017년 저널리스트 로빈 둘리틀Robyn Doolittle은 캐나다 전국의 경찰들이 범죄를 〈허위 신고〉로 분류해 버리는 경우가 깜짝 놀랄 만큼 빈번하다는 사실을 폭로했고 그 결과 거의 모든 관할구에서 감사가 이루어졌다. 결국 3만 7,000여 건의 사건이 재수사에 들어갔다.[237] 둘리틀의 보도는 형사들 사이에 강간 신화가

널리 퍼져 있음을 드러냈다. 그들은 트라우마, 2차 가해, 지인 강간의 역학에 대해 아는 게 거의 없는 듯했다. 나아가 그 보도는 신고가 부족해서 여성 대상 폭력이 숨겨지기도 하지만 신고해 봤자 상황을 바꾸는 데 거의 도움이 안 될지도 모른다는 사실 또한 보여 줬다. 지금까지도 젠더 기반 폭력의 실제 규모가 알려지지 않은 이유는 부분적으로 우리의 사법 기관들이 이 범죄를 축소하는 데 열심이기 때문인 듯하다.

브라운로와 둘리틀이 밝혀낸 이야기에 대해 생각할 때마다 나는 혈압이 치솟는다. 그래서 그들의 조사 결과를 공유할 수 있을 만큼 진정하기 위해 타이핑을 멈추고 빨래를 한 아름 돌려야 했다. 〈허위 신고〉에 대한 재조사는 도시가 여자에게 정말로 안전한 곳이 되기 위해 노력한 적이 거의 없다는 고통스러운 사실을 상기시킨다. 그들의 최종 목표는 진짜 안전이 아니라 안전해 보이는 겉모습이었다.

도시가 여자에게 안전한 것처럼 〈보이게〉 만들면 다른 주변화된 집단에게도 도시가 덜 안전해지는 경향이 있다. 중심가를 〈청소〉하고 주택가와 상업 지역을 〈재활성화〉하려는 노력은 대개 미적 조치(미화 계획)와 무질서, 위험, 범죄, 질병의 상징으로 낙인찍힌 집단의 적극적 추방을 통해 성취된다. 역사적으로 모든 유색인 집단, 특히 흑인 공동체는 도시 재개발의 이름으로 청소되어 왔는데 여기에는 캐나다 핼리팩스의 애프릭빌과 밴쿠버의

호건스앨리도 포함된다. 오늘날에는 노숙과 성 노동을 범죄화함으로써 노숙자와 성 노동자의 덜 노골적인 추방이 이루어지고 있으며 젊은이들, 특히 유색인 젊은이들은 불심 검문과 체포를 통해 경찰의 과도한 사찰을 당하고 있다. 또 이 〈재건〉 지역으로부터 빈민, 노동자, 유색인을 몰아내기 위해 가난한 지역 사회와 신규 이민자를 돕는 공간들이 폐쇄되거나 이전당하거나 지원금을 빼앗기기도 한다.

백인들 — 여성 포함 — 은 유색인만 보면 재깍 경찰을 부르는 행위를 통해 효과적인 사찰 대리인이 된다. 그런데 그 책임의 일부는 〈교도소 페미니즘carceral feminism〉에 있다. 교도소 페미니즘이란 반폭력 운동의 일종으로, 젠더 기반 폭력의 해결을 경찰과 사법 제도에 의존하며 가혹한 처벌을 요구한다.[238] 아프리카계 미국인학 교수 베스 리치Beth Richie는 『저해된 정의Arrested Justice: Black Women, Violence, and America's Prison Nation』에서[239] 지난 몇십 년간 어떤 여자들의 안전은 개선된 반면, 취약 계층에 속하는 여자들은 〈미국의 감옥 국가가 세 불리기를 하는 동안 반폭력 운동이 취한 사상적, 전략적 방향 때문에 그 어느 때보다도 위험하다〉라고 지적한다. 인종 차별적이고 계급 차별적인 사법 제도하에서 감금 중심적 접근법은 불평등을 심화하는 동시에 흑인, 원주민, 유색인 가정에 다시 낙인을 찍고 표적화하는 데 기여할 뿐이다. 교도소 페미니즘은 경찰과 도시가 실제로 여자들의 안전을 개선하려는 노력은 거의 안 하면서 다른 주변화된 집단을 표적화하고 국가 폭력과 길거리 폭력에 더욱 취약하게 만드는 정책과 관행을 정당화하기 위한 수단으로 이용하는 시스템에 자기도 모르게 참여하고 있는 것이다.

나는 토론토의 아파트 개발 사업과 젠더에 관한 논문을 쓸 때 부동산 개발업자들과 중개업자들이 24시간 컨시어지 서비스와 보안 서비스, 지문 인식 도어 록, CCTV, 경보 시스템을 내세우며 이 아파트가 중심가에서 여자들에게 가장 안전한 곳이라고 열정적으로 홍보했음을 알게 되었다.[240] 이런 특이 사항들은 한때 버려진 산업 지구로 낙인찍혔던 〈한창 뜨는〉 동네에 아파트가 들어오기 시작할 때 중점적으로 광고되었다. 그때 나는 개발업자들이 투자 위험성 높은 지역에 여자들에게 〈안전한〉 아파트를 건설함으로써 무사히 침투하고 있다고 주장했다. 반면에 이런 형태의 젠트리피케이션에 의해 쫓겨날 여자들의 삶은 전혀 안전해지지 않았을 것이고 그들의 가정 폭력이 해결되지도 않았을 것이다. 게다가 여자들에게 아파트를 소유함으로써 자신의 안전을 〈구입〉하라고 종용하는 것은 사유화라는 경향에 기여하는데 사유화란 사람들의 행복도, 범죄로부터의 안전에 대한 책임도 개개인에게 있음을 뜻한다. 안전을 사적 재화화 한다면 스스로의 안전을 구입할 경제적 수단을 가지지 못한 사람들은 더더욱 안전하지 않은 환경에서 살게 된다. 그것은 여자들에게 더욱 안전한 도시라는 교차성 페미니즘의 비전과는 확실히 거리가 멀다.

우리는 안전한 도시의 형태가 정확히 어떤 것인지는 알지 못하지만 거기에 사적인 안전 조치가 포함되지 않는다는 것은 안다. 안전한 도시는 범죄 예방이나 적절한 조사를 경찰에 의존하지 않을 것이다. 안전해 보이는 겉모습을 위해 성 노동자, 유색인, 젊은이, 이민자를 저버리지 않을 것이다. 백인 여성 특권층의 필요와 욕구를 중심에 두지 않을 것이다. 그리고 물리적 변화가 가부장적 지배를 무너뜨릴 거라고 기대하지 않을 것이다.

최소한 가장 취약한 계층의 필요와 관점에서 출발하는 교차적 접근법이 요구될 것이다. 여자들의 말에 귀 기울이고 믿는 것이 표준 관행이 될 것이다. 사적 공간의 폭력과 공적 공간의 폭력 사이에 존재하는 상관관계에 대한 이해가 증가할 것이다. 강간 신화와 강간 문화가 해체될 것이다. 공포가 사회적 통제를 위한 전략이 되지 않을 것이다. 안전한 여성 친화적 도시에서 여자들은 단지 문밖에 나가기 위해 용기를 내야 할 필요가 없을 것이다. 우리의 에너지가 100만 한 가지 안전 예방 조치에 낭비되지 않을 것이다. 이 도시에서는 여자들이 세상에 내놓을 수 있는 것이 최대한 실현될 것이다.

나가며

가능성의 도시
여성 친화적 도시는 여기에 있었다

토론토, 런던, 뉴욕 같은 도시들에 대한 내 어린 시절의 기억은 순간순간의 소리, 냄새, 분위기, 감각과 함께 곧잘 그리움을 동반한 어렴풋한 인상으로만 남아 있다. 나이가 들면서 이 느낌은 나를 캐나다에서 가장 큰 도시의 대학교로, 런던으로, 도시 공부로 이끌었다. 요즘도 도시를 방문할 때면 몸속의 무언가가 달라지면서 일종의 도시 근육 기억이 내 몸을 지배하는 것을 느낀다. 기차에서 내려 번잡한 거리에 올라서면 자세가 바뀌고 걸음걸이가 달라지고 얼굴 표정도 변한다. 작은 마을에서 10년을 산 덕에 도시에서 살 때보다는 낯선 사람과 눈을 잘 마주치지만 내 몸은 여전히 도시에서 어떻게 움직여야 할지를 안다.

나는 여자들의 도시 생활 경험으로부터 생겨난 질문들을 가지고 여성 친화적 도시에 관한 책을 쓰기 시작했다. 〈안에서 지리적으로 가장 가까운 곳)은 우리가 도시에서 당연하게 받아들이는 모든 것에 대한 질문의 출발점이 되는 단단한 바탕이다. 그리고 여자들이 도시에서 골칫덩어리 취급을 받는 이유가 대부분 몸과 관련되어 있기 때문에 — 너무 뚱뚱하고, 너무 생식력 있고, 너무 성적이고, 너무 지저분하고, 너무 약해서 — 대안을 생각해 내기 위해서라도 우리는 자꾸만 몸으로 돌아와야 한다. 페미니스트 도시 운동가들과 학자들은 몸이 성차별적, 계급 차별적, 인종 차별적, 성적 대상화 된 도시 권력관계와 정치가 펼쳐지는 곳이라는 사실을 유념한 채 몸에 주목한다.[241] 이 책에서 언급한 나의 경험들이 보편적이진 않지만 도시 생활이 시급한 사회 문제가 된 후부터 여자들이 쉴 새 없이 이런 문제에 대해 이야기하고 글을 쓰고 때로는 큰 소리로 외쳐 왔기 때문에 내 경험 또한 누군가에게는 공감의 울림을 준다는 것을 안다.

여자에게 도시는 진짜 지뢰밭이 될 수도 있지만 리베카 트레이스터의 말처럼, 전통적인 결혼이 여자에게 제공했어야 마땅한 모든 지원과 훨씬 더 많은 자유를 주는 〈진정한 사랑〉이 될 수도 있다.[242] 지금의 내 딸을 보면 그 애의 자신감과 도시를 즐기는 모습에 기분이 좋다. 열여덟 살 때 낯선 도시 몬트리올로 이사한 매디는 전화로 교통 카드 얘기를 신나게 떠들어 댄다. 「어디든 갈 수 있다는 게 너무 좋아!」 내가 몬트리올에 가면 그 애는 도시 토박이답게 나한테조차도 너무 빠른 속도로 힘차게 걷는다. 나는 매디가 용감하고 자신만만하길, 이곳에서 공간을 차지하길 원한다. 나는 모든 부모가 때때로 마음속에 그리는 최악의 시나리오에 몰입하지 않으려 애쓰며 절대 그 애한테 내 공포로 부담을 주지 않는다. 하지만 안전에 대해, 모르는 사람의 일에 어디까지 개입할 것인지에 대해, 강간 문화에 대해, 열여덟 살 때의 나보다 지금의 그 애가 훨씬 더 잘 아는 주제들에 대해 솔직한 대화를 나누곤 한다. 물론 매디가 내게 말하지 않는 것이 무엇인지 궁금하긴 하다. 내 경험에 의하면 그 애가 묻지 않은 질문에 대한 대답을 나는 이미 알고 있다. 그러나 그중 무엇 하나도 매디가 도시 생활을 사랑하는 데 방해가 되는 것은 원치 않는다.

그럼에도 불구하고 그 애는, 도시에서 혼자 사는 여자는 일련의 체화된 습관들을 익히게 된다는 사실을 배우고 있다. 대부분 무의식적으로. 이 습관들은 시간의 흐름에 따라, 반복(repetition)에 의해 — 주디스 버틀러Judith Butler였다면 반복(iteration)이라고 했겠지만[243] — 응축되고 몸을 빚는다. 자세, 걸음걸이, 표정, 동작, 몸짓, 눈 맞춤, 태도, 근육 긴장 등등이 우리가 도시 환경(남자들의 도시)과 그 안에서 소용돌이치는 사회관계를 헤쳐 나감에 따라 빚어진다. 우리 몸은 공포, 괴롭힘, 폭력, 원치 않는 접촉의 모든 순간을 〈기록한다〉.[244] 원치 않는 고의적 접촉에 따라오는 충격, 움찔거림, 역겨움, 분노의 느낌을 저장한다. 싸우고 싶은 충동이나 도망가고 싶은 충동이 든 순간은 뚜렷한 흔적을 남긴다. 성적 대상화 하는 말이 초래하는 본능적인 불편과 거기에 따라오는 수치심, 무력한 분노는 피부 바로 밑에 보관된다. 때로는 너무 표피 가까이 보관돼서 욕이나 무례한 손동작 같은 반응이 조건 반사가 되어 버리기도 한다. 나는 작은 마을로 이사한 뒤에 클랙슨이나 고함 소리를 들었을 때 악의 없는 동료나 이웃에게 손가락 욕을 하지 않기 위해 이 조건 반사와 싸워야 했다. 몇십 년간의 도시 생활이 내 몸에게 공공장소를 믿지 않도록 가르쳤기 때문이다.

나도 내가 이런 식으로 반응하게끔 사회화되었다는 사실이 싫다. 내 머릿속의 이상적 도시에서는 낯선 사람들이 물리적 접촉을 포함한 여러 형태의 접촉을 너무나 많이, 자유롭게 하기 때문이 아니다. 이 불신이 도시 생활의 다른 측면, 덜 〈물리적인〉 형태의 접촉에까지 영향을 미치기 때문이다. 내 몸을 보호막으로 감싸고 다니고 싶다는 충동, 내 개체 공간에 최대한 통제력을 행사하고 싶다는 충동을 느낀다는 것은 내가 다른 종류의 경험이나 관계, 만남에 덜 개방적이라는 뜻일지도 모른다. 이런 폐쇄성은 청결, 질병, 전염, 교류할 가치가 있는 사람에 대한 계급 차별적, 인종 차별적, 성차별적 사고의 영향을 받는다. 노숙자에게 돈이나 음식을 제공할 것인가? 아프거나 다친 것처럼 보이는 사람을 도와줄 것인가? 성 노동자 단체나 에이즈 환자 단체에 자원봉사를 나갈 것인가? 트랜스젠더와 연대할 것인가? 내 자식을 인종 다양성이 높은 동네의 학교에 보낼 것인가? 다양한 체구와 장애를 가진 사람들이 있는 요가 수업에 다닐 것인가? 원주민 집회나 윤무(輪舞)에 참여할 것인가?

나는 성 편향적 공포가 곧바로 모든 종류의 만남에 대한 공포로 이어진다거나 어느 한 가지의 편견이라도 정당화한다고 말하고 있는 것이 아니다. 그러나 그것이 장벽을 무너뜨리는 데 도움이 되지 않는 것은 확실하다. 공포나 트라우마를 경험했거나 낯선 이에게 개체 공간을 침해당하거나 신체적 요구를 받은 적이 있는 사람은 심리적으로 움츠러든다. 다양한 종류의 접촉을 찾아 나서거나 새로운 환경을 경험하거나 자신을 세상 앞에 내놓는 것을 전처럼 자유롭게 하지 못하게 된다. 자신도 알게 모르게 스스로를 접촉으로부터 보호하기 위해 SUV를 사고 싶어 한다는 사실을 발견하게 될지도 모른다.[245] 24시간 보안 서비스가 있는 아파트에 살고 싶어 하는 것이 당연해 보일 수도 있다. 자신과 외모도, 말투도, 행동도 비슷한 사람들이 사는 동네를 선택하는 것이 더 편하게 느껴질지도 모른다. 물론 여자들은 이런 충동과 싸워야 한다. 우리는 두려워하도록 사회화함으로써 여자들을 사회적으로 통제하는 것이 다른 형태의 배제, 분리, 차이에 대한 공포를 강요하는 시스템의 일부임을 깨달아야 한다. 그런데 여자들이 괴롭힘, 성적 대상화, 제약, 진짜 폭력을 경험하는 도시에서는 이 시스템을 무너뜨리기가 훨씬 더 어려울 것이다.

과거에는 도시의 공적 공간이 줄곧 여자, 퀴어, 흑인, 원주민,

유색인에게 즐거운 곳이었다는 건 아니지만 최근 몇십 년간 젠더, 계급, 인종, 장애 등의 차이를 뛰어넘는 즉흥적이고 위협적이지 않은 만남의 가능성에 확실히 부정적인 변화가 일어났다. SF 작가 새뮤얼 R. 딜레이니Samuel R. Delany는 1980~1990년대에 타임스스퀘어가 〈음란하고 시끄러운〉 퀴어들의 만남의 장소에서 중산층과 관광객을 위한 깨끗하고 안전한, 디즈니스러운 소비의 공간으로 변했다고 말한다.[246] 딜레이니는 최대한 향수를 배제하면서도 아마 1990년대 줄리아니 시장의 무관용 〈청소〉 캠페인에 의해 최초로 환골탈태한 지역의 거리 생활, 야바위꾼, 포르노 극장, 전체적인 분위기에 대한 자신의 기억을 연대순으로 기록하려 애쓴다. 게이들의 헌팅 장소였던 웨스트 42가뿐만 아니라 다양한 인종으로 구성된 지역 사회, 활기찬 거리 생활, 음식과 술과 오락을 저렴하게 즐길 수 있었던 장소들까지 회상한다.

페미니스트 지리학자이자 영화감독인 브렛 스토리Brett Story는 딜레이니의 회고록을 《가족 가치》와 화려한 관광업의 주변부에 자리한 낯선 사람들과의 접촉에 관한 논문〉이라고 표현했다.[247] 스토리는 도시의 〈주변부에서 접촉하는 것〉이 차이를 뛰어넘는 접촉을 단속하는 자본주의의 힘에 대한 일종의 저항이라고 주장한다. 이 접촉은 도시의 사회관계를 변화시킬지도 모르지만 〈자본의 도시〉에서, 지루하고 중립적인 공간, 끊임없는 위험의 느낌, 과잉 감시와 과잉 순찰이 지배하는 〈누구에게도 속하

지 않는 도시〉에서[248] 평범한 접촉은 점점 줄어들고 있으며 불안
으로 가득하다.

이런 상황에서 체화된 차이의 표지는 도시가 재개발, 젠트리
피케이션, 과잉 치안 활동을 장려하는 데 필요한 신호탄의 기능
을 한다. 변화하는 동네에서 몸이 거주하거나 공간 속을 움직이
는 방식은 그곳에 속하는 사람이 누구인지를 말해 준다. 습관적
자세의 미묘한 차이, 눈 맞춤을 하는 것(혹은 하지 않는 것), 걸음
걸이, 목소리 톤, 식사하는 방식, 그 밖의 많은 것이 어떤 사람이
그곳에 속하느냐 속하지 않느냐를 나타내는 문화적, 사회적 표
지가 된다.[249] 예를 들어 요가 하는 엄마나 수염 기른 힙스터의 몸
은 젠트리피케이션을 의미한다.[250] 나이, 질병, 장애, 인종, 계급,
성적 지향, 중독 등의 기준에 부합하지 않는 몸은 그 자체가 〈그
곳에 어울리지 않음〉을 뜻하는 표지로, 추방 대상이 된다.

이 역학 관계는 젠트리피케이션 지역에서 대단히 흔할 뿐 아니
라 첨단 기술로 인해 전보다 더 용이해졌다. 넥스트도어 같은 사
적 SNS 앱에서는 동네 주민들이 수상해 보이는 사람을 신고하
거나 음식 냄새나 음악 취향을 이유로 특정인이나 상점을 공격
한다. 물론 이 첨단 기술로 유색인 이웃이나 토박이 주민, 상점을
신고하는 사람은 젠트리피케이션 이후에 이사 온 백인들이다.
젠트리피케이션이 진행 중이던 샌프란시스코의 버널하이츠에
서 그곳 주민인 앨릭스 니에토Alex Nieto가 경찰의 총에 맞아 사망

한 사건이 있었다. 개를 산책시키던 백인 남자들이, 출근 전 공원 벤치에 앉아 부리토를 먹고 있던 니에토가 수상하다며 신고했기 때문이다. 이 사건을 조사한 리베카 솔닛Rebecca Solnit은 유색인들이 이제는 〈자기 동네에서도 위협이나 침입자〉로 간주되어 퇴거나 경찰 폭력, 심지어 죽음까지 당하게 됐다고 말했다.[251]

추방, 위험, 죽음 같은 정치적 문제는 페미니스트의 관점에서 접촉, 변화, 새로운 도시 미래를 다룰 때 신경 써야 할 게 많다는 사실을 상기시킨다. 도시에서 여자의 안전을 우선으로 보장하기 전에는 그중 아무것도 가능하지 않다고 말하기란 쉬운 일이다. 그러나 국가 및 기업의 강화된 감시, 군대화된 경찰, 공적 공간의 사유화처럼 신자유주의 도시성의 시대에 선호되는 수단은 다른 사람들의 안전을 감소할 가능성이 높다. 게다가 이 수단들역시 여자의 안전에 가장 큰 위협인, 사적 공간에서의 폭력을 해결하는 데는 거의 혹은 전혀 도움이 안 된다.

경제적 평등이라는 해결책에 의존하는 것도 쉬운 일이다. 저렴한 집세, 생활 임금, 무료 탁아소, 저렴한 의료비 및 교육비는 확실히 대부분의 여성 친화적 도시 비전에 중요한 요소들이다. 그러나 지나치게 마르크스주의적이고 〈비판학적인〉 운동은 경제적 측면이 해결되면 나머지는 저절로 해결될 거라는 잘못된 가정하에 젠더, 인종, 성적 지향, 장애 문제를 투쟁의 주변부로 밀어낸다.[252] 게다가 젠더 기반 폭력은 물론이고 돌봄 노동과 사회적 재생산에 대해 깊게 고민하지 않는 것으로 보아 경제적 해결책에만 의존해서는 우리가 바라는 만큼 큰 변화를 얻지 못할 것이다.

이러한 경제적 비전들이 정착민 식민주의나 도시의 탈식민지화 가능성을 해결하려 하는 경우는 드물다. 캐나다, 미국, 오스트레일리아 같은 정착민 식민 국가에서는 벌써 한참 전부터 공간에 대한 모든 도시 계획 결정에 원주민 부족들의 의견을 반영했어야 했다. 대규모 탈식민지화는 아직 먼 훗날의 일일지 몰라도 도시 토지 이양이나 도시 보호 구역을 통해 원주민이 식민지화된 도시 공간에 대한 통제권을 되찾을 수 있다.[253] 더 일상적인 차원에서는 여성 혐오와 구조적 정착민 폭력의 복합에 대한 깊은 이해를 통해 원주민 여성이 도시에서 직면하는 폭력을 해결하는 것이 도시 화해를 진전시키는 데 중요하다.

과거를 참고하는 것 또한 모든 면에서 도움이 되지는 않는다. 일부 도시 계획가들은 거리 생활이 지금보다 사교적이었고 (딜레이니가 묘사한) 우연한 만남이 더 쉽게 일어났던 스마트폰 이전 시대를 그리워하는 것 같지만 사실 이 제인 제이컵스스러운 장면 뒤에는 인종, 계급, 장애, 성적 지향을 기반으로 한 광범위한 배제가 숨어 있었다. 문학가 제임스 볼드윈James Baldwin도 제이컵스와 똑같은 동네에 대한 글을 남겼는데 제이컵스의 눈에 비친 그리니치빌리지는 기분 좋은 다양성으로 가득한 곳이었지만 흑인 퀴어 남성이었던 볼드윈은 그곳에서 정기적으로 경찰에게 괴롭힘을 당했고 위험한 이방인으로 간주되었다.[254] 물론 젠트리피케이션이나 재개발 이전의 동네 모습에서 귀중한 교훈을 배울 수도 있겠지만 장밋빛 색안경을 벗고 이 이상적인 도시 생활의 사진에서 누가 빠져 있는지를 봐야 할 필요가 있다.

어디서부터 시작해야 할까? 우선은 도시 계획, 정치, 건축의 얼굴이 바뀌어야 한다. 일상생활에 막대한 영향을 미치는 결정을 내리는 사람들 사이에 폭넓은 실제 경험을 가진 대표들이 포함되어야 한다. 새 초등학교는 어디에 지을 것인가, 버스 정류장 사이의 간격은 얼마나 되어야 하는가, 집이 아닌 곳에서도 작은 사업을 운영할 수 있는가 등의 크고 작은 결정을 내릴 때 항상 교차적 분석을 사용해야 한다. 남반구 국가의 도시에서는 해외의 비정부 기구와 지자체가 (자신들에게 무엇이 필요한지 가장 잘 아는) 여자들의 목소리에 귀 기울여야 한다. 원주민의 관심사도 반영되어야 한다. 빈민과 유색인을 표적화하는 교도소 페미니즘으로는 여자의 안전을 개선할 수 없다.

나는 여성 친화적 도시의 비전이 처음부터 여기 있었다고 주장하고 싶다. 일부는 완전히 실현되지 못했고 일부는 과거가 되어 버렸지만 그 이상(理想)도 실례도 지금 우리 눈앞에 있다. 작은 저항의 공간 또는 단순히 돌봄, 일, 요리 등을 분업하는 대안으로서 존재하는 공간에 더 넓고 변혁적인 비전의 가능성이 있

다. 코펜하겐의 베르덴스쿨투르센레트(세계 문화 센터)에 있는
센 플레레 크뤼데리르(양념을 더 보내라) 카페 같은 곳에서는
여성 이민자들이 음식을 만들어 팔고 예술을 통해 자신의 이야
기를 공유하며 지역 사회와 소통한다. 내 친구이자 동료인 헤더
매클레인Heather McLean에 따르면 글래스고의 「키닝파크 복합 센
터」는 다양한 인종의 노동자 계급이 거주하는 동네에 위치한 지
역 사회 단체로, 새로 온 이민자들과 노동자들이 서로 연대한 덕
에 공동 식당, DIY 수리소, 활기찬 공연장이 운영되고 있다.[255]
내가 옛날에 살던 동네인 토론토의 더 정크션에서는 학자 겸 예
술가 겸 운동가인 킴 잭슨Kim Jackson과 낸시 비바 데이비스 핼리
팩스Nancy Viva Davis Halifax가 이밴절린 여성 보호 센터에서 〈월요
일 밤 예술 모임〉을 주관한다. 어느 여름에 몇 주간 그 모임을 방
문했을 때 나는 킴과 낸시와 거기에 참여하는 모든 여자들이 그
보호 센터에서의 경험을 형성한 (그 집단의 표현을 빌리면) 〈가
난이라는 신자유주의적 상황〉으로부터 새로운 뭔가를 창조하
는 것을 목격했다.

　월요일 밤 예술 모임은 여자들이 자신의 프로젝트를 발전시
키고, 기술을 개발하고, 선물이나 실용적인 물건을 만들고, 지
식을 공유하거나 생산하고, 시간을 함께 보내는 공간이다. 바
꿔 말하면 월요일 밤 예술 모임은 애정, 지식, 정보, 응원, 자원,

선물의 교환이 이루어지는 비공식적 경제 공간이다. 월요일 밤 예술 모임은 이웃 사랑의 한계, 사회 예술과 대화와 저항의 한계에 도전하는 수행적 공간이기도 하다.[256]

더 넓은 무대로 나가 보면 여자들은 우리 시대의 가장 혁신적인 사회 운동, 도시와 도시 생활의 미래에 대한 대화의 종류를 바꿔 놓는 운동들을 이끌고 있다. BLM은 치안 활동, 안전, 범죄, 위험 그리고 이것들과 대단히 성 편향적인 주제들 — 공공 주택, 젠트리피케이션, 지방 정부 같은 — 의 관계에 대해 우리가 안다고 믿었던 모든 것에 반기를 든다. 원주민 여성들이 이끄는 환경 운동인 〈게으름은 이제 그만Idle No More〉은 캐나다 전국에서 열린 시위 및 윤무 행사에서 원주민과 비원주민 동지들을 단합시키는 데 성공함으로써 환경 문제가 광범위한 연대의 공간이 되어야 하는 이유를 널리 이해시키는 데 필요한 새로운 소통 창구를 열었다.

〈15달러를 위한 싸움Fight for $15〉 캠페인은 전 세계 저임금 노동자들의 생활 임금을 확립하기 위한 여성 주도 운동으로 2012년 뉴욕시 파업에 참가한 노동자들로부터 시작되었다. 스스로를 〈패스트푸드점 직원, 가정 간병인, 돌봄 교사, 공항 직원, 시간 강사, 소매점 직원, 그리고 모든 곳의 저임금 노동자〉라고 설명한 이 운동은 여성과 유색인이 대부분을 차지하는 저임금 노동자들을 지지한다. 이들의 낮은 임금, 긴 근무 시간, (일상적 성희롱을 포함한) 위험한 노동 환경은 전 세계 여성과 그 가족의 삶에 크나큰 영향을 미친다.[257] 영국에서 〈E15 엄마들〉로 알려진 〈포커스 E15 Focus E15〉 캠페인의 여자들은 런던시 의회가 공공 주택 철거를 결정했을 때 퇴거를 거부했다. 그들은 다른 여러 도시의 공공 주택으로 뿔뿔이 흩어져야 한다는 통보를 받았다. 〈치솟는 집세, 보조금 삭감, 공공 주택 부족으로 인해 저임금 노동자들이 런던 변두리와 그 너머까지 쫓겨나는 가운데 전시(全市) 차원에서 실시하는 사회적 청소 절차〉에 저항한 이들의 캠페인은 2013년 이래 널리 널리 퍼져 나갔다.[258] 영국뿐 아니라 다른 국가에서도 공공 주택 거주자의 대다수가 여성인 상황에서 이 단체는 공공 주택을 대량 철거 해서 재개발하는 젠트리피케이션이 여자들에게 어떤 영향을 미치는가에 대한 인식을 높이기 위해 노력해 왔다.

이 운동들을 비롯한 수많은 운동들은 이미 실현되고 있는 여성 친화적 도시의 비전이다. 이 비전들은 우리에게 유급 노동, 돌봄 노동, 사회적 재생산을 새롭게 조직할 방법에 대해 생각해 보라고 요구한다. 중요한 것은 이 관계들을 조직하는 기본 바탕에 이성애 핵가족이 놓여 있지 않다는 것이다. 또 여자가 경제적, 물리적으로 가족이나 남자에게 보호받아야 한다고 규정하지도 않는다. 물론 각자가 자신만의 새로운 가족 형태를 만들고 키워 나가는 것의 중요성은 인정한다. 여성의 자율성도 인정하지만 동시에 친구들, 지역 사회, 사회 운동과의 연결성 또한 인정한다. 이 비전들은 자기 집에서, 거리에서, 화장실에서, 직장에서, 학교에서 안전하다고 느끼고 싶은 모든 사람의 연대를 환영한다. 특권과 억압의 여러 시스템에 대한 성 편향적 문제의 교차성을 인정하며 백인 여성 특권층의 지위를 높이는 것이 성공의 표지인 페미니즘을 거부한다.

여성 친화적 도시는 그것을 실현하는 데 청사진을 필요로 하지 않는다. 나는 슈퍼 페미니스트 도시 계획가가 나타나서 모든 것을 무너뜨리고 새로 시작해 주길 원하지 않는다. 하지만 도시가 어떻게 사회를 (젠더, 인종, 성적 지향 등과 관련하여) 조직하는 특정한 방식을 유지하기 위해 세워졌는지가 보이기 시작하면 새로운 가능성을 찾아 나설 수 있다. 우리가 가진 도시 공간을 사용하는 데는 다양한 방법이 있다. 대안적 공간을 만드는 데는 끝없는 선택지가 있다. 우리가 그것을 발견하고 키우는 법만 배울 수 있다면 작은 여성 친화적 도시들이 곳곳에서 싹트고 있다. 여성 친화적 도시는 출세 지향적 프로젝트다. 사실은 완성에의 유혹에 저항하는, 〈완성〉 계획이 없는 프로젝트다. 여성 친화적 도시는 도시 세계에서 다르게 살기, 더 잘 살기, 더 공정하게 살기에 관한 현재 진행 중인 실험이다.

감사의 말

우선 비트윈 더 라인스 출판사의 모든 직원, 그중에서도 특히 이 책에 열정적으로 〈좋아요!〉를 외치고 출판 과정 내내 나를 응원해 준 담당 편집자 어맨다 크로커에게 감사한다. 같은 팀의 셜린 나이트, 러네이 냅, 데이비드 몰런하우스, 데빈 클랜시에게도 감사를 전한다.

나는 전갈자리라서 어떤 프로젝트를 맡으면 거의 완성될 때까지 비밀로 하는 편인데 초반에 이야기를 슬금슬금 흘렸을 때 격려와 조언을 아끼지 않은 에린 웡커, 데이브 토머스, 제임스 맥네빈, 캐럴라인 코베시, 패멀라 모스에게 감사한다.

맹렬하고 창의적이고 엄격하고 적극적인 페미니스트 지리학자 공동체는 오래전부터 나의 지적인 고향이었다. 〈그들의〉 연구가 없었다면 나는 이 책을 쓸 수 없었을 것이다. 우리의 모임,

콘퍼런스, 출간 기념 파티는 나에게 너무나 의미 깊은 일이다. 헤더 매클레인, 위니프리드 커런, 브렌다 파커, 로버타 호킨스, 우나 모로, 캐런 팰커너 알 힌디, 티퍼니 멀러 머달, 버니나 슈타인복, 베벌리 멀링스를 친구, 공동 저자, 협력자로 둔 것은 나에게 특별한 행운이었다.

대학원 시절의 멘토들과 은사님들은 여전히 나에게 영감을 불어넣어 준다. 셔린 러잭, 헬렌 렌스키, 거다 웨컬리, 린다 피크가 나의 성공을 위해 베풀어 준 모든 도움에 그저 감사할 뿐이다.

마운트 앨리슨 대학교의 동료들과 학생들은 지난 10년 동안 나의 연구에 따듯하고 기운 넘치는 환경을 조성해 주었다. 특히 「젠더, 문화와 도시」를 수강한 모든 학생에게 감사를 전한다. 이 책은 어느 열성적인 집단이 〈커노그라피〉*라고 불렀던 것의 정제품이다. 우리의 대화는 이 책의 목표를 설정하는 데 도움이 됐다.

나의 도시 혹은 비도시 탐험은 여자 친구들의 모임인 〈토론토 분홍 숙녀들〉과 〈색빌 숙녀 일당〉 덕분에 재미와 우정과 여행과 문신과 치즈와 비실용적인 신발로 가득 찰 수 있었다. 그 멤버들을 내 인생에 등장한 순서대로 나열하면 제니퍼 켈리, 크리스 와인코프, 캐서린 크러피치, 세라 그레이, 크리스티나 이즈키어도, 미셸 멘데스, 케이티 해즐릿, 제인 드라이던, 셸리 콜레트, 리사

* Kernography. 컨학(學).

266

돈 해밀턴이다.

나는 늘 우리 부모님과 남동생 조시는 물론이고 수많은 친척들과 친구들로부터 한결같은 응원을 받았다. 내 파트너 피터가 매일 아침 끓여 준 커피 덕에 이 책의 단어 하나하나를 쓸 수 있었다. 딸 매디는 내 삶의 절대적인 빛이다. 나는 여러분 모두를 사랑하며 여러분이 내게 해준 모든 것에 진심으로 감사한다.

참고 자료

들어가며 | 남자들의 도시

1 Elizabeth Wilson, *The Sphinx in the City: Urban Life, the Control of Disorder, and Women* (Berkeley: University of California Press, 1991), p. 29.

2 Judith R. Walkowitz, *City of Dreadful Delight: Narratives of Sexual Danger in Late-Victorian London* (Chicago: The Univeb rsity of Chicago Press, 1992), p. 11.

3 Elizabeth Wilson, *The Sphinx in the City*, p. 27.

4 Elizabeth Wilson, *The Sphinx in the City*, p. 39.

5 Lee Maracle, *I Am Woman: A Native Perspective on Sociology and Feminism* (Vancouver: Press Gang, 1996); Andrea Smith, *Conquest: Sexual Violence and American Indian Genocide* (Cambridge: South End Press, 2005).

6 Sarah Hunt, "Representing Colonial Violence: Trafficking, Sex Work, and the Violence of Law", *Atlantis*, 37.2,1 (2015/2016), pp. 25~39.

7 University of Toronto Magazine, *The Cities We Need*, Autumn (2018).

8 Sara Ahmed, "White Men", *feministkilljoys*, accessed January 28 (2019), https://feministkilljoys.com/2014/11/04/white-men/, 원문 강조.

9 Adrienne Rich, *Blood, Bread, and Poetry: Selected Prose 1979~1985* (New York: W.W. Norton, 1994).

10 Adrienne Rich, 위의 책, p. 213.

11 Adrienne Rich, 위의 책, p. 216.

12 원래는 2005년 사회 운동가 터라나 버크Tarana Burke가 만든 단체를 의미했다. 2017년 트위터에서 해시태그 #MeToo가 폭발적 반향을 불러일으켰다.

13 예를 들면 160명이 넘는 여성이 미국 국가 대표 체조팀과 대학교 체조팀의 주치의였던 래리 내서Larry Nasser에게 당한 성추행을 증언했다.

14 Gerda Wekerle, "A Woman's Place is in the City", *Antipode*, 16,3 (1984), pp. 11~19.

15 Elizabeth A. Stanko, "Women, Crime, and Fear", *Annals of the American Academy of Political and Social Science*, 539,1 (1995), pp. 46~58.

16 Elizabeth Wilson, *The Sphinx in the City*, p. 31.

17 Charlotte Brontë, *Villette* (1853), cited in Wilson, *The Sphinx in the City*, p. 30.『빌레트』, 안진이 옮김(현대문화센터, 2010)

18 Leslie Kern, "Selling the 'Scary City': Gendering Freedom, Fear and Condominium Development in the Neoliberal City", *Social & Cultural Geography*, 11,3 (2010), pp. 209~230.

19 마거릿 웬티는 1986~2019년에 캐나다 전국지 『글로브 앤드 메일』에 매주 칼럼을 기고했다.

20 Jane Darke, "The Man-Shaped City", in *Changing Places: Women's Lives in the City*, eds. Chris Booth, Jane Darke and Sue Yeandle (London: Sage, 1996), p. 88, 원문 강조.

21 Caroline Criado Perez, *Invisible Women: Data Bias in a World Designed for Men* (New York: Abrams, 2019).『보이지 않는 여자들—편향된 데이터는 어떻게 세계의 절반을 지우는가』, 황가한 옮김(웅진지식하우스, 2020)

22 Oliver Moore, "The 'Baked-In Biases' of the Public Square: Calls Grow to Redesign Cities with Women in Mind", *The Globe and Mail*, April 1, 2019, https://www.theglobeandmail.com/canada/toronto/article-designing-safer-cities-for-women/.

23 Dolores Hayden, "Skyscraper Seduction, Skyscraper Rape", *Heresies*, 2 May (1977), pp. 108~115.

24 Liz Bondi, "Gender Symbols and Urban Landscapes", *Progress in Human Geography*, 16,2 (1992), p. 160.

25 Liz Bondi, 위의 자료, p. 160.

26 Janice Monk and Susan Hanson, "On Not Excluding Half of the Human in Human Geography", *The Professional Geographer*, 34 (1982), pp. 11~23.

27 Kimberlé Crenshaw, "Demarginalizing the Intersection of Race and Sex: A

Black Feminist Critique of Antidiscrimination Doctrine, Feminist Theory, and Antiracist Politics", in *Feminist Legal Theory: Readings In Law And Gender*, eds. Katherine Bartlett and Roseanne Kennedy (New York: Routledge, 1991); Patricia Hill Collins, *Black Feminist Thought: Knowledge, Consciousness, and the Politics of Empowerment*, 2nd Edition (New York: Routledge, 2000); bell hooks, *Feminist Theory: From Margin to Center*, 2nd Edition (Cambridge: South End Press, 2000). 『페미니즘 ─ 주변에서 중심으로』, 윤은진 옮김(모티브북, 2010)

28 Gill Valentine, "'Sticks and Stones May Break My Bones': A Personal Geography of Harassment", *Antipode*, 30,4 (1998), pp. 305~332; Laura Pulido, "Reflections on a White Discipline", The Professional Geographer, 54,1 (2002), pp. 42~49; Audrey Kobayashi, "Coloring the Field: Gender, 'Race,' and the Politics of Fieldwork", *The Professional Geographer*, 46,1 (1994), pp. 73~80; Katherine McKittrick, *Demonic Grounds: Black Women and the Cartographies of Struggle* (Minneapolis: University of Minnesota Press, 2006).

29 Donna Haraway, "Situated Knowledges: The Science Question in Feminism and the Privilege of Partial Perspective", *Feminist Studies*, 14,3 (1988), pp. 575~599.

30 Linda Peake and Martina Rieker, eds., *Rethinking Feminist Interventions into the Urban* (London: Routledge, 2013).

1장 | 엄마들의 도시

31 Charles Baudelaire, *The Painter of Modern Life* (New York: Da Capo Press, 1964). Orig. published in *Le Figaro*, in 1863. 『샤를 보들레르 ─ 현대의 삶을 그리는 화가』, 정혜용 옮김(은행나무, 2014)

32 Walter Benjamin, *The Arcades Project*, ed. Rolf Tiedemann, trans. Howard Eiland and Kevin McLaughlin (Cambridge: Belknap Press, 1999). 『아케이드 프로젝트1, 2』, 조형준 옮김(새물결, 2005~2006)

; Georg Simmel, "The Metropolis and Mental Life", adapt. D. Weinstein from trans. Kurt Wolff in *The Sociology of Georg Simmel* (New York: Free Press, 1950), pp. 409~424.

33 Janet Wolff, "The Invisible Flâneuse: Women and the Literature of Modernity", *Theory, Culture, and Society*, 3 (1985), pp. 37~46.

34 Virginia Woolf, "Street Haunting: A London Adventure", in *Volume IV*

Collected Essays (New York: Harcourt, Brace and World, Inc., 1930), p. 166. 『런던 거리 헤매기』, 이미애 옮김(민음사, 2019)

35 Virginia Woolf, *The Diary of Virginia Woolf* (London: Hogarth Press, 1977). 『울프 일기』, 박희진 옮김(솔출판사, 2019)

36 Sally Munt, "The Lesbian Flâneur", in *The Unknown City: Contesting Architecture and Social Space*, eds. Iain Borden, Joe Kerr, Jane Rendell with Alicia Pavaro (Cambridge: MIT Press, 2000), pp. 247~262.

37 Lauren Elkin, *Flâneuse: Women Walk the City in Paris, New York, Tokyo, Venice, and London* (New York: Farrar, Strauss and Giroux, 2016), chap 1: Flâneuse-ing, Kindle. 『도시를 걷는 여자들 — 도시에서 거닐고 전복하고 창조한 여성 예술가들을 만나다』, 홍한별 옮김(반비, 2020)

38 Lauren Elkin, 위의 책.

39 Katerie Gladdys, "Stroller Flâneur", *Wagadu*, 7 (Today's Global Flâneuse, 2011), pp. 84~85.

40 Anna Quindlen, "The Ignominy of Being Pregnant in New York City", *New York Times*, March 27, 1996, https://www.nytimes.com/1986/03/27/garden/hers-the-ignominy-of-being-pregnant-in-new-york-city.html.

41 Gerda Wekerle, "A Woman's Place is in the City".

42 Betty Friedan, *The Feminine Mystique* (New York: W.W. Norton & Company, Inc., 1997 (1963), p. 57. 『여성성의 신화 — 새로운 길 위에 있는 우리 모두에게 용기를』, 김현우 옮김(갈라파고스, 2018)

43 Dolores Hayden, *Redesigning the American Dream: Gender, Housing, and Family Life* (New York: W.W. Norton & Company, Inc., 2002), p. 30.

44 Ta-Nehisi Coates, "The Case for Reparations", *The Atlantic*, June (2014), https://www.theatlantic.com/magazine/archive/2014/06/the-case-for-reparations/361631/.

45 Dolores Hayden, *Redesigning the American Dream*, p. 59.

46 Sherilyn MacGregor, "Deconstructing the Man Made City", in *Change of Plans: Towards a Non-Sexist Sustainable City*, ed. Margrit Eichler (Toronto: Garamond Press, 1995), p. 30.

47 Gerda Wekerle, "A Woman's Place is in the City", Antipode, p. 11.

48 Gerda Wekerle, 위의 책, p. 11.

49 Jane Jacobs, *The Death and Life of Great American Cities* (New York: Vintage Books, 1961).

50 Kim England, "Gender Relations and the Spatial Structure of the City", *Geoforum*, 22,2 (1991), p. 136.

51 Gerda Wekerle, "Gender Planning in Public Transit: Political Process, Changing Discourse and Practice", in *Gender and Planning: A Reader*, eds. Susan S. Fainstein and Lisa J. Sevron (New Brunswick: Rutgers University Press, 2005), pp. 275~300.

52 Aarian Marshall, "The Pink Transit Tax: Women Spend More Than Men to Get Around NYC", *Wired*, November 12, 2018, https://www.wired.com/story/nyc-public-transportation-pink-tax-gender-gap/?mbid=social_twitter_onsiteshare.

53 Noah Richardson, "Why London's Subway System Leaves So Many Disabled People Without a Ride", *CBC News*, September 3, 2018, https://www.cbc.ca/news/world/london-tube-subway-disabled-riders-1.4804602.

54 Erin Durkin, "New York Subway: Woman Dies While Carrying Baby Stroller on Stairs", *The Guardian*, January 29, 2019, https://www.theguardian.com/us-news/2019/jan/29/new-york-subway-woman-dies-baby-stroller-stairs.

55 Christine Murray, "What Would Cities Look Like if They Were Designed by Mothers?", *The Guardian*, August 27, 2018, https://www.theguardian.com/commentisfree/2018/aug/27/architects-diversity-cities-designed-mothers.

56 Jessica Linzey, "In the 70s, Daring Young Women Created the North's First Public Transit System", *CBC Radio*, August 17, 2018, https://www.cbc.ca/radio/thesundayedition/the-sunday-edition-april-29-2018-1.4638038/in-the-70s-daring-young-women-created-the-north-s-first-public-transit-system-1.4638092.

57 Ila Kazmi, "These Gully Girls from Delhi Are Rapping for Safe Public Spaces", *The Quint*, January 11, 2019, https://www.thequint.com/neon/gender/these-girls-from-madanpur-khadar-in-delhi-are-using-rap-to-talk-about-unsafe-streets-and-lack-of-public-transport.

58 *Evening Standard*, "Pregnant Commuter's Fury at Being Forced to Sit on Carriage Floor Instead of in First Class", February 17, 2014, https://www.standard.co.uk/news/transport/pregnant-commuters-fury-at-being-forced-to-sit-on-carriage-floor-instead-of-in-first-class-9133213.html.

59 Damaris Rose, "Feminist Perspectives on Employment Restructuring and Gentrification: The Case of Montreal", in *The Power of Geography*, eds. Jennifer

Wolch and Michael Dear (Boston: Unwin Hyman, 1989), pp. 118~138; Ann R. Markusen, "City Spatial Structure, Women's Household Work, and National Urban Policy", *Signs: Journal of Women in Culture and Society*, 5,S3, Spring (1980), pp. S22-S44.

60 Winifred Curran, *Gender and Gentrification* (New York: Routledge, 2018), p. 3.

61 Winifred Curran, 위의 책, p. 6.

62 Winifred Curran, 위의 책, p. 50.

63 Leslie Kern, *Sex and the Revitalized City: Gender, Condominium Development, and Urban Citizenship* (Vancouver: UBC Press, 2010).

64 Sharon Hays, *The Cultural Contradictions of Motherhood* (New Haven: Yale University Press, 1996), p. 15.

65 Andrea O'Reilly, ed., *Twenty-First Century Motherhood: Experience, Identity, Policy, Agency* (New York: Columbia University Press, 2010).

66 Winifred Curran, *Gender and Gentrification*; Lia Karsten, "From Yuppies to Yupps: Family Gentrifiers Consuming Spaces and Re-Inventing Cities", *Tijdschrift voor economische en sociale geografie*, 105,2 (2014), pp. 175~188.

67 Brenda Yeoh, Shirlena Huang, and Katie Willis, "Global Cities, Transnational Flows and Gender Dimensions: The View From Singapore", *Tijdschrift voor economische en sociale geografie*, 91, 2 (2000).

68 Geraldine Pratt, *Families Apart: Migrant Mothers and the Conflicts of Labor and Love* (Minneapolis: University of Minnesota Press, 2012).

69 Dolores Hayden, *The Grand Domestic Revolution: A History of Feminist Designs for American Homes, Neighborhoods, and Cities* (Cambridge: The MIT Press, 1982).

70 Margrit Eichler, ed., *Change of Plans: Towards a Non-Sexist Sustainable City* (Toronto: Garamond Press, 1995); Dolores Hayden, "What Would a Non-Sexist City Be Like? Speculations on Housing, Urban Design, and Human Work", *Signs: Journal of Women in Culture and Society*, 5,3 (1980), pp. S170~S187.

71 Gerda Wekerle, "Canadian Women's Housing Cooperatives: Case Studies in Physical and Social Innovation", in *Life Spaces: Gender, Household, Employment*, eds. Caroline Andrew and Beth Moore Milroy (Vancouver: UBC Press, 1988).

72 Helen Jarvis, "Home Truths about Care-less Competitiveness",

International Journal of Urban and Regional Research, 31,1 (2007), pp. 207~214; Gerda Wekerle, "Domesticating the Neoliberal City: Invisible Genders and the Politics of Place", in *Women and the Politics of Place*, eds. Wendy Harcourt and Arturo Escobar (Sterling: Kumarian Press, 2005), pp. 86~99.

73 Clare Foran, "How to Design a City for Women", *Citylab*, September 16, 2013, https://www.citylab.com/transportation/2013/09/how-design-city-women/6739/.

74 Clare Foran, "How to Design a City for Women".

75 Prabha Khosla, "Reclaiming Urban Planning", *Urbanet*, August 8, 2018, https://www.urbanet.info/women-land-rights-cities/.

76 CBC News, "Should Ottawa Adopt Sweden's Gender-Balanced Snow-Clearing Policies?", January 24, 2018, https://www.cbc.ca/news/canada/ottawa/sweden-snow-clearing-gender-ottawa-1.4500636; Curran, *Gender and Gentrification*.

77 CBC News, "Should Ottawa Adopt Sweden's Gender-Balanced Snow-Clearing Policies?".

78 Clare Foran, "How to Design a City for Women".

79 Veronica Zaragovia, "Will High-Heel Friendly Streets Keep Seoul's Women Happy?", *Time*, August 5, 2009, http://content.time.com/time/world/article/0,8599,1914471,00.html?xid=rss-world.

80 Brenda Parker, *Masculinities and Markets: Raced and Gendered Urban Politics in Milwaukee* (Athens: University of Georgia Press, 2017).

81 Brenda Parker, 위의 책, p. 119.

82 Brenda Parker, 위의 책, p. 120.

83 Julie Sze, *Noxious New York: The Racial Politics of Urban Health and Environmental Justice* (Cambridge: The MIT Press, 2007).

84 Alexandra Parker and Margot Rubin, *Motherhood in Johannesburg: Mapping the Experiences and Moral Geographies of Women and their Children in the City* (Johannesburg: Gauteng City-Region Observatory, 2017).

85 Brenda Parker, *Masculinities and Markets*, p. 125.

86 Patricia Hill Collins, *Black Feminist Thought*; hooks, *Feminist Theory*.

87 Zenzele Isoke, *Urban Black Women and the Politics of Resistance* (New York: Palgrave Macmillan, 2013).

88 Zenzele Isoke, 위의 책, p. 78.

89 Zenzele Isoke, 위의 책, p. 78.

90 Zenzele Isoke, 위의 책, p. 80, 원문 강조.

91 Zenzele Isoke, 위의 책, p. 2.

2장 | 친구들의 도시

92 Erin Wunker, *Notes from a Feminist Killjoy* (Toronto: Book*hug, 2016), p. 117, 원문 강조. 『웃어넘기지 않는다 — 페미니스트 킬조이가 보내는 쪽지』, 송은주 옮김(신사책방, 2021)

93 Erin Wunker, 위의 책, p. 117.

94 Lauren Berlant and Michael Warner, "Sex in Public", *Critical Inquiry*, 24,2, Winter (1988), pp. 547~566.

95 Erin Wunker, *Notes from a Feminist Killjoy*, p. 142.

96 Erin Wunker, 위의 책, p. 115.

97 Roxane Gay, *Bad Feminist* (New York: HarperCollins, 2014), p. 47. 『나쁜 페미니스트 — 불편하고 두려워서 페미니스트라고 말하지 못하는 당신에게』, 노지양 옮김(사이행성, 2016)

98 Elena Ferrante, *My Brilliant Friend* (New York: Europa Editions, 2011), chap. 16, Kobo. 『나의 눈부신 친구』, 김지우 옮김(한길사, 2016)

99 Elena Ferrante, 위의 책.

100 Alison L. Bain, "White Western Teenage Girls and Urban Space: Challenging Hollywood's Representations", *Gender, Place and Culture*, 10,3 (2003), p. 204.

101 Alison L. Bain, 위의 자료, p. 206.

102 Rachel Kaufman, "Architects Ask: Where Are the Spaces for Teen Girls?", *NextCity*, July 3, 2018, https://nextcity.org/daily/entry/architects-ask-where-are-the-spaces-for-teen-girls.

103 Mary E. Thomas, "Girls, Consumption Space and the Contradictions of Hanging Out in the City", *Social & Cultural Geography*, 6,4 (2005), pp. 587~605.

104 Plan International, *Unsafe in the City: The Everyday Experiences of Girls and Young Women* (Surrey: Plan International, 2018).

105 *Girls Town* (1996) Dir. Jim McKay, USA.

106 Alison L. Bain, "White Western Teenage Girls".

107 Gill Valentine, "Children Should Be Seen and Not Heard: The Production

and Transgression of Adults' Public Space", *Urban Geography*, 17 (1996), pp. 205~220.

· 108 Alison L. Bain, "White Western Teenage Girls", p. 206.

109 Alison L. Bain, 위의 자료, p. 206.

110 Alison L. Bain, 위의 자료, p. 209.

111 Alison L. Bain, 위의 자료, p. 209.

112 Jane Darke, "The Man-Shaped City".

113 Kayleen Schaefer, *Text Me When You Get Home: The Evolution and Triumph of Modern Female Friendship* (New York: Dutton/Penguin Random House, 2018), Introduction: Why Women Tell Each Other, Text Me When You Get Home, Kindle. 『집에 도착하면 문자해 ― 오래된 편견 때문에 가려진, 여성의 우정에 관한 재발견』, 한진영 옮김(반니, 2020)

114 폴 버나도와 칼라 호멀카의 범죄에 대해서는 상세한 기록이 남아 있다.

115 Kayleen Schaefer, 앞의 책.

116 Emily Yoshida, "Broad City: Meet The 21st Century Comedy Queens That Even Hillary Loves", *The Guardian*, February 15, 2016, https:///www.theguardian. com/tv-and-radio/2016/feb/15/broad-city-funniest-comedy-on-tv.

117 Brian Moylan, "Broad City: Season Three of the Comedy is One of the TV Highlights of the Year", *The Guardian*, February 16, 2016, https://www. theguardian.com/tv-and-radio/2016/feb/17/broad-city-season-three-tv-highlights-of-the-year.

118 Erin Wunker, *Notes from a Feminist Killjoy*.

119 Julie Podmore, "Lesbians in the Crowd: Gender, Sexuality and Visibility Along Montréal's Boul. St-Laurent", *Gender, Place & Culture*, 8,4 (2001), pp. 333~355.

120 Julie Podmore, "Gone 'Underground'? Lesbian Visibility and the Consolidation of Queer Space in Montréal", *Social & Cultural Geography*, 7,4 (2006), p. 595, 원문 강조.

121 Tamar Rothenberg, "'And She Told Two Friends': Lesbians Creating Urban Social Space", in *Mapping Desire: Geographies of Sexualities*, eds. David J. Bell and Gill Valentine (New York: Routledge, 1995), p. 157.

122 Gill Valentine, "Desperately Seeking Susan: A Geography of Lesbian Friendships", *Area*, 25,2 (1993), pp. 109~116.

123 Lulu Wei, "Where Have All the Spaces for Queer Women in Toronto Gone?", *Xtra*, November 7, 2018, https://www.dailyxtra.com/where-have-all-

the-spaces-for-queer-women-in-toronto-gone-127717.

124 Erica Lenti, "Slack's Closes Just Before Toronto Pride", *Xtra*, June 27, 2013, https://www.dailyxtra.com/slacks-closes-just-before-toronto-pride-50243.

125 Lulu Wei, "Where Have All the Spaces".

126 Rebecca Traister, *All the Single Ladies: Unmarried Women and the Rise of an Independent Nation* (New York: Simon & Schuster, 2016), p. 97. 『싱글 레이디스 — 혼자인 우리가 세상을 바꾼다』, 노지양 옮김 (북스코프, 2017)

127 Kayleen Schaefer, *Text Me When You Get Home*.

128 Jessica Williams, "Foreword", in *You Can't Touch My Hair: And Other Things I Still Have to Explain*, auth. Phoebe Robinson (New York: Plume/Penguin Random House, 2016), Kindle.

129 Kayleen Schaefer, *Text Me When You Get Home*.

130 Carolyn Whitzman, "What Do You Want to Do? Pave Parks? Urban Planning and the Prevention of Violence", in *Change of Plans: Towards a Non-Sexist Sustainable City*, ed. Margrit Eichler (Toronto: Garamond Press, 1995), pp. 89~109.

131 Deland Chan, "What Counts as 'Real' City Planning?", *Citylab*, March 26, 2018, https://www.citylab.com/equity/2018/03/what-counts-as-real-city-planning/556082/?utm_source=SFFB.

132 Katrina Johnston-Zimmerman, "Urban Planning Has a Sexism Problem", *NextCity*, December 19, 2017, https://nextcity.org/features/view/urban-planning-sexism-problem.

133 Rebecca Traister, *All the Single Ladies*, p. 73.

134 Leslie Kern, *Sex and the Revitalized City*.

135 Erin Wunker, *Notes from a Feminist Killjoy*, p. 139.

136 Kim TallBear, "Yes, Your Pleasure! Yes, Self Love! And Don't Forget: Settler Sex is a Structure", *Critical Polyamorist*, April 22, 2018, http://www.criticalpolyamorist.com/homeblog/yes-your-pleasure-yes-self-love-and-dont-forget-settler-sex-is-a-structure.

137 Kim TallBear, 위의 자료.

3장 | 혼자만의 도시

138 Virginia Woolf, "Street Haunting".

139 Charles Baudelaire, *The Painter of Modern Life*.

140 Dan Bacon, "How to Talk to a Woman Wearing Headphones", *The Modern Man*, n.d., accessed February 1, 2019, https://www.themodernman.com/dating/how-to-talk-to-a-woman-who-is-wearing-headphones.html.

141 Martha Mills, "How to Actually Talk to a Woman Wearing Headphones", *The Guardian*, August 30, 2016, https://www.theguardian.com/science/brain-flapping/2016/aug/30/how-to-actually-talk-to-a-woman-wearing-headphones.

142 David Williams, "A Startling Number of Women Say They Have Been Harassed While Running", *CNN*, August 23, 2018, https://www.cnn.com/2018/08/23/us/women-runners-tibbetts-harassment-trnd/index.html.

143 Michelle Hamilton, "Running While Female", *Runner's World*, August 8, 2017, https://www.runnersworld.com/training/a18848270/running-while-female/.

144 Blane Bachelor, "Road Biking While Female", *Outside*, May 23, 2018, https://www.outsideonline.com/2311221/metoo-issues-facing-women-cyclists.

145 Jane Jacobs, *Death and Life*.

146 BBC News, "Starbucks: Philadelphia arrests of black men 'reprehensible'", April 16, 2018, https://www.bbc.com/news/world-us-canada-43791159.

147 토론토에서 〈지역 사회 치안 활동〉으로 불려 온 〈불심 검문〉은 경찰이 행인이나 운전자를 멈춰 세우고 신분증을 요구하거나 여러 가지 정보(주소, 친구나 가족의 이름 등)를 수집하는 것을 의미한다. 그런데 이 불심 검문의 대상이 겉보기에 흑인이나 아메리칸 인디언 등 유색인으로 보이는 사람들에게 편중되어 온 것으로 드러났다.

148 Desmond Cole, "The Skin I'm In: I've Been Interrogated by Police More Than 50 Times — All Because I'm Black", *Toronto Life*, April 21, 2015, https://torontolife.com/city/life/skin-im-ive-interrogated-police-50-times-im-black/.

149 Gabrielle Peters, "A Wheelchair User's Guide to Consent", *CBC News*, January 20, 2019, https://www.cbc.ca/news/canada/british-columbia/a-wheelchair-user-s-guide-to-consent-1.4982862.

150 Gabrielle Peters, 위의 자료.

151 Clint Edwards, "Why Mothers Stay Up Late", *Scarymommy*, n.d., accessed February 1, 2019, http://www.scarymommy.com/mothers-stay-up-late/.

152 Jane Darke, "The Man-Shaped City", p. 89.

153 Erin Wunker, *Notes from a Feminist Killjoy*, p. 9.

154 Elizabeth Wilson, *The Sphinx in the City*.

155 Émile Zola, *Au Bonheur des Dames* (The Ladies' Paradise), trans. Brian Nelson (Charpentier, 1995). 『여인들의 행복 백화점 1, 2』, 박명숙 옮김(시공사, 2012)

156 Liz Bondi and Mona Domosh, "On the Contours of Public Space: A Tale of Three Women", *Antipode*, 30,3 (1998), pp. 270~289.

157 Liz Bondi and Mona Domosh, 위의 책, p. 279.

158 Liz Bondi and Mona Domosh, 위의 책, p. 280.

159 Leslie Kern, *Sex and the Revitalized City*.

160 Liz Bondi and Mona Domosh, *Antipode*, p. 283.

161 Liz Bondi and Mona Domosh, 위의 책, p. 284.

162 Alan Latham, "Urbanity, Lifestyle and Making Sense of the New Urban Cultural Economy: Notes from Auckland, New Zealand", *Urban Studies*, 40,9 (2003), pp. 1699~1724; Steve Penfold, *The Donut: A Canadian History* (Toronto: University of Toronto Press, 2008).

163 Leslie Kern, "From Toxic Wreck to Crunchy Chic: Environmental Gentrification Through the Body", *Environment and Planning D: Society and Space*, 33,1 (2015), pp. 67~83.

164 Ray Oldenburg, *The Great Good Place* (New York: Marlowe and Company, 1989). 『제3의 장소 — 작은 카페, 서점, 동네 술집까지 삶을 떠받치는 어울림의 장소를 복원하기』, 김보영 옮김(풀빛, 2019)

165 Sonia Bookman, "Brands and Urban Life: Specialty Coffee, Consumers, and the Co-creation of Urban Café Sociality", *Space and Culture*, 17,1 (2014), pp. 85~99.

166 Leslie Kern and Heather McLean, "Undecidability and the Urban: Feminist Pathways Through Urban Political Economy", *ACME: An International E-Journal for Critical Geographies*, 16,3 (2017), pp. 405~426.

167 Leslie Kern, "All Aboard? Women Working the Spaces of Gentrification in Toronto's Junction", *Gender, Place and Culture*, 20,4 (2013), pp. 510~527.

168 Lezlie Lowe, *No Place to Go: How Public Toilets Fail Our Private Needs* (Toronto: Coach House Books, 2018).

169 Lezlie Lowe, 위의 책, p. 111.

170 Sharmila Murthy, "In India, Dying to Go: Why Access to Toilets is a

Women's Rights Issue", *WBUR: Cognoscenti*, June 25, 2014, https://www.wbur. org/cognoscenti/2014/06/25/human-rights-gang-rape-sharmila-l-murthy.

171 Rocco Kayiatos, "Interview with Dean Spade", *Original Plumbing: Trans Male Culture*, The Bathroom Issue, 18 (2016), pp. 23~27.

172 Lezlie Lowe, *No Place to Go*, p. 27.

173 Ayona Datta, "Indian Women from the Outskirts of Delhi are Taking Selfies to Claim their Right to the City", *The Conversation*, February 1, 2019, https://theconversation.com/indian-women-from-the-outskirts-of-delhi-are-taking-selfies-to-claim-their-right-to-the-city-110376.

174 어니타 사키지언은 「페미니스트 프리퀸시」 사이트의 설립자다. 그녀는 비디오 게임 속의 성차별을 비판했다는 이유로 수년째 살해 협박에 시달리고 있다. 작가 린디 웨스트는 자신이 온라인상에서 괴롭힘당한 경험을 『나는 당당한 페미니스트로 살기로 했다』에 연대기순으로 기록했다.

4장 | 시위의 도시

175 Dan La Botz, "Ontario's 'Days of Action' — A Citywide Political Strike Offers a Potential Example for Madison", *LaborNotes*, March 9, 2011, http://www.labornotes.org/2011/03/ontarios-days-action-citywide-political-strike-offers-potential-example-madison.

176 Audre Lorde, *Sister Outsider: Essays and Speeches* (New York: Crossing Press, 1984). 『시스터 아웃사이더』, 주혜연·박미선 옮김(후마니타스, 2018)

177 Henri Lefebvre, *Writings on Cities*, trans. and eds. Eleonore Kofman and Elizabeth Lebas (Oxford: Blackwell Publishing, 1996).

178 Gerda Wekerle, "Women's Rights to the City: Gendered Spaces of a Pluralistic Citizenship", in *Democracy, Citizenship, and the Global City*, ed. Engin Isin (London: Routledge, 2000), pp. 203~217.

179 Barbara Loevinger Rahder, "Women Plan Toronto: Incorporating Gender Issues in Urban Planning", *PN: Planners Network*, July 6, 1998, http://www.plannersnetwork.org/1998/07/women-plan-toronto-incorporating-gender-issues-in-urban-planning/.

180 Ebru Ustundag and Gökbörü S. Tanyildiz, "Urban Public Spaces, Virtual Spaces, and Protest", in *Urbanization in a Global Context*, eds. Alison L. Bain and Linda Peake (Don Mills: Oxford University Press, 2017), pp. 209~226.

181 "Take Back the Night", Newfoundland & Labrador Sexual Assault Crisis and Prevention Centre, http://takebackthenight.org

182 Laura Lederer, ed. *Take Back the Night: Women on Pornography* (New York: William Morrow and Co., 1980). 이와 관련된 영국 내 논의에 대해서는 Phil Hubbard and Rachela Colosi, "Taking Back the Night? Gender and the Contestation of Sexual Entertainment in England and Wales", *Urban Studies*, 52,3 (2015), pp. 589~605를 보라.

183 일례로 밴쿠버 강간 피해자 구조단과 여성 보호 센터는 트랜스젠더 여성이 〈여자로 태어나지〉 않았다는 이유로 고용을 거부했다가 2007년 송사에 휘말렸다. 2019년 3월 법원은 이들의 손을 들어 줬지만 밴쿠버시 당국은 트랜스젠더 여성에 대한 차별 정책을 바꾸기 전까지 해당 기관에 대한 재정 지원을 중단하겠다고 발표했다.

184 "About Take Back the Night", Take Back the Night Toronto, https://takebackthenighttoronto.com/about/.

185 Jane Doe, *The Story of Jane Doe: A Book About Rape* (Toronto: Random House Canada, 2004).

186 Carol Muree Martin and Harsha Walia, *Red Women Rising: Indigenous Women Survivors in Vancouver's Downtown Eastside* (Vancouver: Downtown Eastside Women's Centre, 2019), p. 129.

187 Rituparna Borah and Subhalakshmi Nandi, "Reclaiming the Feminist Politics of 'SlutWalk'", *International Feminist Journal of Politics*, 14,3 (2012), pp. 415~421.

188 Mervyn Horgan and Leslie Kern, "Urban Public Spaces: Streets, Securitization, and Strangers", in *Urban Canada*, Third Edition, ed. H.H. Hiller (Toronto: Oxford University Press, 2014), pp. 112~132.

189 Durba Mitra, "Critical Perspectives on SlutWalks in India", *Feminist Studies*, 38,1 (2012), p. 257.

190 Tom Phillips, "#Cuéntalo: Latin American Women Rally Around Sexual Violence Hashtag", *The Guardian*, May 3, 2018, https://www.theguardian.com/world/2018/may/03/cuentalo-latin-american-women-rally-around-sexual-violence-hashtag; John Bartlett, "Chile's #MeToo Moment: Students Protest Against Sexual Harassment", *The Guardian*, July 9, 2018, https://www.theguardian.com/world/2018/jul/09/chile-metoo-sexual-harassment-universities.

191 Delilah Friedler, "Activist LaNada War Jack of the Bannock Nation Details Her Time Occupying Alcatraz", *TeenVogue*, March 21, 2019, https://www.teenvogue.com/story/activist-lanada-war-jack-details-occupying-alcatraz.

192 이 경향은 모든 운동에서 발견된다. 이것이 환경 정의 계획에서 어떤 역할을 하는지에 관한 논의는 Rachel Stein, ed., *New Perspectives on Environmental Justice: Gender, Sexuality and Activism* (New Brunswick: Rutgers University Press, 2004)를 보라.

193 Andrew Loewen, "The Gendered Labour of Social Movements: Letter from the Editor", *Briarpatch Magazine*, June 30, 2015, https://briarpatchmagazine.com/articles/view/the-gendered-labour-of-social-movements.

194 Chaone Mallory, "Ecofeminism and Forest Defense in Cascadia: Gender, Theory and Radical Activism", *Capitalism Nature Socialism*, 17,1 (2006), pp. 32~49.

195 Margaret E. Beare, Nathalie Des Rosiers, and Abigail C. Deshman, *Putting the State on Trial: The Policing of Protest during the G20 Summit* (Vancouver: UBC Press, 2015).

196 Tom Malleson and David Wachsmuth, eds., *Whose Streets? The G20 and the Challenges of Summit Protest* (Toronto: Between the Lines, 2011).

197 Eleanor Ainge Roy, "'I'm Pregnant, Not Incapacitated': PM Jacinda Ardern on Baby Mania", *The Guardian*, January 26, 2018, https://www.theguardian.com/world/2018/jan/26/jacinda-ardern-pregnant-new-zealand-baby-mania.

198 Saba Hamedy and Daniella Diaz, "Sen. Duckworth Makes History, Casts Vote with Baby on Senate Floor", *CNN*, April 20, 2018, https://www.cnn.com/2018/04/19/politics/tammy-duckworth-baby-senate-floor/index.html.

199 Laura Stone, "Karina Gould Hopes Becoming Canada's First Federal Cabinet Minister to Give Birth While in Office Will Set Precedent", *The Globe and Mail*, January 7, 2018, https://www.theglobeandmail.com/news/politics/karina-gould-set-to-become-canadasfirst-cabinet-minister-to-give-birth-while-in-office/article37516244/.

200 W.J. Adelman, *Pilsen and the West Side: A Tour Guide* (Chicago: Illinois Labor History Society, 1983); Lilia Fernández, *Brown in the Windy City: Mexicans and Puerto Ricans in Postwar Chicago* (Chicago: University of Chicago Press,

2012).

201 Leslie Kern and Caroline Kovesi, "Environmental Justice Meets the Right to Stay Put: Mobilising Against Environmental Racism, Gentrification, and Xenophobia in Chicago's Little Village", *Local Environment*, 23,9 (2018), pp. 952~966.

202 Rinaldo Walcott, "Black Lives Matter, Police and Pride: Toronto Activists Spark a Movement", *The Conversation*, June 28, 2017, http://theconversation.com/black-lives-matter-police-and-pride-toronto-activists-spark-a-movement-79089/.

203 Rinaldo Walcott, 위의 자료.

204 Rinaldo Walcott, 위의 자료.

5장 | 공포의 도시

205 Margaret T. Gordon and Stephanie Riger, *The Female Fear* (New York: Free Press, 1989); Elizabeth A. Stanko, *Everyday Violence: How Women and Men Experience Sexual and Physical Danger* (New York: Harper Collins, 1996); Jalna Hanmer and Mary Maynard, eds., *Women, Violence, and Social Control* (Houndsmills: Macmillan Press, 1987).

206 Carolyn Whitzman, "'What Do You Want to Do? Pave Parks?';" Elizabeth A. Stanko, "The Case of Fearful Women: Gender, Personal Safety and Fear of Crime", *Women and Criminal Justice*, 4,1 (1993), pp. 117~135.

207 Carolyn Whitzman, 위의 자료, p. 91.

208 Esther Madriz, *Nothing Bad Happens to Good Girls: Fear of Crime in Women's Lives* (Berkeley: University of California Press, 1997); Elizabeth A. Stanko, "Women, Crime, and Fear".

209 Carolyn Whitzman, "'What Do You Want to Do? Pave Parks?'", p. 91.

210 Carol Brooks Gardner, *Passing By: Gender and Public Harassment* (Berkeley: University of California Press, 1995).

211 Hille Koskela, "Gendered Exclusions: Women's Fear of Violence and Changing Relations to Space", *Geografiska Annaler, Series B, Human Geography*, 81,2 (1999), p. 11.

212 Carolyn Whitzman, "'What Do You Want to Do? Pave Parks?'", p. 92.

213 Gill Valentine, "The Geography of Women's Fear", *Area*, 21,4 (1989), p. 171.

214 Esther Madriz, *Nothing Bad Happens to Good Girls*.

215 Rachel Pain, "Gender, Race, Age, and Fear in the City", *Urban Studies*, 38, 5~6 (2001), pp. 899~913.

216 Esther Madriz, *Nothing Bad Happens to Good Girls*; Elizabeth A. Stanko, *Everyday Violence*.

217 Kristen Gilchrist, "'Newsworthy' Victims?", *Feminist Media Studies*, 10,4 (2010), pp. 373~390; Yasmin Jiwani and Marylynn Young, "Missing and Murdered Women: Reproducing Marginality in News Discourse", *Canadian Journal of Communication*, 31 (2006), pp. 895~917; Marian Meyers, *News Coverage of Violence Against Women: Engendering Blame* (Newbury Park: Sage, 1997).

218 Talia Shadwell, "'Paying to Stay Safe': Why Women Don't Walk as Much as Men", *The Guardian*, October 11, 2017, https:///www.theguardian.com/inequality/2017/oct/11/paying-to-stay-safe-why-women-dont-walk-as-much-as-men.

219 Mike Raco, "Remaking Place and Securitising Space: Urban Regeneration and the Strategies, Tactics and Practices of Policing in the UK", *Urban Studies*, 40,9 (2003), pp. 1869~1887.

220 Amy Fleming, "What Would a City that is Safe for Women Look Like?", *The Guardian*, December 13, 2018, https://www.theguardian.com/cities/2018/dec/13/what-would-a-city-that-is-safe-for-women-look-like.

221 Plan International, *Unsafe in the City*.

222 Barbara Loevinger Rahder, "Women Plan Toronto".

223 Oliver Moore, "The 'Baked-In Biases'".

224 Amy Fleming, "What Would a City that is Safe for Women Look Like?".

225 Gerda Wekerle and Safe City Committee of the City of Toronto, *A Working Guide for Planning and Designing Safer Urban Environments* (Toronto: Department of Planning and Development, 1992).

226 Oscar Newman, *Defensible Space: Crime Prevention Through Environmental Design* (London: MacMillan Publishing, 1973).

227 Hille Koskela and Rachel Pain, "Revisiting Fear and Place: Women's Fear of Attack and the Built Environment", *Geoforum*, 31 (2000), p. 269.

228 Hille Koskela and Rachel Pain, "Revisiting Fear and Place".

229 Carolyn Whitzman, "'What Do You Want to Do? Pave Parks?'".

230 Koskela and Pain, "Revisiting Fear and Place", p. 269.

231 Hille Koskela, "'Bold Walk and Breakings': Women's Spatial Confidence Versus Fear of Violence", *Gender, Place and Culture*, 4,3 (1997), p. 301.

232 Carolyn Whitzman, "Stuck at the Front Door: Gender, Fear of Crime and the Challenge of Creating Safer Space", *Environment and Planning A*, 39,11 (2007), pp. 2715~2732.

233 Sarah Hunt, "Representing Colonial Violence"; Leanne Betasamosake Simpson, *As We Have Always Done: Indigenous Freedom Through Radical Resistance* (Minneapolis: University of Minnesota Press, 2017); Smith, *Conquest*.

234 Barbara Rahder and Heather McLean, "Other Ways of Knowing Your Place: Immigrant Women's Experience of Public Space in Toronto", *Canadian Journal of Urban Research*, 22,1 (2013), pp. 145~166.

235 Alec Brownlow, "Keeping Up Appearances: Profiting from Patriarchy in the Nation's 'Safest City'", *Urban Studies*, 46,8 (2009), pp. 1680~1701.

236 Winifred Curran, *Gender and Gentrification*.

237 Robyn Doolittle, "Unfounded: Why Police Dismiss 1 in 5 Sexual Assault Claims as Baseless", *The Globe and Mail*, February 3, 2017, https://www.theglobeandmail.com/news/investigations/unfounded-sexual-assault-canada-main/article33891309/; Robyn Doolittle, "The Unfounded Effect", *The Globe and Mail*, December 8, 2017, https://www.theglobeandmail.com/news/investigations/unfounded-37272-sexual-assault-cases-being-reviewed-402-unfounded-cases-reopened-so-far/article37245525/.

238 Mimi E. Kim, "From Carceral Feminism to Transformative Justice: Women-of-Color Feminism and Alternatives to Incarceration", *Journal of Ethnic & Cultural Diversity in Social Work*, 27,3 (2018), pp. 219~233.

239 Beth E. Richie, *Arrested Justice: Black Women, Violence, and America's Prison Nation* (New York: New York University Press, 2012), p. 4.

240 Leslie Kern, *Sex and the Revitalized City*.

나가며 | 가능성의 도시

241 Brenda Parker, "Material Matters: Gender and the City", *Geography Compass*, 5/6 (2011), pp. 433~447; Robyn Longhurst, "The Geography Closest In — The Body⋯ The Politics of Pregnability", *Australian Geographical Studies*,

32,2 (1994), pp. 214~223.

242 Rebecca Traister, *All the Single Ladies*, p. 83.

243 Judith Butler, *Gender Trouble: Feminism and the Subversion of Identity* (New York: Routledge, 1990). 『젠더 트러블 — 페미니즘과 정체성의 전복』, 조현준 옮김(문학동네, 2008)

244 Bessel A. van der Kolk, *The Body Keeps the Score: Brain, Mind, and Body in the Healing of Trauma* (New York: Penguin Books, 2014). 『몸은 기억한다 — 트라우마가 남긴 흔적들』, 제효영 옮김(을유문화사, 2020)

245 Don Mitchell, "The SUV Model of Citizenship: Floating Bubbles, Buffer Zones, and the Rise of the 'Purely Atomic' Individual", *Political Geography*, 24,1 (2005), pp. 77~100.

246 Samuel R. Delany, *Times Square Red, Times Square Blue* (New York: New York University Press, 1999).

247 Brett Story, "In/different Cities: A Case for Contact at the Margins", *Social and Cultural Geography*, 14,7 (2013), pp. 752~761.

248 Brett Story, 위의 자료, p. 758.

249 Caitlin Cahill, "Negotiating Grit and Glamour: Young Women of Color and the Gentrification of the Lower East Side", *City & Society*, 19,2 (2007), pp. 202~231; David Wilson and Dennis Grammenos, "Gentrification, Discourse, and the Body: Chicago's Humboldt Park", *Environment and Planning D: Society and Space*, 23,2 (2005), pp. 295~312.

250 Leslie Kern, "Connecting Embodiment, Emotion and Gentrification: An Exploration Through the Practice of Yoga in Toronto", *Emotion, Space and Society* 5,1 (2012), pp. 27~35.

251 Rebecca Solnit, "Death by Gentrification: The Killing That Shamed San Francisco", *The Guardian*, March 21, 2016, https://www.theguardian.com/us-news/2016/mar/21/death-by-gentrification-the-killing-that-shamed-san-francisco.

252 Brenda Parker, "The Feminist Geographer as Killjoy: Excavating Gendered Urban Power Relations", *The Professional Geographer*, 69,2 (2017), pp. 321~328.

253 Julie Tomiak, "Contesting the Settler City: Indigenous Self-Determination, New Urban Reserves, and the Neoliberalization of Colonialism", *Antipode*, 49,4 (2017), pp. 928~945.

254 James Baldwin, *The Fire Next Time* (New York: Vintage Books, 1962). 『단지 흑인이라서, 다른 이유는 없다』, 박다솜 옮김(열린책들, 2020)

255 Leslie Kern and Heather McLean, "Undecidability and the Urban".

256 Red Wagon Collective, "MAG Art Exhibit at York University", September 11, 2015, accessed February 4, 2019, https://gatheringspace.wordpress.com/2015/09/11/mag-art-exhibit-at-york-university/.

257 Fight for $15, "About Us", accessed February 4, 2019, https://fightfor15.org/about-us/.

258 Focus E15 Campaign, "About Us", accessed February 4, 2019, https://focuse15.org/about/.

옮긴이의 말

페미니스트 도시 지리학이란 무엇인가? 이것은 이 책이 무슨 내용인지 궁금해서 집어 든 사람에게 가장 먼저 떠오른 질문이었을 것이다. 페미니즘과 도시 지리학 사이에 대체 무슨 관계가 있을까? 이 질문에 대한 대답은 〈도시는 돌, 벽돌, 유리, 콘크리트로 쓴 가부장제다〉라는 말로 갈음할 수 있다. 아직도 무슨 말인지 감이 잘 오지 않겠지만 이 책의 본문을 읽기 시작하면 의외로 아주 쉽고 당연하게 저 문장을 받아들일 수 있다.

남자는 바깥일, 여자는 집안일이라는 성 역할의 기원은 고대 그리스까지 거슬러 올라가지만 산업 혁명과 함께 〈별개 영역〉이라는 개념이 대두하였다. 농경 사회에서는 남녀가 함께 밭에서 일했으나 산업 사회로 넘어가면서 남자는 공장에서 일하고(생산) 여자는 집에서 일하는(소비) 형태의 분업이 일반화되었기 때문이다. 별개 영역이란 남자는 집 밖, 즉 공적 영역에 속하고 여자는 집 안, 즉 사적 영역에 속한다는 성 규범인데 문제는, 소비를 하려면 여자가 집 밖으로 나와야 한다는 점이었다. 그 전까지 도시의 거리를 걸어 다니는 여자는 모두 매춘부로 봐도 무방했으나 이제는 평범한 여성, 심지어 귀족 여성까지도 도시를 활보하게 된 것이다.

빅토리아 시대 사람들은 도덕적 독기라는 것이 존재해서 매춘부 근처에만 가도 타락이 전염된다고 믿었다. 그리하여 고귀한 여성과 거리의 여성을 격리하기 위해 만들어진 것이 바로 백화점이다. 이 백화점은 일견 여성을 보호하기 위해 만들어진 것 같지만 뒤집어 생각해 보면 백화점 이외의 공간에는 여자가 가면 안 된다는 의미이기도 하다. 즉 도시에서 여자가 자유롭게 드나들 수 있는 공간은 한정적이며 그 기준을 결정하는 사람은 남자라는 뜻이다.

또 한 가지 — 이 현상은 북미 한정이라는 사실을 염두에 두기 바란다 — 2차 세계 대전이 끝나자 전쟁에 나갔던 남자들이 고향으로 돌아왔다. 정부는 이들의 사회 복귀를 돕기 위해, 전쟁 중에 공장에 다녔던 여자들에게는 일자리를 남자들에게 돌려주라고 했고 남자들이 쉽게 자기 집을 가질 수 있도록 교외에 대규모 주택 단지를 개발하고 대출을 많이 해줬다. 그 결과 여성들은 일자리를 잃었고, 교외로 이주하면서 지리적으로 고립되었으며,

도시에 살 때보다 집이 넓어져서 가사에 할애하는 시간이 많아졌고, 아이들까지 낳아 기르게 되면서 전업주부가 될 수밖에 없었다. 즉 2차 세계 대전 직후 북미의 부동산 개발은 산업 혁명에 이어 두 번째로 가부장제, 이성애자 핵가족, 기존의 성 역할을 공고화하는 계기가 되었다.

일단 통시적 관점에서 페미니즘과 도시의 관계를 정리해 보았다. 이 정도만 읽어도 도시(와 거기에서 파생된 교외)가 그 기원에서부터 여성 혐오적이라는 사실을 알 수 있을 것이다. 이 책에서는 이 밖에도 여러 가지 공시적 관점에서 여성과 도시의 관계를 고찰한다. 어떻게 해야 여성 친화적 도시를 만들 수 있을지 〈여자들의 질문〉을 던지고 해결책을 모색한다. 개인적으로 페미니즘 서적을 읽을 때마다 드는 생각은, 이건 여자라면 누가 가르쳐 주지 않아도 이미 다 아는 얘기라는 거다. 무의식적으로는 다 아는 이야기지만 당연한 현상으로만 받아들였을 뿐 한 번도 문제로 인식한 적은 없기 때문에 문자로 정리된 것을 읽다 보면 새삼 충격을 받곤 한다. 부디 여러분도 이 책을 읽으면서 익숙한 것이 주는 충격을 경험해 보기 바란다. 그런 의미에서, 마찬가지로 다 아는 이야기지만 새삼 충격적이었던 구절을 인용하면서 이 글을 끝맺겠다.

혼자 있는 여자는 남자들이 언제든 방해해도 되는 존재로 여겨진다. 이 사실은 여자가 남자의 소유물이라는 인식에서 기인한다. 공공장소에 있는 여자가 남성 동반자나 결혼반지 (……) 같은 확실한 표지에 의해 임자 있는 재산임이 표시되지 않으면 만만한 대상이 된다. 여자들은 본능적으로 안다, 원치 않는 남자의 접근을 가장 빨리 차단하는 방법은 남자 친구나 남편이 있다고 말하는 거란 사실을. 남자들은 여자의 거절보다 다른 남자의 재산권을 훨씬 더 존중하기 때문이다.

2022년 봄

황가한

찾아보기

옮긴이 **황가한** 서울대학교에서 불어불문학과 언론정보학을 복수 전공한 후 출판사에서 편집자로 근무했으며 이화여자대학교 통역 번역대학원에서 한영번역학으로 석사 학위를 받았다. 옮긴 책으로 『보이지 않는 여자들』, 『현대적 사랑의 박물관』, 『보라색 히비스커스』(2019년 올해의 청소년 교양 도서), 『아메리카나』, 『제로 K』, 『사랑 항목을 참조하라』(2018 세종도서 교양 부문), 『엄마는 페미니스트』 등이 있다.

여자를 위한 도시는 없다

발행일 **2022년 5월 30일 초판 1쇄**

지은이 **레슬리 컨**
옮긴이 **황가한**
발행인 **홍예빈·홍유진**
발행처 **주식회사 열린책들**

경기도 파주시 문발로 253 파주출판도시
전화 **031-955-4000** 팩스 **031-955-4004**
www.openbooks.co.kr

Copyright (C) 주식회사 열린책들, 2022, *Printed in Korea.*
ISBN 978-89-329-2252-2 03330